fortune et infortune
de la
femme mariée

ÉCONOMIE EN LIBERTÉ

COLLECTION DIRIGÉE PAR

JACQUES ATTALI

MAITRE DES REQUÊTES AU CONSEIL D'ÉTAT
MAITRE DE CONFÉRENCES A L'ÉCOLE POLYTECHNIQUE

MARC GUILLAUME

PROFESSEUR D'ÉCONOMIE A L'UNIVERSITÉ PARIS IX
MAITRE DE CONFÉRENCES A L'ÉCOLE POLYTECHNIQUE

fortune et infortune
de la
femme mariée

sociologie
des effets de la vie conjugale

FRANÇOIS DE SINGLY

PRESSES UNIVERSITAIRES DE FRANCE

Comment dans un livre de comptes taire les dettes contractées? De nombreux sociologues ont enrichi ma réflexion, directement comme Alain Girard et Jean-Claude Passeron, ou indirectement par leurs écrits. Je suis, aussi, redevable à l'INSEE qui, par l'intermédiaire de ses chercheurs et en particulier de Claude Thélot, m'a fait bénéficier des trésors inédits qu'il détient. Quant à Chantal Bourdaud-de Singly, elle a su vérifier et rectifier quand il le fallait cette estimation sociologique du coût de la vie conjugale.

ISBN 2 13 043200 X
ISSN 0768-0988

Dépôt légal — 1re édition : 1987
2e édition corrigée et mise à jour : 1990, octobre

sommaire

DEUXIÈME PARTIE

LE MARIAGE ÉQUIVOQUE

TROISIÈME PARTIE

L'AMOUR ET LE CAPITAL

introduction

Que ceux et celles qui espèrent trouver dans ce livre un plaidoyer ou une accusation du mariage le referment, ils seraient déçus. Le recours à l'enquête statistique, à la mesure sur des échantillons représentatifs n'a pas pour fonction de créditer scientifiquement l'une ou l'autre vision de la vie conjugale pour les femmes. Certains sociologues se sont déjà prêtés à ce jeu. Les uns ont retenu le critère du bonheur, et ils ont constaté que les femmes mariées sont plus « heureuses » que les femmes célibataires (N. D. Glenn, 1975). D'autres ont choisi comme indicateur des effets du mariage l'entrée dans la dépression. Et ils ont observé que les femmes mariées et les hommes célibataires avaient plus souvent des symptômes dépressifs (L. Radloff, 1975). Les croyants et les incroyants dans le salut de la femme par le mariage recherchent des arguments définitifs dans l'arsenal statistique et ne retiennent que ceux qui confirment leur pronostic.

1 / Une science-fiction de la vie conjugale

Il ne s'agit pas non plus de présenter dans ce livre un discours neutre, chiffré, objectif qui se rendrait crédible au nom de la réalité qu'il est supposé décrire (M. de Certeau, 1978, 1983). Au contraire, je propose une fiction sur la vie conjugale. A la manière de Roland Barthes dans *L'empire des signes* (1970), je peux, « sans prétendre en rien représenter ou analyser » la situation des femmes françaises dans les années 1970-1980, prélever dans cet univers matrimonial « un certain nombre de traits et de ces traits former délibérément système ». C'est ce système que j'appellerai : les effets de la vie conjugale pour les femmes.

Pour rendre compte de ces effets, je ne fabrique pas un modèle réduit, une maquette du mariage dans la société française ; je construis une épure en sélectionnant un certain nombre de traits significatifs. Tout projet scientifique est fiction dans la mesure où il est production d'une nouvelle image du réel, obtenue grâce à une distance focale inédite (G. Simmel, 1981) : on ne voit pas tout mais on voit *autrement*. Pour obtenir une vision différente de la vie conjugale, je règle mes lentilles sociologiques de telle sorte que l'amour qui unit les conjoints reste dans le flou. En revanche, cette exclusion permet d'apercevoir une dimension trop souvent occultée : les intérêts sociaux en jeu dans la famille contemporaine. Nous allons découvrir comment la vie conjugale modifie pour la femme la gestion de ses capitaux culturels, économiques et sociaux. L'entrée dans le mariage a-t-elle un prix élevé pour la femme, un prix plus élevé pour elle que pour son mari ? Les intérêts féminins sont-ils mieux ou moins bien préservés que les intérêts masculins au sein de l'institution familiale ?

Cette estimation du coût du mariage repose sur une abstraction théorique. La complexité de l'identité individuelle est réduite à quatre éléments : le sexe, l'âge, l'état matrimonial et la possession d'un livret d'épargne. Sur ce livret, est inscrite la valeur sociale que la personne possède. Elle synthétise l'ensemble des capitaux détenus, aussi bien les richesses culturelles comme le diplôme que les capitaux économiques et le capital social (approché par le milieu d'origine). Ces capitaux — hérités et acquis — ne dorment pas. Ils sont placés sur des marchés. Le mariage constitue, avec l'emploi, un marché où les capitaux s'échangent. Le choix du conjoint s'effectue selon le principe de l'équivalence des richesses masculines et féminines. Les femmes dotées d'un capital universitaire épousent plutôt des hommes dotés d'un diplôme similaire. Les filles d'ouvriers aiment plus souvent des ouvriers que des cadres. La sélection du partenaire s'opère, consciemment ou non, sur des critères sociaux. Le mariage marque publiquement la reconnaissance de la valeur féminine par le montant des capitaux détenus par son futur époux.

La valeur inscrite sur le livret personnel n'est pas fixée une fois pour toutes. L'individu peut enrichir son patrimoine économique, son patrimoine culturel en poursuivant des études postscolaires par exemple, son patrimoine social grâce à des amis ayant eux-mêmes une forte valeur... D'autre part, il peut voir sa valeur diminuer du fait d'un changement dans l'évaluation des compétences professionnelles (ou matrimoniales). Dans ces fluctuations de la valeur, la vie conjugale intervient. La mise en valeur des richesses d'une femme après son mariage ne ressemble pas à la valorisation antérieure : que l'on songe à l'arrêt éventuel du travail professionnel ou à l'accès aux revenus de son mari. Le livret sur lequel est désormais inscrite la mention « propriétaire mariée » ne correspond plus au livret avec la mention « propriétaire célibataire ». Les changements de la valeur sociale de la femme serviront d'indicateur des effets du mariage. Ainsi sera connue la manière dont une institution façonne les individus qu'elle accueille en son sein.

Cette problématique est inhabituelle en sociologie de la famille. Lorsque les capitaux figurent dans l'analyse — comme dans la théorie des ressources (R. O. Blood, D. M. Wolfe, 1960) —, ils ont le statut de variable indépendante. Ils font varier les formes de la vie familiale : une femme très diplômée ne s'approprie pas le cadre domestique comme une femme peu diplômée. Ici, les ressources ont le statut de variable dépendante. Le rendement du diplôme de la femme sur le marché du travail se transforme après le mariage et la maternité. Cependant cela n'implique pas que la vie conjugale ait des effets identiques pour toutes les femmes. Les suites du mariage ne peuvent pas être définies sans prendre en compte l'identité sociale des conjoints. C'est un cercle théorique. Si l'institution matrimoniale imprime sa marque sur les biens matériels et symboliques de la femme, l'ampleur et la nature de cette empreinte dépendent en retour de la valeur de cette femme. Une femme faiblement dotée ne connaît pas obligatoirement des modifications dans sa fortune comparables à celles de la fortune d'une femme fortement dotée.

Le mariage ne supprime pas les propriétés respectives des conjoints : le livret d'une femme ne se confond pas automatiquement avec le livret de son mari. Cette séparation rend possibles des conflits d'intérêt entre les partenaires, tous les comportements de l'homme ne respectent pas la défense du patrimoine de son épouse. La dualité conjugale peut être la source de contradictions, aussi est-il nécessaire d'établir des comptes séparés pour les deux conjoints. Cette option se sépare de celle de l'économie de la famille — avec Gary Becker (1974, 1981). Pour ce dernier, aucune contradiction interne naît au sein du couple, puisque « la fonction d'utilité familiale est identique à celle d'un des membres, le chef de famille, ce dernier étant attentif au bien-être des autres ». Selon cette hypothèse altruiste, par affection le chef « se préoccupe suffisamment des autres pour leur transférer volontairement des ressources ». Nous ne suivons pas cet idéalisme (ou paternalisme) théorique. Ce refus de fusionner *a priori* les deux livrets se comprend aisément lorsqu'on pense aux moments de crise conjugale. Dans les cas de dépôt de bilan familial, il est impossible de faire comme si deux avait toujours été égal à un. Chaque conjoint estime alors le coût de sa participation à la vie domestique. Témoin de la femme du Président de la République dans *Le bon plaisir*[1] :

> « Depuis que vous m'avez épousée parce que j'étais la fille du préfet, vous m'avez humiliée, niée, culpabilisée, parce que j'étais stérile, utilisée parce que j'étais utile... En trente-cinq ans de mariage, j'ai assisté pour les nécessités de votre carrière à 3 859 déjeuners, dîners et banquets, 35 commémorations du 11 novembre... J'ai embrassé tellement d'enfants que je me demande comment la France peut prétendre en manquer, coupé assez de rubans pour en soutenir l'industrie, effectué avec vous depuis cinq ans 27 voyages officiels pour ne voir des pays visités que les pouponnières et les danses folkloriques, avec à chaque fois un opéra en prime. Je hais l'opéra, je hais la musique folklorique, je hais les jeunes chefs d'Etat avantageux, les vieux chefs d'Etat gâteux, leurs épouses résignées, leurs enfants pomponnés, leur champagne sucré... J'en ai assez. »

Ce bilan forme même le thème de certains romans, il est souvent établi après une fugue de la femme. La prise de conscience des effets du mariage s'opère, selon les auteurs, grâce à ce déracinement. Malgré les variantes, bien des images reviennent : celles d'un endormissement, d'un engluement, d'une mutilation, de la dilution de l'épouse. Par l'attention donnée à son mari et à ses enfants, elle s'est oubliée : « Depuis quinze ans... elle se laissait de plus en plus porter par ces morceaux de temps discontinus et machinaux. Affairée et minutieuse, elle dormait debout »[2]. Au réveil, elle se regarde, effarée, et elle observe les autres femmes qui « vivent par procuration. Elles sont la femme de X..., la mère de Y... et de Z... Mais qui sont-elles en vérité? Des

1. F. Giroud, *Le bon plaisir*, Paris, Hachette, 1982.
2. T. Leprince-Ringuet, *Il faut que je rentre*, Paris, Buchet-Chastel, 1985.

architectes, des ingénieurs, des chimistes, des ouvrières du bois, des chaudronnières ? Qui le sait ? Elles ne le sauront jamais... Elles attendent. Elles attendent quoi ? Le mari, les enfants, les petits-enfants, la mort. Elles ne savent même pas qu'elles s'attendent elles-mêmes »[3].

Même si ces bilans surestiment le coût de la vie conjugale pour la femme, étant dressés à un moment où elle demande son compte, ils désignent un problème central : celui de l'éventuelle équivalence entre la gestion directe et la gestion indirecte de la dot féminine. Le mariage introduit, en effet, dans l'administration du patrimoine social et culturel de la femme un changement fondamental. Avec la mise en valeur directe — qui correspond principalement au travail salarié — coexiste alors une mise en valeur indirecte — qui renvoie aux bénéfices provenant du mari. D'où l'importance du choix du conjoint, celui-ci détermine fortement le style de vie de son épouse. Comme le souligne un message publicitaire pour les diamants, « il suffit souvent de regarder une femme pour connaître son mari ». L'enfant — et les richesses dont il devient progressivement le porteur — constitue le deuxième volet de la valorisation indirecte des richesses féminines.

C'est l'existence de cette forme de gestion qui complique la mesure des effets du mariage. Comment comparer les chiffres inscrits dans la colonne des « revenus directs » et ceux inscrits dans la colonne des « revenus tirés du mari ou de l'enfant » ? La lettre qu'une femme adresse à un magazine féminin[4], après cinq ans de mariage, montre que pour elle il n'y a pas correspondance entre ces deux types de revenus monétaires ou symboliques. La réussite sociale de son mari et les avantages qui en découlent ne compensent pas l'arrêt de son travail personnel :

> « J'ai 25 ans. Je me suis mariée à 20 ans avec un garçon qui n'avait pour tout bagage professionnel que son ambition. Il travaillait en usine sans qualification. J'étais moi-même sténodactylo, mais la monotonie régnait dans le service qui m'employait et, à la naissance de mon premier enfant, j'abandonnais sans regret. Pendant cinq ans de mariage, notre foyer connut des moments difficiles (mauvaises conditions de logement, deuxième grossesse nécessitant un traitement)... et cela pesa à tel point que je devins inquiète, anxieuse même. J'étais démoralisée au possible... Il faut que je vous dise la réussite de mon mari. Ayant eu la possibilité de suivre des cours de dessin industriel, il a acquis une véritable compétence. Je l'admire pour ce succès qu'il doit à son intelligence et à son courage. Tout va

3. M. Cardinal, *Une vie pour deux*, Paris, Grasset, 1978.
4. Rubrique « Psychologie-cœur », *Femmes d'Aujourd'hui*, n° 1380.

changer pour nous, puisqu'il est engagé comme dessinateur dans une entreprise importante avec un salaire trois fois supérieur à ce qu'il gagnait. Nous avons déjà déménagé dans un grand ensemble où nous bénéficions de l'air, du soleil et d'un certain confort. Alors, où est le problème, direz-vous ? Je me sens bonne à rien. Je suis désorientée. Mon mari a réussi, moi je n'ai plus de situation. Ma place est chez moi, pour m'occuper de mes enfants, de mon intérieur, etc. Mais quelle vie ! Je me sens en marge de la société. Je me trouve laide, bête. J'ai peur de perdre mon mari... Je ne sais plus où j'en suis. Je me sens perdue. Avant je travaillais, je gagnais de l'argent, j'achetais des robes, je voyais des collègues. A présent plus rien. Enfermée chez moi, avec la lessive, le nettoyage, les courses, les enfants, je tourne en rond. Est-ce vivre cela ? Je me dois à mon mari et à mes enfants, mais je ne suis plus heureuse. »

Une ressource provenant du mari n'est pas toujours équivalente à une ressource provenant de son propre patrimoine. La gestion indirecte a un envers qui s'appelle le prix de la dépendance. Comment le sociologue doit-il compter ? Imaginons deux femmes mariées de niveau scolaire identique. La première a une activité professionnelle qui lui rapporte 4 000 F et un mari dont le salaire est de 6 000 F ; la seconde, sans activité professionnelle, est mariée à un homme dont le salaire est de 10 000 F. Doit-on en déduire que le rendement financier de la dot scolaire est équivalent pour ces deux femmes ? Doit-on considérer dans l'estimation de ce rendement les représentations que chaque femme a des effets de son mariage, notamment l'attachement qu'elle a de son indépendance ? Les femmes ne possèdent pas toutes le même système d'évaluation de leur mariage. A moins d'opter pour l'un de ces systèmes, le sociologue ne peut pas clore les comptes conjugaux sans inclure les images que les femmes ont de leur vie. Aucun plan comptable univoque ne saurait décrire les suites du mariage.

2 / L'amour évincé

Les modifications de la valeur sociale de la femme mariée ne sont pas toujours très perceptibles, car elles sont déformées, voire masquées, par les sentiments amoureux. L'amour se présente sous les traits de la gratuité et du désintéressement, aussi les intérêts sociaux en jeu dans la vie conjugale peuvent-ils non seulement devenir invisibles, mais être déniés par les acteurs sociaux. Par exemple, après une interview d'Andrée

Michel[5] expliquant la cohabitation par la prise de conscience des jeunes femmes devant le destin défavorable réservé aux épouses, des femmes ont réagi, comme cette lectrice déclarant « trente ans de mariage » :

> « J'ai été bouleversée par cet article donnant à croire que la majorité des jeunes Français et spécialement les jeunes Françaises réduisent la vie de couple à une vile comptabilité entre les partenaires, sans aucun sentiment généreux, altruiste, autrement dit sans amour, si ce n'est la satisfaction des instincts sexuels. Les arguments relevés par la sociologue me font penser à ces tractations de maquignons sur les champs de foires ou à ces hommes d'affaires dont le souci majeur est de ne pas faire de cadeau à l'autre et de ne pas se faire rouler. Comment peut-on parler d'union conjugale lorsque chaque partenaire cherche avant tout à défendre ses droits et à ne rien accorder à l'autre? »[6].

L'amour est aveugle, provoquant chez ceux et celles qui sont touchés par lui l'inconscience de la gestion de leurs capitaux. Il gêne aussi la mesure des effets du mariage, car il joue le rôle d'un équivalent général de toutes les richesses lorsqu'il est pris en compte. Une femme amoureuse de son mari et de ses enfants, et aimée en retour, ne perd jamais, alors, au jeu du mariage. Ses éventuelles pertes sur son livret de patrimoine sont compensées par le bonheur ou l'affection qu'elle reçoit de sa famille. Si l'amour est introduit dans l'analyse, les comptes deviennent miraculeusement équilibrés grâce au surplus affectif. Des femmes connaissent une dévaluation de leur dot sociale, peu importe dira-t-on, elles ont préféré les satisfactions psychologiques à des gratifications sociales. Tout est pour le mieux dans le meilleur des mondes domestiques; l'alchimie amoureuse transforme un capital en désir, un sourire en ressource.

Prenons deux exemples littéraires de ces échanges. Dans *Une enfance à l'eau bénite*[7], l'héroïne traverse avec ses parents un quartier riche. Sa tante attire l'attention : « "Regardez la grosse cabane à quatre étages. C'est la cousine du neveu de Mme Bélair qui habite là. Elle a décroché le gros lot. Elle a épousé un avocat laid comme un pou, mais avec le portefeuille à la bonne place!" Dans l'auto, les adultes s'exclaffent : "Comment est-ce qu'elle a fait son coup? demandait mon père. — Qu'est-ce que tu en penses? Avec ce que tu en sais...", ajoutait ma tante avec un clin d'œil. Et tout le monde de rire plus fort... Ainsi il y

5. *La Vie*, n° 1952, 27 janvier 1983.
6. *La Vie*, n° 1957, 3 mars 1983.
7. D. Bombardier, *Une enfance à l'eau bénite*, Paris, Le Seuil, 1985.

avait une façon de devenir riche qui était en rapport avec le péché d'impureté. » Le monde ne fonctionne pas uniquement selon les principes de la morale officielle, ni selon les règles de la sociologie statistique : sur le marché du mariage, circulent également des biens autres que des capitaux culturels et sociaux. Le second exemple est emprunté aux dessins d'Andy Capp. L'auteur Smythe brise l'alchimie qui produit une équivalence entre un baiser ou un mot doux et un billet de banque, en raccourcissant la séquence des échanges entre les conjoints. Lorsque Andy crie à Flo : « Mon lapin! Ça fait une éternité que je ne t'ai pas embrassé. Viens ici que je te donne un bécot », elle pense à prendre son sac à main. Bien que connaissant le prix du baiser, Flo désire encore cette tendresse. L'amour apparaît bien illusoire dans de telles scènes. Sa fonction serait-elle d'envoûter les femmes pour leur faire oublier le plus possible le coût de la vie familiale? C'est la thèse de certains détracteurs, comme cette femme dans *Une vie pour deux*[8] : « Femme-mère : je ne connais pas de tenailles plus contraignantes, de pinces plus coupantes, de cisailles plus mutilantes. Et que ces outils soient ma parure,

8. M. Cardinal, *Une vie pour deux, op. cit.*

c'est encore ça le plus inacceptable. Admirée, reconnue, respectée, aimée, parce que je suis amputée de moi-même par le burin de l'amour, par la lime des baisers, par le poinçon de la dilection, par la tarière de la maternité, quelle absurdité! »

A suivre certains conseils, l'affection devrait figurer dans la colonne des recettes, à écouter d'autres avis, elle devrait être inscrite dans la colonne des débits. Cette ambiguïté de l'amour interdit de mélanger flux affectifs et mouvements de capitaux. Seule cette éviction, provisoire, permet une approche des modifications de la valeur sociale de la femme après son mariage. La totalité du réel domestique n'est donc pas décrite, mais la fiction d'un monde conjugal sans amour révèle d'autres mystères, et en particulier les effets, pervers ou non, d'une alliance amoureuse.

Le point aveugle de mon analyse — l'amour ou son envers, la haine — disparaît progressivement car j'ai tenté de renouer les fils de la passion et des intérêts sociaux. Des textes littéraires m'ont aidé à le faire. Dans ces histoires de vie amoureuse, surgissent des moments où le bonheur se brise. La fiction romanesque emprunte alors quelquefois son décor à la fiction sociologique lorsqu'elle veut produire du conflit et de la friction, ou dresser des barrières entre les êtres. Dans *Roman-Songe*[9] par exemple, du fait d'un bluff mal maîtrisé, l'amour entre deux jeunes de milieu populaire devient impossible. Un dimanche, ils se rencontrent et ils se plaisent... Une amie, plus tard, renseigne la jeune fille, Denise, sur Daniel : « Je le connais très bien. Son père est contremaître à l'usine. Sa mère était directrice de la boutique de la compagnie. Et il a un beau métier, il a suivi l'école pour. T'as fin nez! » Denise, ouvrière dans une filature et qui a perdu son père plombier salarié, croit en ces révélations. Aussi ne comprend-elle pas pourquoi le jeune homme cherche à se diminuer quand il lui annonce que son père est « un as dans sa partie outilleur » et sa mère « caissière au Magic où elle ne gagne pas lourd », ce qui est la vérité. A ce qu'elle imagine une sous-estimation de la valeur sociale de Daniel, elle répond par une surestimation d'elle-même. Elle affirme être une fille d'ingénieur, et poursuivre des études au lycée; elle fournit des précisions sur sa vie privilégiée en décrivant la grandeur et le luxe de sa maison. La déclaration de Denise sur son identité fictive rend tout d'abord fier Daniel. Il sent « un extraordinaire orgueil en lui depuis

9. A. Still, *Roman-Songe*, Paris, Julliard, 1976.

qu'il sait ça, une grande fête prétentieuse. Denise faisant pour lui une grande croix sur tout ça... le parc, son petit château, ce père, cette mère, leurs relations ». Dans un second temps, quand il pense à l'avenir, il dresse la liste des besoins de Denise — maisons, voiture, bijoux, voyages — qu'il ne pourra satisfaire, et il se sent inférieur. Il rédige un mot : « Adieu, j'aime Denise. Je n'aurai jamais les moyens de la rendre heureuse », et se suicide. Il s'efface, effrayé par les risques d'une trop forte dénivellation sociale.

3 / La chanson de Ricochet

Le travail de nombreux sourciers de la famille sera utilisé au cours du voyage en terres conjugales, avec le retraitement de données sur le travail salarié de la femme, sur la fécondité, sur le rendement du diplôme, sur l'éducation et la réussite scolaire des enfants, sur les modèles familiaux, sur le célibat des femmes très diplômées, sur la cohabitation. La nouveauté du projet — reconstituer les flux de capitaux culturels et sociaux, consécutifs au mariage — m'a contraint à détourner des enquêtes conçues dans d'autres perspectives et à puiser dans des sources anglo-saxonnes[10].

Avant de prendre la route, certaines personnes aiment bien connaître non seulement l'objectif, mais aussi les étapes et les grands moments du voyage. A leur attention, voici quelques notes. Les comptes de la femme mariée révèlent des contradictions. Le patrimoine subit, lorsque sa propriétaire est engagée dans la vie conjugale et familiale, une dégradation sur le marché du travail, alors qu'il conserve toute sa valeur en étant replacé sur le marché du mariage. Le beau mariage exerce aussi des effets opposés. Une femme bien mariée a moins de chances qu'une autre de faire fructifier professionnellement son capital; cependant, si elle y parvient, elle obtient alors de meilleurs résultats.

L'équivoque matrimoniale se retrouve pour chacun des relevés effectués. Après le veuvage ou le divorce, la femme connaît souvent un effritement de sa valeur sociale qui n'atteint ni son capital culturel ni

10. En particulier avec un dépouillement exhaustif du *Journal of Marriage and the Family* sur la période considérée. On se reportera à la version universitaire de ce travail (thèse de Doctorat d'Etat, Université de Paris V René-Descartes - Sorbonne, 1984, 2 vol., 1 034 p.), pour des références et des données complémentaires.

le niveau de ses relations sociales. La vie conjugale n'a pas de conséquences aussi néfastes pour le patrimoine féminin que celles prévues dans les théories féministes. La femme mariée ne ressemble pas au secrétaire qui, selon Balzac, « faisait bon ménage avec le poète... mais comme on fait bon ménage, en se sacrifiant toujours ». L'institution du mariage ne produit pas pour autant une fusion magique des capitaux masculins et féminins et par conséquent une augmentation sensible de la valeur féminine. Des inventaires de bibliothèque montrent, par exemple, une stabilité des pratiques, chacun restant dans son univers culturel. La valeur sociale de la femme est hétérogène. Certains secteurs du patrimoine féminin, en particulier les réserves destinées au placement professionnel, sont fortement perturbés; d'autres, au contraire, semblent échapper à toute action de la vie familiale.

Un individu préserve sa valeur initiale, après le mariage, suivant diverses procédures : il peut gérer pour l'essentiel lui-même son patrimoine personnel, quitte à recevoir en prime une partie des bénéfices touchés par son partenaire; il peut déléguer à son conjoint le soin d'administrer son capital, quitte à posséder un petit livret personnel. Mais, par suite de la division du travail entre les sexes à l'intérieur et à l'extérieur du ménage, une femme ne conduit jamais, ou presque jamais, ses affaires comme son mari. Même dans le cas où elle a une activité salariée continue, elle obtient consécration de sa valeur, pour une part, grâce à la médiation de son époux. Alors que l'homme marié voit le rendement de son capital personnel augmenter du simple fait d'être installé en famille, la femme mariée ne parvient pas à maintenir sa valeur uniquement par ce moyen, elle doit faire appel aux capitaux extérieurs (de son mari). Le mariage supprime ou diminue l'indépendance féminine pour l'accès aux ressources sociales. La femme sans activité salariée au moment de son veuvage ou de son divorce illustre cet effet : son capital ne se maintenant que sur le marché matrimonial, elle doit se remarier pour conserver sa valeur antérieure. Cette dépendance vis-à-vis du mariage et du mari est variable, elle diminue lorsque la femme a un capital supérieur à celui de son partenaire. Une femme mieux dotée que son mari subit une moindre érosion de son autonomie de gestion qu'une femme plus pauvre que son conjoint. Le type de mariage réalisé modifie le degré de la subordination féminine. Quand la femme a bien valorisé sa dot par le choix de son mari, elle place moins souvent ensuite son capital sur le marché du travail.

Ce caractère équivoque des effets de la vie conjugale pour la femme dérive de la complexité des relations conjugales : *à la fois association et rivalité* entre un homme et une femme. C'est pour cette raison qu'une fois refermé ce livre, l'air qu'on fredonnera ressemblera, sans doute, à la chanson de Ricochet écrite par Rabelais. Panurge, pour savoir s'il doit se marier, demande conseil à Pantagruel. Ce dernier, au chapitre neuf du *Tiers Livre*, alterne les « *mariez-vous donc, de par Dieu* » et les « *ne mariez-vous donc point* » en fonction des arguments avancés par Panurge : les avantages de la compagnie féminine, du soin, de la perpétuation du nom, les inconvénients de la tromperie, de l'abandon. Doit-il choisir parmi les femmes de bien, sachant qu'elles ont « communément mauvaise tête »? Doit-il demeurer célibataire, sans que personne ne se soucie de lui et ne lui « portât de l'amour tel qu'on dit être l'amour conjugal »[11] ?

11. Une nouvelle postface actualise pour la fin des années 1980 le bilan des effets de la vie conjugale. D'autre part, elle précise les raisons qui font que l'esprit calculateur est incompatible avec le fonctionnement conjugal.

première partie

pertes et profits de la vie conjugale

Le modèle de la femme au foyer qui s'est imposé au XIXe siècle (K. Blunden, 1982; Y. Knibiehler, C. Fouquet, 1977) est une référence obligée pour tous les discours sur la femme et la famille. En considérant le mariage et la vie conjugale sous l'angle de la valeur féminine, notre fiction théorique déroge aux règles de ce modèle.

Elle se centre sur les capitaux culturels et sociaux de la femme, alors que le triple rôle de maîtresse de maison, d'épouse et de mère réclame selon ses promoteurs un usage modéré de ces richesses. Une nouvelle de Thomas Hardy, *Ollamoor le Ménetrier*, illustre cette indifférence à la valeur sociale de la femme. Le héros Ned décide d'épouser Caroline, malgré son statut de mère célibataire et la dévalorisation qui en découle[1]. Il « reconnut que Caroline se montrait une épouse et une compagne excellente, bien qu'elle ne valût pas cher, comme on dit, lorsqu'elle s'était présentée à lui; mais en cela elle était comme tout article de

1. T. Hardy, *Les petites ironies de la vie*, Paris, Gallimard, 1981.

ménage, une théière bon marché, par exemple, dans laquelle le thé se fait souvent mieux que dans une autre de grand prix ». Qu'importe pour Ned le montant de la dot sociale de Caroline, ce qui prime, ce sont les qualités d'épouse et de mère.

Notre étude repère les modifications dans la gestion de la fortune sociale de la femme après son mariage. Cela implique de traiter le travail salarié comme l'expression de la gestion directe de son patrimoine. Or dans le modèle de la femme au foyer, ce travail féminin n'a aucun sens : c'est « une corruption de l'esprit de la femme et de la dignité maternelle, un bouleversement aussi de toute la famille par où le mari est privé de sa femme, les enfants de leur mère, la maison et la famille tout entière d'une gardienne toujours vigilante »[2].

Pour comprendre la manière dont les capitaux de la femme sont mis en valeur après son mariage, il faut rompre avec une vision pour qui seule une forme convenable de gestion existe pour une femme : avoir un mari pour gérant de sa fortune. Ce modèle de la femme au foyer a tellement imprégné le réel, c'est-à-dire tellement façonné les rapports entre les hommes et les femmes, qu'il ne peut pas être démenti. Les sociologues n'utilisent-ils pas comme indicateur de la valeur sociale d'une femme la valeur professionnelle de son mari? Cet alignement — par approximation — marque l'importance de la gestion indirecte des richesses féminines et donc du choix de son mari (chap. 1). Une femme après son mariage n'est plus la même. Non seulement elle fait fructifier son capital social par l'intermédiaire de son mari, mais elle crée aussi de nouvelles richesses par le support de l'enfant (chap. 2). Cet élargissement de la gamme de ses placements, associé à la division sexuelle du travail, perturbe en retour son placement sur le marché de l'emploi. Une femme mariée obtient un moins bon rendement de sa dot scolaire qu'un homme marié ou qu'une femme célibataire (chap. 3). Le travail domestique que la femme doit assurer entrave sa carrière personnelle. La réciproque n'est pas aussi vraie que ne l'affirment les détracteurs du travail féminin. C'est ainsi que les enfants d'une mère salariée ne sont pas plus handicapés culturellement que les enfants d'une mère au foyer. Le recours au style direct pour une femme mariée n'est pas obligatoirement incompatible avec un bon usage du style indirect (chap. 4).

2. Pie XI, Encyclique *Casti Connubii*, 31 décembre 1930, reproduit in *Les enseignements pontificaux : le problème féminin*, Paris, Desclée et Cie, 1953.

1

le mari, gestionnaire de la fortune féminine

Tarif ou évaluation des partis sortables
pour faire facilement les mariages

Pour une fille qui a deux mille livres en mariage ou environ, jusqu'à mille livres	Il lui faut un marchand du Palais, ou un petit commis, sergent ou solliciteur de procès
Pour celle qui a six mille livres, et au dessus, jusqu'à douze mille livres	Un marchand de soie, drapier, mouleur de bois, procureur du Chatelet, maître d'hôtel, et secrétaire de grand seigneur
Pour celle qui a douze mille livres et au dessus, jusqu'à vingt mille livres	Un procureur en Parlement, huissier, notaire ou greffier
Pour celle qui a vingt mille livres et au dessus, jusqu'à trente mille livres	Un avocat, conseiller du Trésor ou des Eaux et Forêts, substitut du Parquet et général des Monnaies

A. Furetière, *Le roman bourgeois*, 1666.

A quoi sert un mari ? A cette question impertinente tant l'amour désintéressé constitue la norme officielle, il est possible de répondre en fournissant le relevé des mouvements de capitaux entre le mari et son épouse. Dans un sens, la femme grâce à son partenaire se procure une grande partie de ses ressources monétaires et symboliques. La valeur de la femme varie en fonction du patrimoine masculin. Dans l'autre sens, également, il y a circulation de capitaux : la valeur de l'homme se modifie en fonction du patrimoine féminin. Selon ma fiction, le mari possède lui aussi un livret d'épargne. Sa femme reçoit des intérêts de ce livret, selon les dépôts qu'elle fait au moment de son mariage et tout au long de sa vie conjugale. Précisons les circuits dans lesquels capitaux, ressources, richesses sociales et culturelles de l'un et l'autre conjoints vont et viennent.

1 / Le partage des bénéfices

LE MARIAGE PROFITABLE AUX FEMMES

Tout commence par le mariage. La sélection d'un partenaire sur le marché matrimonial détermine, pour l'essentiel, le style de vie de celle qui a opéré ce choix. Telle que l'institution domestique fonctionne, la décision de vivre ensemble modifie sensiblement le destin de la femme par les contraintes de la division sexuelle du travail. Comme dans le mariage le rôle principal de pourvoyeur de revenus est dévolu à l'homme (Collectif, 1984), le mode de vie de la femme dépend surtout du conjoint élu.

Cette dépendance est visible dans la place que les hommes et les femmes occupent dans la hiérarchie des salaires (revenus personnels) et dans celle des niveaux de vie (totalité des revenus des membres de la famille). Les uns et les autres se différencient nettement en fonction de ces deux places. « La relation entre salaire et niveau de vie est inverse pour les hommes et pour les femmes : les premiers sont mieux classés selon leur salaire que selon leur niveau de vie; les secondes, mieux classées selon leur niveau de vie que selon leur salaire » (C. Baudelot, O. Choquet, 1981). L'entrée dans le mariage, selon cet indicateur, bénéficie davantage à la femme qu'à l'homme puisque celle-ci est mieux placée dans l'échelle des niveaux de vie.

Le revenu familial auquel la femme a accès est composé principalement par des apports du mari, même dans le cas d'une double activité professionnelle au sein du couple. Selon l'enquête « Revenus fiscaux des ménages » de l'INSEE, neuf dixièmes des revenus primaires proviennent du mari cadre supérieur lorsque son épouse est sans activité salariée et deux tiers lorsqu'elle est dite « active ». La contribution de la femme salariée aux revenus de sa famille oscille en moyenne entre un tiers pour celles qui ont le certificat d'études primaires et deux cinquièmes pour celles qui ont au moins le baccalauréat. La dot scolaire de l'épouse placée sur le marché du travail ne procure pas, le plus souvent, la moitié des revenus monétaires de sa famille.

Cette inégalité des apports respectifs des conjoints au revenu familial officiel — on ne compte pas la contribution officieuse par le travail ménager non rémunéré — ne se retraduit pas en une inégalité au moment du partage. Ce fait est attesté par les enquêtes sur la consommation des ménages. Les personnes qui procurent les revenus monétaires ne sont pas avantagées au moment de la redistribution de ces revenus. Pour un niveau de vie comparable, les femmes dites inactives accèdent aux mêmes biens que les femmes dites actives qui, elles, contribuent au revenu familial. Même les auteurs qui estiment que la femme est perdante dans le mariage ne contestent pas cette réalité. Mais ils justifient (de deux manières) la reconversion des revenus masculins en revenus familiaux et l'accès de l'épouse à ces revenus. Pour une première version, les dépenses et les pratiques engagées par les femmes : — « coiffeur, entretien normalisé de son corps, travail de décoration, art de recevoir » — ne bénéficient pas, contrairement aux apparences, aux femmes. Ces dépenses ont pour fonction objective de reproduire le statut social du mari. L'ensemble des activités et des dépenses de la famille et notamment de la femme servent à « la reconstitution du statut de classe de la famille et du statut social du mari en particulier » (F. Bourgeois *et al.*, 1978). Ce dernier est en définitive le seul qui profite du mariage. Pour une deuxième version, la participation de la femme aux revenus provient du travail d'éducation familiale. La femme mariée, bien que dominée par son mari, n'a pas un niveau de vie inférieur parce qu'elle doit préparer les fils à vivre comme son mari. Elle doit donc les élever dans un milieu comparable. C'est en référence à sa fonction pédagogique que la femme mariée peut bénéficier d'un partage aussi avantageux pour une personne dominée (C. Sofer, 1982). Quelles que soient les raisons théoriques qui en rendent compte — et on remarquera que nous sommes dans l'ordre de l'indémontrable — les femmes mariées, salariées ou non, dans leur grande majorité ont un niveau de vie semblable à celui de leur mari.

LA FEMME, REFLET DE SON MARI ?

Ce partage des bénéfices entre les conjoints implique-t-il qu'une femme mariée possède une valeur sociale strictement identique à celle de son partenaire? Quand on connaît la position sociale du mari, peut-on en déduire automatiquement la position de son épouse? La femme s'aligne-t-elle sur l'homme qu'elle a épousé non seulement pour le nom, mais aussi pour le statut? Devient-elle dès son mariage « femme de »?

Les sociologues, le plus souvent, répondent oui, puisqu'ils donnent à tous les membres de la famille la position socioprofessionnelle du chef de ménage ou de la « personne de référence », c'est-à-dire la position de l'homme en cas d'équipe conjugale complète. La présentation des données — interviews ou tableaux statistiques — révèle l'usage de ce postulat de l'alignement. En sociologie de la famille ou de l'éducation, c'est encore plus visible dans la mesure où c'est presque toujours la femme qui est interrogée. Par exemple, dans un livre sur l'élevage des enfants (L. Boltanski, 1969), l'auteur fait suivre les extraits des entretiens auprès des mères de la seule position du mari : « Les biberons, je les fais bouillir avant chaque tétée. On ne s'est jamais posé la question si c'était important. J'ai vu ma mère le faire, ça doit être de mère en fille, il y a comme ça des questions qu'on ne s'est jamais posées (Vervins, *camionneur*, 37 ans, 6 enfants). » La publication des tableaux statistiques relève d'une logique similaire. Pour les durées journalières consacrées à telle ou telle activité par les femmes (M. T. Huet, Y. Lemel, C. Roy, 1982) les tableaux selon la position du chef de ménage rangent les femmes mariées dans la catégorie socioprofesssionnelle du mari, qu'elles soient salariées ou non. Seule une femme non mariée et active est rangée selon sa position personnelle.

Explicitement ou non, pour ces sociologues le mariage transforme les femmes et non les hommes. Ces derniers conservent toujours leur identité, les femmes au contraire, même quand elles sont salariées, la perdent. Peu importe la valorisation féminine par le travail puisque même lorsque les femmes mariées ont une activité professionnelle, celle-ci est inférieure ou au plus égale à celle du mari. La position masculine peut, donc, à peu de frais empiriques être prise comme indicateur de la valeur du couple ou de la femme.

Des sociologues américains ont — depuis les années 1970 — testé une telle démarche, et constaté empiriquement sa pertinence[1]. D'après l'enquête de Mahoney et Richardson (1979), la profession de la femme mariée n'affecte la perception ni de son statut ni du statut de son mari, et la profession de l'homme sert, au contraire, de référence au statut social des deux conjoints. Le statut perçu des hommes est formé, comme le statut perçu des femmes, presque exclusivement par la position professionnelle de l'homme. La valeur professionnelle de la femme produit peu de changement dans l'estimation de la valeur de son partenaire ou de sa propre valeur sociale. Les personnes interrogées font comme si, dans le mariage, il suffisait de connaître le patrimoine masculin pour savoir le montant du patrimoine féminin.

Avec une procédure méthodologique plus complexe, l'image de l'épouse n'est pas le reflet strict de l'image de son mari, même si la première est constituée principalement par des éléments provenant de la seconde. Dans une enquête de Ritter et Hargens (1975), trois dimensions de l'identité officielle de la femme sont considérées : la profession de la femme, du mari et du père de la femme. Ces statuts contribuent inégalement à la fixation de l'appartenance sociale de la femme. Le poids du mari — toutes choses étant égales par ailleurs — est nettement plus fort que les poids de la femme et du père. Quand, des trois personnes considérées, seul le père de la femme est « col blanc » (travail dans un bureau), la femme s'identifie aux classes supérieures ou moyennes dans un quart des cas. Lorsqu'elle est seule col blanc, elle déclare appartenir à ces classes dans un tiers des cas, et lorsque c'est son mari qui est col blanc, ce sentiment est énoncé dans un cas sur deux. La valeur de la femme alimente un peu son imaginaire et précise la valeur de son couple et de la production familiale (F. de Singly, C. Thélot, 1986; L. A. Vallet, 1986).

Cependant, la subordination du statut de la femme est assez forte pour que, par approximation, la règle de l'alignement ne soit pas à ce niveau rejetée. La valeur sociale de l'homme forme, souvent, un point de repère suffisant de la valeur du couple et de sa partenaire. L'usage d'un tel indicateur n'implique pas l'adhésion à la théorie de Parsons (1955). Cet auteur justifie le traitement inégal des deux conjoints avec des considérations normatives : « en réduisant le nombre de posi-

1. Cf. aussi N. J. Davis, R. V. Robinson, 1988; I. H. Simpson, D. Stark, R. A. Jackson, 1988.

tions professionnelles conférant leur statut aux membres de l'unité conjugale à une seule », on « élimine toute compétition pour ce statut, ce qui pourrait rompre la solidarité du mariage... », et ainsi y a-t-il « moins de place pour le développement de la jalousie ou d'un sentiment d'infériorité ».

Si le modèle de l'emprunt pour l'identité sociale de la femme mariée peut être critiqué c'est moins au nom d'une inefficacité empirique que pour un motif théorique. L'alignement de la valeur de la femme sur celle de son mari « occulte le rapport de production spécifique des femmes mariées, qu'elles aient ou non par ailleurs un emploi rémunéré » (C. Delphy, 1977; J. Acker, 1973). La dépendance maritale de l'épouse est masquée par cette équivalence entre le rapport direct de l'homme à son milieu social et le rapport indirect de son épouse. Ne se confondent pas appartenance masculine par le travail et appartenance féminine par le mariage. Dès le début de l'étude, et par le biais d'un indicateur empirique, se trouve dévoilée la situation paradoxale de la femme dans la vie conjugale. La femme est tout à la fois l'égale de son mari — grâce au partage des bénéfices — et l'inégale — par sa plus forte dépendance. Par la suite, on découvrira que les femmes prêtent attention davantage à l'un ou à l'autre aspect du mariage. Les théories reproduisent cette dualité des prises de position : certaines croient en l'égalité conjugale, d'autres se centrent sur l'inégalité et la dépendance. Or le premier terme — l'égalité — ne se construit que sur les bases du second terme — l'inégalité. Le statut de l'homme marié est fixé indépendamment des ressources de sa partenaire alors que le statut de la femme mariée est calqué sur la position sociale de son mari. Pour la femme, la pièce « mariage » ayant deux côtés, jouer théoriquement à pile *ou* face revient à n'avoir qu'une vision tronquée des effets de la vie conjugale. Les bénéfices par le partage des revenus de l'homme n'ont cette importance que parce que la femme est dépendante. Le choix du mari est primordial puisqu'il prédétermine le niveau de vie économique et social de l'épouse.

2 / Le choix du mari

Que le beau mariage hante encore les rêves des femmes — la presse de cœur en témoigne (F. Cave, 1981) — est compréhensible. La femme en se mariant a pour intérêt objectif d'élire et de se faire élire par un homme possédant la plus forte valeur sociale possible. Le choix d'un mari ne signifie pas seulement satisfactions sexuelle et affective, il ouvre pour la femme un nouveau portefeuille. La valeur de ce livret masculin n'est pas indépendante de la valeur du livret féminin. En effet, en référence à une société où les mariages se feraient par hasard, nul doute, les unions dans la France contemporaine se réalisent selon d'autres principes. La sociologie du mariage a nommé homogamie ces principes. Deux personnes présentant des caractéristiques sociales identiques se choisissent plus souvent que deux personnes dissemblables. Les filles d'ouvriers tendent à se marier avec des hommes ouvriers. Les femmes diplômées de l'enseignement supérieur sélectionnent plutôt des hommes de même niveau scolaire.

Cependant l'homogamie ne rend pas compte de l'ensemble des échanges qui ont lieu sur le marché matrimonial, on le perçoit à deux indicateurs. Premièrement, beaucoup d'unions ne correspondent pas au schème de l'homogamie. S'il est vrai que les filles d'ouvriers épousent plus souvent que par le simple fait du hasard des hommes ouvriers, toutes les filles d'ouvriers ne reçoivent pas un billet « homme ouvrier » à la loterie matrimoniale. C'est ainsi que 39 % des mariages étudiés dans *Le choix du conjoint* sont formés par des couples dont le père de la femme et le mari occupent une même position sociale (A. Girard, 1974). Près des deux tiers des femmes ont donc épousé un homme dont la définition est différente de celle de leur père. Deuxièmement, à lire les petites annonces matrimoniales rédigées par les individus eux-mêmes, on constate que le souhait de trouver un équivalent matrimonial n'implique pas une absence de différenciation entre les sexes. Les femmes ne se mettent pas en scène de la même manière que les hommes. L'observation statistique des principes de formation des couples gomme trop souvent cette sexualisation des patrimoines sur le marché matrimonial. Bref les sociologues oublient le sexe des capitaux (F. de Singly, 1987).

Reprenons successivement ces deux points. Une femme essaie d'obtenir un homme de valeur sociale au moins égale à la sienne pour protéger ses intérêts, d'une part, et elle le fait avec des excellences qui ne sont pas pour autant identiques à celles que possède son conjoint virtuel, d'autre part.

LA DOT SCOLAIRE

Pourquoi toutes les filles d'ouvriers n'épousent-elles pas des hommes ouvriers? Pourquoi tant de couples apparemment dissemblables? Pour le comprendre, il faut définir mieux la valeur sociale de la femme avant son mariage. La position sociale de son père constitue sa valeur initiale, la position sociale de son mari, sa valeur matrimoniale. Le décalage entre ces deux valeurs renvoie à un élément intermédiaire, la valeur ajoutée de la femme. Sa socialisation ou son éducation ont pu, en effet, augmenter ou diminuer la valeur qu'elle tenait de son appartenance à tel milieu social. Au moment du choix du conjoint, la femme mobilise non seulement le capital social qu'elle a hérité (valeur du père), mais aussi le patrimoine qu'elle a acquis (valeur ajoutée). C'est la somme de la valeur initiale et de la valeur ajoutée qui fixe la valeur actuelle que la femme, consciemment ou non, cherche à faire reconnaître sur le marché du mariage :

Valeur initiale approchée par la position du père + *Valeur ajoutée* approchée par la dot scolaire ⟶ *Valeur actuelle*

Valeur actuelle ↓ :

- *Valeur professionnelle* approchée par sa position sur le marché du travail
- *Valeur matrimoniale* approchée par la position de son mari

La valeur ajoutée de la femme provient notamment de sa dot scolaire. Dans la société française contemporaine, caractérisée par un « mode de reproduction à composante scolaire », une des stratégies pour augmenter le patrimoine familial consiste dans l'investissement éducatif. La logique d'accumulation du capital scolaire ne ressemble pas à la logique de transmission du patrimoine économique. « A la différence de la transmission directe des droits de propriété avec l'héritier désigné par le détenteur lui-même, la transmission opérée par l'intermédiaire de l'école » (P. Bourdieu, M. de Saint-Martin, 1978) admet l'échec scolaire pour tel ou tel enfant des classes supérieures[2] ou la réussite de tel ou tel enfant des classes moyennes ou populaires. S'il est vrai que, tendanciellement, meilleure est la valeur sociale du père, meilleure est la valeur culturelle

2. Sur un échantillon d'enfants de normaliens, à peine un tiers obtiennent un niveau scolaire comparable au niveau paternel (J. Fourastié, 1970).

de la fille, il n'en demeure pas moins que toutes les filles de cadres supérieurs ne sont pas promises à un grand avenir scolaire et toutes les filles d'ouvriers à une absence complète d'horizon culturel. La valeur à la fin de l'adolescence ne correspond pas nécessairement à la valeur initiale (F. de Singly, 1977).

Les femmes de telle origine sociale qui font un meilleur mariage que les autres femmes de ce milieu le doivent à leur dot scolaire. Les filles d'ouvriers qui se sont mariées avec des hommes cadres moyens ont suivi des études jusqu'à 16 ans, alors que les filles d'ouvriers qui se sont mariées avec des hommes ouvriers ont arrêté à 15 ans :

Valeur initiale	*Dot scolaire (âge de fin d'études)*	*Valeur ajoutée*	*Valeur matrimoniale*
Père ouvrier	17,0	+ 2,2	Mari cadre supérieur
—	15,6	+ 0,8	Mari cadre moyen
—	14,8		Mari ouvrier

L'ascension par le mariage dérive du capital scolaire accumulé par la femme. Les filles d'employés qui en se mariant effectuent une mobilité ascendante se distinguent des filles d'employés en mobilité descendante par une dot scolaire supérieure de près de trois années. La dot scolaire de la femme forme bien une valeur ajoutée qui intervient lors de l'acquisition d'une valeur sociale masculine sur le marché du mariage. Quand une femme a acquis un capital scolaire supérieur au capital possédé par les autres femmes de son milieu, elle a un mari différent. L'hétérogamie sociale d'une telle union trahit la recherche d'un remboursement matrimonial de la part de la jeune femme après avoir fait une mise de fonds culturel supplémentaire. Un mari représente trop l'avenir social pour qu'elle reste indifférente aux hommes qui, par leurs comportements, expriment la possession d'un fort capital. La division traditionnelle du travail entre les sexes qui interdit, on le verra, un excellent rendement de la dot féminine sur le marché du travail contraint en contrepartie les femmes à essayer d'obtenir le meilleur rendement possible de leur capital sur le marché du mariage. Des étudiantes interrogées sur leur futur conjoint souhaitent qu'il ait un niveau scolaire au moins égal au leur, les étudiants se déclarent plus souvent indifférents ou même répondent qu'ils préfèrent une femme moins bien dotée (A. Flamenco, 1967).

Les mariages réalisés confirment le souci plus grand des femmes de conquérir un conjoint diplômé. Même en tenant compte de la distribution inégale des diplômes selon les sexes, les couples « homme bachelier - femme licenciée » sont moins fréquents que les couples contraires « homme licencié - femme bachelière ». Cette plus grande attention de la femme au capital culturel ou social de son partenaire s'explique bien par les suites du mariage : c'est en grande partie de la mise en valeur des richesses féminines sur le marché matrimonial que dépend la mise en valeur indirecte de ces richesses par le mari. Les hommes parvenant à faire fructifier leur capital sans intermédiaire visent d'autres objectifs matrimoniaux. Ils espèrent pouvoir échanger contre leur capital économique un capital esthétique ou un capital relationnel. Au moment de la formation du couple, on observe déjà la position paradoxale de la femme dans les rapports conjugaux. Sa valeur équivaut à celle de son partenaire, et pourtant elle n'est pas identique. Une fille du roi séduira un prince plus aisément qu'une bergère, elle le fera cependant avec des arguments classés socialement comme « féminins ». Les positions sociales des deux conjoints sont comparables, et pourtant chacun reste à sa place sexuelle.

Le mariage contribue à une double reproduction, celle des rapports entre les classes sociales, celle des rapports entre les sexes. C'est pourquoi la négociation entre les futurs conjoints respecte deux règles implicites : l'équivalence sociale, la différenciation sexuelle. Dans les petites annonces du *Chasseur Français* les critères d'estimation changent suivant le sexe et le patrimoine affiché. Le partenaire dessiné par un homme « riche » ne se confond ni avec les exigences d'un homme « pauvre » ni avec celles d'une femme « riche »[3] :

	Recherche un partenaire ayant au moins		
Demandeur	*l'excellence sociale*	*l'excellence psychologique*	*l'excellence esthétique*
Homme « riche »	28 %	56 %	54 %
Femme « riche »	54 –	33 –	8 –
Homme « pauvre »	2 –	17 –	12 –

Note : La richesse ou la pauvreté est définie par le nombre d'excellences contenues dans l'autoportrait de l'annonceur.

3. Les 400 annonces étudiées ont été publiées dans *Le Chasseur Français* en 1978-1979 (F. de Singly, 1984).

LA BEAUTÉ

Les prétentions matrimoniales des hommes et des femmes se distinguent aisément. Une femme bien dotée demande un homme possédant une excellence sociale (par sa profession ou par ses biens), un homme bien doté préfère une femme possédant une excellence esthétique (approchée par le mot « belle » ou un trait positif de la silhouette). La beauté est un attribut féminin. Ainsi un homme qui affirme posséder une bonne dot sociale rêve d'une femme « riche » dans 32 % des cas et d'une femme « belle » dans 62 % des cas. Une femme qui déclare, elle aussi, avoir une bonne dot sociale, réclame un homme « riche » dans 76 % des cas et un homme « beau » dans 7 % des cas. L'espoir matrimonial change de couleur selon l'identité sexuelle de l'annonceur.

La beauté féminine a non seulement plus d'attrait que la beauté masculine, elle a plus de prix. En effet, les hommes qui demandent l'excellence esthétique possèdent souvent excellence esthétique et excellence sociale, alors que les femmes qui formulent la même exigence n'ont qu'un capital corporel. Les hommes « beaux et riches » espèrent plus que les hommes « beaux » rencontrer des femmes « belles »; les femmes « belles » plus que les femmes « belles et riches » espèrent se marier avec des hommes « beaux ». La désirabilité du capital esthétique féminin est plus élevée que celle du capital esthétique masculin.

Les suites du mariage sont anticipées. La fonction du mari est prioritairement d'assurer les revenus monétaires et de fixer le style de vie du couple; la fonction de l'épouse, elle, est double, d'une part montrer sur un autre plan — esthétique — la valeur du couple, d'autre part assurer le fonctionnement harmonieux de la famille (avec ses qualités psychologiques). Deux cinquièmes des femmes qui ne marquent qu'une richesse sociale dans leur autoportrait demandent un homme riche, aucune un homme beau. Avec la même dot, deux fois plus d'hommes souhaitent une femme belle qu'une femme riche.

De bonnes apparences physiques ne sont pas inutiles à la femme sur le marché du mariage, contrairement aux anciens dictons (E. Shorter, 1977) :

— « La beauté ne se mange pas à la cuillère. »

— « Il vaut mieux lui dire : laide, allons souper, que lui demander : belle, avons-nous à souper ? »

— « Quand on a une belle femme, on n'a pas de beaux cochons, pourquoi ? Parce que les cochons au lieu de manger s'amusent à la regarder. »

L'homme bénéficie des qualités esthétiques de sa partenaire. Accompagné par une belle femme, ne reçoit-il pas des appréciations très favorables sur son intelligence, sa sympathie (H. Sigall, D. Landy, 1973)? La beauté de la femme irradie son compagnon.

La mesure de la beauté est plus difficile que celle du capital scolaire ou de la position sociale. Des travaux américains l'approchent soit par une auto-estimation (chacun devant se classer lui-même), soit par un jugement (un jury classant les photographies des personnes interrogées). Malgré leurs limites empiriques, ces études méritent d'être lues et interprétées dans la perspective de la valeur. La beauté est un capital. Les femmes originaires des classes populaires qui ont fait un beau mariage ont un score de beauté physique plus élevé que les femmes de même origine qui ont épousé des hommes de milieu populaire (G. H. Elder, 1969; J. R. Udry, 1977). Si la beauté augmente la valeur matrimoniale de la femme, elle ne constitue pas l'élément le plus important de son patrimoine. La mobilité ascendante par le mariage est plus fréquente pour les femmes bien dotées scolairement que pour les femmes belles. Pour une valeur initiale constante, une femme reconnue par son diplôme a plus de chances de faire un beau mariage qu'une femme reconnue par sa beauté.

L'efficacité relative de la beauté et du diplôme

La beauté féminine ne constitue pas un argument suffisant pour les femmes d'origine populaire, elle ne devient efficace que lorsqu'elle est combinée à un capital scolaire. Pour réaliser une bonne opération matrimoniale, ces femmes de milieu populaire doivent fournir deux richesses complémentaires : la beauté et l'éducation. Pour les femmes d'origine supérieure, la beauté ajoute peu à la valeur, la dot scolaire sans adjuvant esthétique suffit.

Lorsque l'origine sociale de la femme est considérée comme un indicateur de sa valeur initiale[4], le schéma de l'échange sur le marché du mariage de la valeur masculine et de la valeur féminine se modifie. On remarque alors que la dot scolaire de la femme n'augmente sa valeur matrimoniale qu'à la condition d'être couplée avec une autre richesse :

— soit une bonne valeur initiale, pour les filles de milieu supérieur;
— soit un capital esthétique, pour les filles de milieu populaire ou moyen.

4. Contrairement à P. A. Taylor, N. D. Glenn, 1979.

Le capital culturel d'une femme soutient fortement les projets matrimoniaux des belles femmes d'origine populaire et des femmes, belles ou non, d'origine supérieure. Le « sois belle et tais-toi » s'avère une expression trompeuse dans tous les cas. Pour les femmes de milieu modeste, il leur faut en plus de leur beauté faire preuve de culture et, pour les femmes de milieu favorisé, la beauté est facultative. Une femme « mal née » socialement doit, pour réussir sur le marché du mariage, aligner capital esthétique et capital scolaire, une femme « bien née » pouvant plus aisément se dispenser d'un apport culturel et surtout esthétique. L'alliage de la beauté et de la culture compense une origine sociale modeste. Un roman, *Un sot mariage*[5], illustre cette alchimie de la séduction matrimoniale. Dans ce récit, un jeune homme, d'une famille en fort déclin social provoqué par la mort du père, poursuit de brillantes études et pense se consacrer à une carrière d'ingénieur. Le lendemain de l'annonce de son entrée à l'Ecole des Mines, le notaire de la famille lui indique qu'il hérite de la fortune et du nom d'un prince très riche et sans ascendant direct. Or, ce jeune homme aime une jeune fille, brillante scolairement, mais originaire d'une famille modeste. Il y a conflit entre cet amour et la nécessité de maintenir son nouveau rang par son mariage. L'ajustement antérieur entre les valeurs sociales de l'homme et de la femme n'est plus valide après la très forte revalorisation du jeune homme. Le mariage apparaît impossible aux yeux de la mère et de la sœur du jeune homme qui réagissent ainsi : « Princesse de Mauléon, ça lui ira comme une robe du soir à une bouquetière!... Pourrait-elle tenir un rang, un rang élevé en pleine lumière? Certaines fleurs admirables ne peuvent se développer qu'à l'ombre. » Malgré les pressions familiales, le jeune homme préfère ne pas hériter (c'est-à-dire rester à sa valeur sociale antérieure) pour se marier avec la jeune fille qu'il aime. Le roman s'achève heureusement par la « reconnaissance » de la jeune fille et de sa beauté par un membre de la famille qui a doté socialement le jeune homme. La jeune fille peut ainsi prétendre à un mariage qui, sans l'adjuvant de sa beauté, apparaissait « sot » à la famille du jeune homme, son niveau scolaire étant insuffisant pour assurer la nécessaire « valeur ajoutée ».

5. La Varende, *Un sot mariage*, Paris, Hachette, 1959.

3 / Un mari secondé

Les ressources que la femme tire de son mariage dépendent du type d'échange qu'elle a réalisé sur le marché matrimonial. Si elle joint une valeur ajoutée à sa valeur initiale, elle a un mode de vie plus agréable socialement que celui de son enfance. Elle a réussi à faire valider son capital qui, dorénavant, lui rapporte surtout par l'intermédiaire de la fortune sociale de son mari. Bien que celui-ci assure l'essentiel des revenus matériels et symboliques, les capitaux féminins ne dorment pas. En particulier, la femme a intérêt à contrôler, consciemment ou non, le déroulement de la carrière de son mari. En protégeant la valeur de son mari, elle se protège elle-même. Une dévaluation du capital professionnel de son mari l'atteindrait également.

Le souci que les femmes ont du destin professionnel de leur conjoint prend sens dans la dépendance féminine : en se dévouant, elles préservent également leur valeur. Elles peuvent, dans cette optique, préférer une augmentation du capital de leur mari à celle de leur capital personnel. Témoin, Béatrice, 36 ans, attachée de presse, mariée depuis cinq ans à Charles, diplomate. « Si j'ai choisi, dit Béatrice, le métier d'attachée de presse, ce n'est pas vraiment pour moi, je n'ai pas d'ambitions personnelles, mais pour lui : grâce à mon métier, il m'arrive de rencontrer des personnes qui pourraient lui être utiles. Un jour, il m'a appris que le poste d'attaché d'ambassade dont il rêvait se trouvait libre. A son insu, j'ai organisé, grâce à des amis, une rencontre avec le responsable de ce poste. C'était dans un coktail. J'ai attrapé le responsable par le bras et lui ai dit : "Je suis la femme de Charles. Mon mari est l'homme qu'il vous faut pour ce poste!" C'est ainsi qu'il l'a obtenu. Au fond j'aime cela. J'aime vivre *à travers* un homme »[6].

Les formes par lesquelles une femme contribue au maintien — et à l'amélioration — de la valeur sociale de son mari sont multiples. La plus importante, calculée en temps, est sûrement la décharge du travail domestique garantie à l'homme grâce à la surcharge féminine. Toutes les données des enquêtes « Emploi du temps » confirment cette inégalité sexuelle devant le travail ménager et éducatif. Une seconde forme

6. *Elle*, « Celles qui poussent leur mari ».

peut être nommée : le respect de la priorité masculine. En cas de concurrence entre les partenaires à propos du droit à l'emploi ou de l'accès à une formation complémentaire, l'homme est assuré d'être choisi, son épouse s'effaçant. Même dans les groupes les plus enclins à critiquer le modèle de la femme au foyer, l'égalité des chances professionnelles entre les époux n'est pas prônée. Les jeunes, les femmes et les membres des milieux supérieurs estiment rarement que le travail salarié de la femme est aussi important que le travail de son mari[7]. Le soutien prend une troisième forme, celle d'une intervention directe dans les affaires masculines. La femme aide, soulage son conjoint dans l'exercice de son métier, ou s'informe et promeut l'image de son partenaire grâce à ses qualités relationnelles.

LA FEMME REMERCIÉE

Les remerciements qui figurent en début des thèses peuvent servir d'indicateur des formes, reconnues, par lesquelles une femme intervient dans le processus de valorisation masculine. L'échantillon, retenu ici (Gertrude, 1979), est composé des préfaces des diplômes africanistes délivrés par des universités françaises et étrangères. Les épouses sont glorifiées pour trois motifs.

Elles déchargent leur mari des travaux subalternes non seulement dans l'univers domestique, mais aussi dans la sphère du travail. Elles acceptent de recopier les fichiers, de dactylographier les versions successives de la recherche :

> « Ma femme (...) qui a tapé et classé ces notes avec amour et patience... » (Pierre Bettez-Gravel, *Remera : A Community in Eastern Rwanda*, Paris-La Haye, 1968, p. 10).
> « (Ma femme) dont la sténographie experte m'a soulagé de la tâche d'enregistrer mes observations moi-même... » (M. G. Marwick, *Sorcery in its Social Setting*, Manchester, 1965, p. XVIII).
> « Elle a aussi passé beaucoup d'heures à dactylographier et à traiter les données... » (Richart T. Curley, *Elders, Shades and Women*, Berkeley, Calif., 1973, p. IX).

7. Cf. chap. 6.

Elles ont quelquefois un statut de collaboratrice de recherche, en participant à toutes les phases de la production intellectuelle — la recherche sur le terrain, la lecture des ouvrages, la critique du manuscrit :

> « Ma femme m'a aidé en lisant une masse d'ouvrages généraux en ethnologie et en histoire... » (Max Gluckman, *Politics Law and Ritual in Tribal Society*, Oxford, 1965, p. XXVII).
> « Je dois exprimer ma gratitude à ma femme, qui (...) a également relu le manuscrit en entier avec moi plus d'une fois » (I. A. Akin-Jogbin, *Dahomey and its Neighbours, 1708-1818*, Cambridge, 1967, p. XI).
> « A ma femme dont ce livre est autant l'œuvre que la mienne » (S. F. Nadel, *A Black Byzantium*, Oxford, 4e éd., 1961, p. I).

Enfin, elles cherchent à atténuer les contrecoups de la création en garantissant les bonnes relations conjugales et familiales. Les qualités psychologiques que les annonceurs du *Chasseur Français* réclament sont également appréciées par les chercheurs :

> « Je souhaite aussi remercier ma femme dont le soutien moral s'est exprimé par une patience et une indulgence infinies » (W. A. Shack, *The Gurage*, Oxford, 1966, p. XII).
> « Barbara, une source intarissable de patience, de bonne humeur et de soutien... » (F. P. Bowser, *The African Slave in Colonial Peru, 1524-1650*, Stanford, 1974, p. X).
> « Ma femme (...), à laquelle je suis redevable d'un inlassable soutien dans mes difficultés quotidiennes » (D. Zahan, *Société d'initiation bambara*, Paris-La Haye, 1960, p. 8).

LES BIENFAITS DE LA FEMME

Les professeurs et les universitaires reconnaissent plus que d'autres les dettes qu'ils ont contractées vis-à-vis de leurs épouses. N'énoncent-ils pas à la première place leur conjointe dans la liste des facteurs de réussite, alors que les écrivains — pour sauver leur face de créateur — inscrivent des qualités personnelles (A. Girard, 1962)? Cependant les préfaces ne sont pas les seuls lieux où le rôle de l'épouse est célébré. Les fournisseurs de conseil aux cadres insistent eux aussi sur les effets positifs ou négatifs du choix de l'épouse. Lisons, pour exemple, un article publié dans un hebdomadaire d'informations économiques, dont la fonction est d'indiquer le nécessaire dévouement de la femme à la cause de son mari dans le cadre du « mariage moderne, association de deux dynamismes complémentaires ». Deux histoires sont contées pour l'édification du lecteur[8]. La première souligne la lucidité de la femme d'un cadre dirigeant d'une grande compagnie française telle que ce dernier la perçoit : « Elle a compris à temps que l'essentiel c'était désormais de s'occuper de notre foyer et de nos enfants. Pourtant rien ne la prédisposait à ce genre de vie. Quand nous nous sommes connus, elle venait de terminer les Beaux-Arts, elle avait commencé à travailler dans une agence de créations publicitaires. Mais très vite elle s'est rendu compte que si elle réalisait ses ambitions légitimes, elle sacrifierait l'éducation de nos jeunes enfants et ma propre carrière. Alors, au lieu d'en ressentir de l'amertume, elle a transformé ses goûts, elle a pris une part active dans ma vie professionnelle. » La vie familiale présente pour la femme un dilemme, soit elle se sacrifie, soit elle sacrifie. Si l'épouse retient le second terme de l'alternative, elle ne peut pas « équilibrer la vie de son mari cadre, le rendre plus humain et donc plus efficace ».

Un second récit veut représenter les méfaits de l'oubli féminin de l'abnégation. Il s'agit d'un cadre qui considère que sa vie a été une réussite et qui pourtant est « instable et nerveux » : « Ma femme a repris ses études, elle entreprend à 32 ans une licence de sociologie; elle désire avoir une vie active. » Le portrait de la dégradation familiale suit cette révélation : « Leurs enfants sont élevés par une domestique... Des problèmes apparaissent chez les deux aînés, et entre les époux le fossé se creuse. Sa femme ne supporte plus d'être délaissée, il lui reproche de ne pas assumer son rôle d'épouse. C'est au moment où le cadre travaille le plus que sa femme est son meilleur soutien. Elle doit imaginer ce qui pourrait lui plaire, l'obliger à prendre du repos, remonter son moral quand il est défaillant. »

Les mises en scène de la bonne épouse se ressemblent souvent. Elles louent les femmes disponibles et discrètes. Le coup de projecteur que les hommes veulent bien dans leurs préfaces, dans leurs magazines donner à leur compagne de route souligne qu'habituellement celle-ci reste à l'ombre. Le gris de l'éminence, le sombre de la coulisse conviennent dans l'imaginaire masculin au teint féminin! Le portrait de l'épouse du savant Pasteur est dessiné par son gendre selon les règles du clair-obscur[9] : « Tout était en elle discret. Ne pensant jamais à elle, elle ne

8. J. R. Leselbaum, Aimez-le, aidez-le, *Les Informations*, 1969, 1271.
9. R. Vallery-Radot, *Madame Pasteur*, Paris, Flammarion, 1915. Cf. B. Bensaude-Vincent, 1981.

voulait point que l'on s'occupât d'elle. Le mot "moi" était si étranger à son caractère que pendant les trente années que j'ai eu le bonheur de vivre près d'elle, de l'aimer, de la vénérer, je ne me rappelle pas lui avoir entendu dire une phrase commençant par ce mot. » Cette décentration de soi lui apparaît nécessaire pour soutenir les travaux de recherche de son mari et pour remplir la totalité de ses rôles féminins : « Fille, épouse, sœur, mère, Mme Pasteur savait vivre sa vie, mais non pas dans le sens moderne qui a quelque chose de violent, d'impitoyable, au milieu d'un égoïsme à toute épreuve. Pour elle, vivre sa vie c'était ne jamais penser à elle, se dévouer. » Sa disponibilité conjugale se traduit par une stricte organisation du monde domestique, une parfaite ordonnance matérielle favorisant le travail de son mari. Elle participe aux recherches de celui-ci en cherchant à « s'élever au rang de secrétaire, à écrire sous la dictée de son mari les choses les plus difficiles; elle accepte une existence focalisée sur la vie de famille et la vie de travail de son mari ». « Quelle aurait été la carrière de Pasteur marié à une autre femme? On a peine à l'imaginer. Avec son besoin de travail impétueux, et en même temps son besoin d'affection — car sa nature était très aimante — qu'aurait-il sacrifié s'il avait eu une femme un peu mondaine, reculant devant les difficultés d'être initiée aux travaux de laboratoire et jugeant que la vie doit avoir ses entractes et ses distractions? »

Grâce à ces images édifiantes, l'attention est attirée sur les transferts au sein du couple. La prise en charge du travail domestique par la femme autorise une meilleure prise en charge du travail professionnel par le mari. Le dévouement transfigure dans l'ordre moral les bienfaits réels du travail domestique de l'épouse pour son partenaire. Mais l'augmentation de la valeur masculine provoquée par l'association conjugale ne provient pas toujours uniquement de ce « principe des travaux communiquants », quelquefois elle résulte d'une translation des richesses féminines vers le livret masculin. La femme joue alors le rôle de pourvoyeur de capital — relationnel ou culturel.

UNE POURVOYEUSE DE CAPITAL

Le rendement professionnel du capital masculin est fonction des conditions familiales et conjugales dans lesquelles l'homme vit. Ce dernier obtient un meilleur succès, on le verra, s'il est par ailleurs marié et non célibataire. L'homme marié peut aussi tirer d'autres bénéfices professionnels de son épouse. Les hommes des classes supérieures reçoivent, selon J. Marceau (1978) et J. Finch (1983), les dividendes du capital relationnel que les épouses accumulent pendant leur temps dit « libre ». Les relations personnelles que les femmes nouent et entretiennent apparaissent désintéressées, puisqu'elles sont éloignées du monde du travail, et pourtant elles constituent « le marché de l'emploi personnel du mari ». Par ces relations, y compris celles de la parenté, circule l'information sur les possibilités de promotion, de mobilité... Ce travail invisible de la femme élargit la surface sociale de son couple et rentabilise le fait de la dualité conjugale.

La coopération culturelle au sein de l'équipe conjugale produit également des effets positifs. L'homme voit, en quelque sorte, son patrimoine augmenter grâce à un transfert de capital féminin sur son compte. Il accroît ainsi sa valeur professionnelle. En conséquence, les bénéfices monétaires et symboliques à partager entre conjoints s'accroissent, et l'épouse reçoit rémunération de cette valorisation indirecte de son capital :

Mise en valeur indirecte de la dot scolaire de la femme
↓
Enrichissement du capital de son mari
↓
Augmentation de la valeur professionnelle du mari → Meilleure rétribution monétaire et sociale de cette valeur
↑
Augmentation des bénéfices monétaires et sociaux à partager en couple

Ce long circuit, qui repose au point de départ sur le capital scolaire de la femme, peut être repéré par la variation du rendement professionnel du diplôme masculin en fonction du diplôme féminin. Des données portant sur des couples français montrent un transfert du livret de la femme vers celui de son partenaire. Pour un niveau de diplôme masculin considéré, la structure socioprofessionnelle des maris est déformée vers le haut de la hiérarchie sociale quand le montant des ressources scolaires de leur épouse augmente. Un mari a plus de valeur professionnelle lorsque sa femme possède une bonne dot scolaire (annexes). Les hommes ayant arrêté leurs études à 19 ans deviennent cadres dans la moitié des cas lorsqu'ils ont épousé une femme qui a quitté l'école, elle aussi, avant 19 ans. Leur chance d'être cadre se transforme en quasi-certitude lorsque leur épouse a poursuivi des études plus longues[10]. La position de l'homme marié résulte de sa propre dot scolaire et de celle de sa partenaire. Conscient ou non, le partage des richesses scolaires entre les conjoints s'effectue puisque le rendement du capital masculin est fonction du montant du capital féminin.

Les hommes ayant une très forte dot scolaire (âge de fin d'études situé après 24 ans) semblent moins profiter du livret de leur partenaire. Leur accès à la position de cadre supérieur n'augmente pas avec l'accroissement de la dot féminine. Tout se passe comme si le transfert ne s'opérait qu'en deçà d'un certain seuil de capital masculin. Le capital féminin deviendrait inutile lorsque le mari possède lui-même une bonne dot scolaire. Ce résultat confirme les données américaines portant exclusivement sur des couples dont l'homme a un diplôme de doctorat (M. Ferber, H. Huber, 1979). Pour un homme ayant un tel diplôme, être marié à une femme elle-même docteur n'a pas d'effet positif sur sa propre carrière professionnelle, approchée par son salaire ou le nombre de ses publications. L'alliance de deux très fortes dots scolaires ne crée pas les conditions d'une osmose conjugale. Dans ces couples, les conséquences de la vie conjugale — saisies par cet indicateur — sont peu perceptibles. La femme valorise peu indirectement son capital, et l'homme n'apparaît pas sur le marché du travail comme le membre d'une équipe. Mais, pour l'ensemble des autres couples, le mari peut puiser dans les réserves culturelles de son épouse. Il faut rompre avec une conception centrée sur l'individu. Les études du rendement de l'éducation se limitent trop souvent à l'examen de la relation entre niveau scolaire et rémunération. La valeur du mari est fonction des capitaux de l'équipe conjugale, « les gains d'un homme marié étant positivement reliés avec le niveau de capital humain de sa femme » (L. Benham, 1974, 1975). Pour une dot scolaire donnée et une durée d'expérience professionnelle considérée, l'homme voit ses revenus augmenter entre 3,5 et 4,1 % pour chaque année d'éducation de sa femme, alors que le taux d'augmentation pour une année d'éducation personnelle varie entre 6,3 et 7 %.

Cette variation des revenus de l'homme associée au montant de la dot scolaire de son épouse dérive-t-elle vraiment d'une interaction conjugale? Pour le vérifier, il est nécessaire de prendre en compte la durée de vie conjugale. En effet, si la relation entre rendement masculin et dot

10. INSEE, Enquête FQP, 1970.

féminine est observée dès l'entrée dans le mariage, cela signifierait que les bienfaits du capital de l'épouse sont illusoires. Le rendement supérieur du diplôme de l'homme serait alors attribuable à des qualités ou à un autre capital de cet individu. Au contraire, si les bénéfices de l'homme marié n'apparaissent que quelques années après son mariage, ceux-ci peuvent être attribués à un échange conjugal. Les données de L. Benham montrent clairement que les profits de l'homme augmentent avec les années de vie conjugale. Le taux d'augmentation du salaire masculin pour une année supplémentaire d'éducation féminine — toutes choses étant égales par ailleurs — n'est pas stable, il est plus élevé pour les hommes mariés depuis au moins dix ans. L'hypothèse d'un effet proprement conjugal est validée : le mariage produit une association au sein de laquelle circulent les capitaux. Plus précisément, l'homme « bien marié » tire profit professionnellement de la dot scolaire de son épouse, en alignant progressivement son capital sur celui de sa partenaire. Le mariage est une entreprise de socialisation non seulement des enfants, mais aussi des adultes. Une certaine durée de vie conjugale est requise pour que l'incitation puisse s'exercer et que le mari cherche à rattraper et à gommer le décalage culturel. Cette socialisation entre la femme et l'homme, comme la socialisation entre les parents et l'enfant, prend sans doute la forme d'une pédagogie implicite et non d'un enseignement. L'impact des ressources culturelles de la femme relève plutôt d'une logique de la contamination et de l'incubation. L'analogie avec le livret d'épargne ou de capital devient inadéquate. Il n'y a pas, à proprement parler, de transfert de capital entre conjoints : l'augmentation des ressources masculines n'implique pas une diminution des ressources féminines. Les avantages de l'équipe conjugale sont justement de multiplier les profits.

Si l'analyse du coût social de la vie conjugale pour la femme devait s'arrêter là, les effets du mariage sembleraient plutôt positifs. Par le partage des bénéfices, le mariage permet à la femme d'accéder au statut social de son mari, statut auquel elle a contribué. Cependant le cercle magique de la coopération conjugale est fragile, comme le montre l'exemple des remerciements. La femme remerciée améliore sa valeur sociale, si l'œuvre permet un changement positif de la position de son mari, sans pour autant que sa valeur culturelle augmente. En cas de rupture, elle ne recevra plus aucune rémunération, alors que son mari conservera les bénéfices du travail qu'elle a accompli — il reste propriétaire de l'œuvre. La valorisation médiate des richesses de la femme par son mari comporte des risques, en particulier celui de ne plus avoir accès un jour au compte de son partenaire. Officiellement le livret du mari ne portant que son nom, son épouse aura du mal à récupérer ses investissements conjugaux. Le conjoint n'est pas un placement de « mère de famille », c'est-à-dire sans danger, à moins que socialement le mariage ne soit considéré comme une entreprise collective. Aux Etats-Unis, une femme qui avait subventionné par son travail salarié les études de son mari s'est vu, au moment du divorce, reconnaître par le tribunal, un droit de propriété sur ce titre scolaire. Son ancien mari a été condamné à lui verser 40 % du prix estimé pour l'acquisition du diplôme. Ce bien scolaire est devenu, pour un moment au moins, selon le juge, « une propriété matrimoniale »[11], mais l'attribution d'un tel statut reste exceptionnelle.

11. *Time*, January, 13, 1986; *Libération*, 1er janvier 1986.

2

la création d'un nouveau patrimoine, l'enfant

> — Que te disais-je ?
> — Que si je me marie, j'aurai des enfants.
> — Eh bien je ne veux pas te peindre les choses en noir mais il est extrêmement probable que chaque enfant te coûtera une dent. A chaque enfant, j'ai perdu une dent.
> — ... Si votre enfant détermine la chute d'une dent qui vous faisait souffrir, d'une mauvaise dent, d'une dent cariée, vous avez le bonheur d'avoir un enfant en plus et une mauvaise dent de moins.
>
> H. de Balzac,
> *Petites misères de la vie conjugale*, 1846.

Suivant les indications de l'état civil, des municipalités ouvrent un livret d'épargne au nom de chaque nouvel enfant et y déposent une somme modique. Aux parents ensuite de prendre en charge ce carnet jusqu'à la majorité de leur enfant. Dans notre fiction, également, la naissance se traduit par l'ouverture d'un livret sur lequel le père et la mère font des investissements éducatifs. Le mariage pour une femme signifie donc presque toujours — peu d'unions sont sans enfant — une extension de ses placements culturels dans deux directions, le mari et l'enfant.

La sociologie de l'éducation renseigne peu sur la valorisation médiate des richesses féminines par la création d'une nouvelle valeur, parce qu'elle a défini, le plus souvent, les parents par l'unique position du père. Cette approximation empirique suffit pour révéler la force des mécanismes de l'héritage culturel (P. Bourdieu, J.-C. Passeron, 1964) : un enfant d'un milieu dit supérieur a de meilleures chances de réussite scolaire qu'un enfant d'un milieu dit modeste. Cependant, elle est insuffisante pour dresser l'inventaire des modalités par lesquelles une femme mariée assure la défense de ses intérêts sociaux. Il faut alors préciser la contribution respective de l'un et l'autre conjoints dans la formation du capital de l'enfant. Celle qui assure la majorité des heures éducatives a-t-elle une influence plus grande que celle du père, moins impliqué dans le travail pédagogique familial ? Le patrimoine scolaire de l'enfant dérive-t-il davantage du patrimoine maternel que du patrimoine paternel ? Et il faut chercher à savoir si certains types de placement sont plus productifs que d'autres. Toutes choses étant égales par ailleurs, quelle politique de sanctions et de règles est associée à de bons résultats scolaires ? Quelles sont les conditions familiales optimales pour que le capital féminin, associé au capital masculin, prenne la meilleure forme enfantine possible, eu égard aux critères de l'institution scolaire[1] ?

LE DÉSINTÉRESSEMENT OFFICIEL DE LA MÈRE

Pour saisir comment l'enfant devient le dépositaire de la fortune et des espérances de sa mère et de son père, le recours aux méthodes statistiques est nécessaire. Au niveau des déclarations, les femmes et les hommes dénient l'intérêt accordé à la production sociale et culturelle des enfants. Quand les parents sont interrogés sur « les raisons jugées essentielles » d'avoir des enfants, les réponses « l'enfant est source de plaisir pour ses parents » sont nettement plus nombreuses que les réponses « avec mon enfant j'aimerais réaliser mes ambitions » (J. Kellerhals *et al.*, 1982). Le choix de ces dernières réponses est particulièrement faible dans les milieux supérieurs. Le désintéressement officiel apparaît très fort pour les femmes bien dotées scolairement. Celles-ci, d'ailleurs, conçoivent beaucoup moins que les autres femmes

1. Dans ce chapitre, on prendra, en fonction des enquêtes disponibles, comme indicateur des richesses culturelles de l'enfant, soit son niveau scolaire, soit son niveau intellectuel mesuré par des tests. Ce choix ne signifie pas une croyance en une intelligence « naturelle », il repose sur l'observation selon laquelle l'institution scolaire et les tests d'intelligence reconnaissent des performances de même type.

l'enfant comme un support de la « réalisation de soi ». Mais ces déclarations ne signifient pas que les femmes des classes supérieures prêtent peu attention à leurs enfants. Ce désintéressement maternel remplit une fonction, celle de légitimer par cette dénégation la valeur culturelle de l'enfant. Nier les investissements autres qu'affectifs et constater ensuite que l'enfant a une forte valeur culturelle permet aux parents d'affirmer que celle-ci ne résulte pas d'une inculcation mais provient de la nature profonde de l'enfant. Une analyse de la pédagogie anti-autoritaire montre que celle-ci, en niant les effets de l'intervention parentale, détourne l'attention sur l'excellence du fruit qui s'est épanoui. Les produits ainsi fabriqués étant « libres », ils ne tirent leur prix — élevé — que de leur nature intérieure; ils s'imposent sur les différents marchés apparemment par leur qualité naturelle, sans artifice superflu.

L'enfant est décrit comme à plaisir avec toutes les imperfections communément admises. Non seulement la frontière entre la qualité et le défaut s'estompe, mais la possession par un enfant des traits « négatifs » souligne la qualité des pédagogues qui ont su rompre avec l'autoritarisme et qui ont réussi à ne pas gâter celui-ci par « une élévation morale et par des idées bourgeoises de bien, de mal et de pureté »[2]. Témoin, le portrait par Françoise Mallet-Joris de son fils[3] : « Nous étions allés prendre le thé près de Saint-Séverin dans le pub anglais où il y a de si bonnes tartes au citron. Ce n'était pas pour le récompenser... C'était parce que nous avions envie de parler, tout simplement... Qu'il eût envie de parler avec moi — "si on allait prendre quelque chose pour parler un peu tranquillement?" —, c'était un moment coloré de ma vie, un de ces moments qui... forment le fil conducteur de notre vraie vie... Vincent avait 11 ans : mauvais élève, turbulent, indiscipliné, casse-cou..., tendre, fondant en pleurs pour un mot de reproche, bricoleur impénitent toujours couvert de colle et de peinture, dévorant des livres de sciences naturelles et Arsène Lupin; parfois un peu pédant; sale comme un peigne, les plus beaux yeux du monde et des connaissances en théologie. »

L'occultation du travail pédagogique, au nom du libéralisme parental, bénéficie aux mères et aux pères; ils ne sont pas des « gens étroits d'esprit, haineux et lâches, des gens sous-développés et malheureux qui

2. A. S. Neill, *Libres enfants de Summerhill*, Paris, Maspero, 1971.
3. F. Mallet-Joris, *La maison de papier*, Paris, Grasset, 1977.

se drapent dans une autorité de mauvais goût »[4]. Leur production n'a pas moins, au contraire, de valeur sociale puisque l'enfant se trouve doté en plus d'une nouvelle espèce de capital, l'aisance relationnelle (R. Castel, 1981). La négation apparente de la valeur ajoutée par le travail pédagogique chez l'enfant en augmente le niveau, dans la mesure où l'éducation familiale a simplement créé les conditions favorables au dévoilement des qualités « intrinsèques » de l'enfant.

1 / Le capital féminin productif

Passant outre ces discours de dénégation où l'enfant est un bien affectif[5], il faut rechercher la contribution féminine à la formation du capital scolaire de l'enfant[6]. L'évidence de la participation de la mère n'est pas partagée par tous les chercheurs. Ainsi P. Clerc (1964) estime que la dot scolaire féminine n'intervient pas obligatoirement dans la fixation de la valeur enfantine. Pour lui, ce qui compte, c'est la présence au sein du couple d'un certain niveau de richesse. La plus grande efficacité pédagogique est réalisée lorsque le volume de capital global du couple atteint un seuil optimal. Quand un des conjoints ne possède pas à lui seul ce montant, l'apport de son partenaire est requis : quand, au contraire, le premier dispose d'un capital scolaire suffisant, la contribution du second devient inutile. La dot scolaire de la femme ne peut se valoriser dans son enfant que dans le cadre d'une famille où le père est, relativement, peu diplômé.

Les données croisant position sociale du père, diplôme de la mère et diplôme de l'enfant (R. Pohl *et al.*, 1983) infirment cette hypothèse d'un seuil optimal. La valorisation médiate des richesses féminines est observée, quelle que soit la dot paternelle. Même dans le cas où l'homme possède un fort patrimoine social et culturel, la femme intervient dans la production de la valeur enfantine. Pour les fils, dont le père est cadre moyen et au moins bachelier, l'espoir d'avoir eux-mêmes le baccalauréat est de 57 % si leur mère a au moins cet examen

4. A. S. Neill, *La liberté, pas l'anarchie*, Paris, Payot, 1970.
5. Certains historiens, tel E. Shorter, 1977, l'envisagent trop exclusivement ainsi.
6. Seule la constitution des richesses culturelles de l'enfant est traitée ici, sont donc exclues les stratégies de rattrapage en cas d'échec scolaire. Cf. C. Thelot, 1982, et A. Pitrou, 1977.

et de 25 % si celle-ci a au plus le certificat d'études. Le montant inscrit sur le livret culturel d'une femme mariée à un homme bachelier (au moins) appartenant aux classes supérieures fait encore varier le montant inscrit sur le livret de son fils. Ce dernier a plus de chances d'avoir le baccalauréat lorsque la dot de sa mère est forte :

	Chances pour un fils d'être bachelier selon la dot scolaire de la mère			
Selon la profession du père	*Supérieure au Bac*	*Baccalauréat*	*BEPC*	*Certificat d'études primaires*
Professeur	94 %	83 %	56 %	36 %
Profession libérale	79 –	68 –	56 –	53 –
Cadre supérieur	80 –	65 –	65 –	59 –

Dans toutes les familles, plus élevé est le diplôme de la mère, plus élevé est le diplôme du fils ou de la fille. L'existence d'un plafond des ressources parentales pour expliquer la succession entre les générations n'est pas démontrée. La femme parvient donc à rentabiliser son capital quelle que soit la valorisation qu'elle a réalisée sur le marché du mariage.

D'autres travaux confirment la participation des deux parents à la production enfantine. Parmi les étudiants des *high schools* américaines ayant un père fortement doté, deux tiers de ceux qui ont aussi une mère fortement dotée et un tiers de ceux qui ont une mère peu dotée sont repérés comme « très intelligents »[7]. Pour les adolescents dont la mère est très diplômée, les chances d'avoir un bon résultat aux tests mentaux varient entre 45 % avec un père peu diplômé et 63 % avec un père très diplômé. La *saturation culturelle* au sein de la famille qui rendrait inefficace et inutile la dot maternelle (ou paternelle) dans certaines configurations de fortune n'est pas perceptible. L'enfant devient le porteur du capital de ses deux parents sur le marché des biens scolaires et plus tard sur le marché du travail et du mariage. La valeur des ouvriers, hommes âgés entre 40 et 59 ans (approchée par leur

7. Exploitation secondaire des données de W. H. Sewell et V. P. Shah, 1968.

diplôme, le diplôme de leur épouse, leur salaire et leur qualification professionnelle), est fonction de la valeur sociale de leur père *et* de la valeur scolaire de leur mère. Par exemple les ouvriers dont le père est ouvrier et la mère a au moins le certificat d'études primaires ont sur les ouvriers dont le père est ouvrier mais dont la mère est sans diplôme l'avantage pour les richesses scolaires, matrimoniales et professionnelles. La mère, plus que les grands-pères, fixe la valeur de son fils (F. de Singly, C. Thélot, 1986).

LA DOT MATERNELLE PLUS EFFICACE QUE LA DOT PATERNELLE

Que la femme mariée collabore à la création de la valeur enfantine ne surprend pas, étant donné sa plus grande participation au travail pédagogique domestique. D'après une estimation, sur 100 interactions familiales, 29 réunissent la mère et l'enfant, 21 les deux parents et l'enfant, et 19 le père et l'enfant (B. Paolucci, 1978). Les enquêtes sur les emplois du temps révèlent que le temps consacré aux enfants par la femme est au minimum cinq fois supérieur à celui consacré par l'homme. Un homme cadre moyen passe 20 mn quotidiennes auprès de ses enfants, son épouse sans activité salariée 125 (M. T. Huet *et al.*, 1982). Si ce temps est un support de l'investissement parental, la valeur culturelle de la femme doit même mieux se transmettre que la valeur de son conjoint. C'est en effet ce que l'on observe le plus souvent en rapprochant montant du patrimoine de l'enfant et dots respectives de ses parents. Un élève des *high schools* dont le père est très diplômé et la mère peu diplômée réussit moins bien aux tests d'intelligence qu'un élève dont le père est peu diplômé et la mère très diplômée. Les chances de succès passent d'une famille à l'autre d'un tiers à la moitié. La dot maternelle obtient un rendement supérieur à la dot paternelle lorsqu'il y a forte dénivellation des capitaux au sein du couple. A volume conjugal constant, c'est dans le couple où la femme est beaucoup plus fortunée que l'enfant a une meilleure valeur intellectuelle.

Selon un critère de réussite scolaire — l'obtention du baccalauréat — le constat reste identique. La femme est plus productive. Un enfant qui naît dans une famille où la mère est plus diplômée que le père a plus de chances de devenir bachelier qu'un enfant élevé dans une famille où le père domine. Par exemple, dans les familles dont le père est artisan et le volume de patrimoine scolaire est constant, les fils et les filles réussissent mieux lorsque le propriétaire de la plus forte dot est la mère[8] :

Structure du capital conjugal	*Fils bachelier*		*Fille bachelière*	
	Mère supérieure	*Père supérieur*	*Mère supérieure*	*Père supérieur*
Un CEP et un diplôme supérieur au CEP	*24 %*	18 %	*21 %*	15 %
Un diplôme supérieur au CEP et rien	*18 –*	7 –	*15 –*	8 –
Un CEP et rien	5 –	5 –	4 –	5 –

Sur 30 tests de cette nature, 26 marquent la supériorité des équipes constituées d'une femme mieux dotée que son mari. Approché par la création de la valeur enfantine, le rendement de la dot scolaire de la femme mariée est meilleur que le rendement de la dot de l'homme marié. La « fusion » conjugale n'aboutit pas à une indifférenciation de l'origine des richesses : le capital maternel obtient une prime supérieure. Cette force féminine s'observe également dans d'autres domaines éducatifs, comme la socialisation politique, la socialisation religieuse, la production de l'ambition enfantine (T. E. Smith, 1981 ; A. C. Acock, V. L. Bengtson, 1978). Dans les territoires classés socialement « masculins » — la politique, par exemple — la mère n'est pas inactive : ses enfants lui ressemblent plus souvent qu'ils ne ressemblent à leur père. Cette proximité culturelle ou idéologique entre la mère et ses enfants crée les conditions d'une proximité affective. Les garçons et les filles ne déclarent-ils pas se confier à leur mère plutôt qu'à leur père (C. Gokalp, 1982) ? L'assignation plus grande de la femme à la maison se retraduit par une prédominance maternelle dans les affaires pédagogiques et par une plus grande valorisation du capital féminin par la médiation de sa progéniture. Les investissements de la femme mariée dans la production enfantine ne sont pas sans intérêt.

8. Exploitation secondaire des données de l'enquête FQP, INSEE, 1977.

LES INVESTISSEMENTS PRIVILÉGIÉS DE LA MÈRE

La participation des parents à la fabrication d'un nouveau produit culturel prend différentes formes. Elle s'exprime notamment par le niveau d'aspiration, c'est-à-dire l'horizon scolaire que le père et la mère souhaitent voir atteindre par leur enfant. Cette ambition est très importante : les aspirations des parents ne jouent-elles pas un rôle équivalent à celui de la compétence intellectuelle de l'enfant pour son destin scolaire (A. Girard, H. Bastide, 1963)? Reprenons l'enquête portant sur les élèves des *high schools*. Les parents ont plus d'ambition pour les adolescents classés comme très intelligents que pour les adolescents peu intelligents d'une part, pour les garçons que pour les filles d'autre part. Les projets et les encouragements des parents sont donc différenciés selon l'identité sexuelle de l'enfant et ses résultats antérieurs. Dans le cadre de cette inégalité des espérances parentales, la dot scolaire de la mère joue un rôle spécifique. Elle parvient à compenser en partie les handicaps qui dérivent soit du sexe, soit du niveau d'intelligence de l'enfant. L'écart qui sépare l'ambition parentale pour les garçons et l'ambition pour les filles, l'ambition pour les adolescents très intelligents et l'ambition pour les adolescents moins intelligents diminue lorsque la mère est elle-même bien dotée. Ce sont les enfants les plus désavantagés sous le critère de l'investissement parental — à savoir les filles et les moins performants — qui sont le plus soutenus par leur mère.

L'inégalité d'ambition scolaire des parents entre leur fille et leur garçon est plus faible dans les familles où la mère est bien diplômée que dans les autres familles. Il y a, en quelque sorte, un effet de rattrapage assuré par la dot de la femme. Cet effet peut être mesuré par le rapport entre le niveau d'aspiration pour les garçons et le niveau d'aspiration pour les filles. Pour les adolescents classés comme peu intelligents, ce rapport varie de 0,95 dans le cas d'une mère peu diplômée à 1,30 dans le cas d'une mère très diplômée. Grâce aux richesses culturelles de leur mère, les filles peuvent recevoir des encouragements à poursuivre des études. La dot de la femme mariée est valorisée de telle sorte qu'aucun produit ne soit privilégié. Elle ne sert pas en priorité à renforcer les livrets enfantins, qui, pour des raisons différentes, peuvent être mieux remplis, elle corrige plutôt les déséquilibres. Le souci d'égalité entre les enfants, souvent affirmé, n'implique pas une égalité de traitement, bien au contraire (A. Gotman, 1988). Consciemment ou non, est mise en place une politique de soutien au sein de la famille. Par son influence culturelle, la femme tente de démentir l'adage selon lequel les richesses vont aux richesses. Elle agit alors comme une instance redistributrice.

La femme mariée peut gérer sa fortune culturelle en distinguant de manière précise les placements qui, par l'intermédiaire de ses enfants, lui sont offerts. Une dot de la mère élevée — et surtout supérieure à celle du père — crée les conditions d'un investissement spécifique sur la fille. Celle-ci, dans les projets de sa mère, est moins destinée prioritairement à se marier et à fonder une famille. A la différence du père, la mère souhaite alors que sa fille réussisse à l'école et puisse ainsi améliorer la position sociale de la famille et surtout échapper à l'assignation traditionnelle de la femme à la sphère domestique. Des femmes trouvent dans leur propre histoire — des études ou une activité salariée interrompues en tant que femme — « de fortes motivations à éviter à leur fille la reproduction de leur itinéraire personnel » (F. Battagliola, 1984). Elles peuvent, volontairement ou non, gommer ou renforcer le caractère sexué de leur production. Parvenir à des valeurs féminines et masculines comparables au terme de l'éducation ne signifie pas que les placements maternels aient été identiques pour les garçons et pour les filles. Etant donné la définition sociale des sexes, une mise en valeur des richesses maternelles (relativement) équivalente pour une fille et pour un garçon demande une gestion différenciée des investissements de la femme.

2 / *Par contamination*

La transparence des opérations d'investissements maternels ou paternels n'est pas encore réalisée, peu de travaux ayant été consacrés à les étudier. La question des conditions familiales de production de l'enfant est devenue centrale récemment. Auparavant l'école seule attirait les regards savants. La famille était placée au bord de l'estrade : mystérieuse « boîte noire » d'où sortaient des enfants marqués pour toujours par leur destin de classe.

L'efficacité des richesses parentales n'apparaît magique que par ignorance des mécanismes engendrant de tels effets. Les impressions de magie sont renforcées par le fait que la pédagogie familiale est implicite, c'est-à-dire repose sur une « inculcation inconsciente de principes qui ne se manifestent qu'à l'état pratique dans la pratique » (P. Bourdieu, J.-C. Passeron, 1970).

Le livret ouvert au nom de l'enfant ne prend de la valeur que progressivement dans l'ambiance culturelle de sa famille d'origine. En effet, le niveau intellectuel de l'enfant varie assez peu en fonction de la politique explicite d'éducation. La valeur intellectuelle des enfants soumis à une éducation centrée sur l'autonomie et celle des enfants élevés dans un contexte opposé sont comparables (pour un diplôme donné de la mère) (F. Aubret-Beny, 1978). La différence entre les enfants dont la mère est très diplômée et les enfants dont la mère est peu diplômée est beaucoup plus grande. Le volume de la dot maternelle plus que le style éducatif engendre une amélioration de la valeur enfantine.

L'effet intrinsèque des formes éducatives est faible, plus faible que celui prédit par les spécialistes de la pédagogie. Ainsi contrairement aux théories psychologiques, la structuration souple de l'environnement familial ne favorise pas le développement intellectuel de l'enfant (J. Lautrey, 1980). Les familles régies selon cette structuration (l'enfant « peut intervenir seulement si ce qu'il a à dire est en rapport avec la conversation ») n'ont pas des enfants plus intelligents que les enfants élevés dans des familles régies selon une structuration rigide (« vous lui avez appris à ne pas intervenir dans la conversation des adultes ») ou faible (« l'enfant peut intervenir comme il le veut »). Ce ne sont pas les interventions explicitement centrées sur l'apprentissage cognitif qui soutiennent le plus le niveau intellectuel de l'enfant. La plus forte variation de la compétence intellectuelle à l'intérieur d'un groupe social renvoie à la hiérarchie des qualités morales et non au type d'intervention pédagogique des parents[9]. Les enfants élevés par des parents populaires qui classent comme les parents supérieurs la qualité « esprit critique » avant l' « obéissance » obtiennent de meilleurs résultats aux tests. Cette hiérarchie des qualités, non conforme à celle du milieu populaire, trahit par cet alignement une stratégie, consciente ou non, d'ascension sociale par la médiation de l'enfant.

9. Données de L. Lautrey, 1980.

L'enfant devient dépositaire du capital scolaire et des ambitions de ses parents *par contamination* : soit avec le capital « à l'état incorporé », soit avec le capital « à l'état objectivé » (P. Bourdieu, 1979). Le premier cas désigne les formes (comme le langage ou le maintien corporel) dans lesquelles la dot maternelle (ou paternelle) s'extériorise. Le second cas renvoie à l'environnement familial avec les livres, les tableaux, les instruments de musique... La présence de l'enfant dans un univers saturé de biens culturels produit, à son insu, une incorporation progressive de ce capital. Par quel canal, précisément ? On l'ignore encore pour une grande part. En effet, le style de vie culturel dans lequel l'enfant se développe explique insuffisamment son destin scolaire, comme le démontre une autre enquête américaine sur les élèves des *high schools*. L'enrichissement culturel fourni par les parents est approché par un indice incluant l'existence ou non de cours de danse, musique, théâtre, dessin pour l'enfant en dehors de l'école, l'existence ou non de sorties familiales au théâtre, au concert, à l'opéra. L'ambition scolaire de l'élève augmente en fonction de l'enrichissement culturel. Cependant, les investissements cristallisés dans ces pratiques n'obtiennent pas un rendement comparable au rendement des richesses scolaires de la mère, même lorsque celle-ci ne les reconvertit pas en activités vécues par l'enfant. Les enfants des familles caractérisées par une forte dot maternelle et un faible indice d'enrichissement culturel sont plus ambitieux que les enfants des familles caractérisées par une faible dot maternelle et un fort indice d'enrichissement (E. E. Sandis, 1970) :

Familles	*% d'adolescents ayant une forte ambition scolaire*
Forte dot maternelle et degré élevé d'enrichissement	94
Forte dot maternelle et degré nul d'enrichissement	78
Faible dot maternelle et degré élevé d'enrichissement	29
Faible dot maternelle et degré nul d'enrichissement	9

3 / Les dons en nature culturelle de l'enfant

Investi ou non dans des pratiques culturelles ou pédagogiques, le capital scolaire de la mère ne dort pas, il se réincarne en son enfant. Ce transfert peut se doubler d'un mouvement en sens contraire. La valeur de l'enfant contribue, à son tour, à enrichir la valeur culturelle de sa mère ou de son père. Dans les enquêtes sur la socialisation politique, idéologique, religieuse, lorsque des enfants ressemblent à leurs parents, les auteurs en concluent presque toujours à la force de la reproduction idéologique. Ils excluent ainsi le cas des enfants convertissant leurs parents à leur propre vision du monde. Même dans le domaine de la socialisation culturelle, de telles transformations doivent être envisagées. La valorisation de la dot de la femme reçoit dans ce cas intérêt culturel. L'enfant redistribue à ses parents certaines des ressources qu'il a acquises.

Prenons le cas des individus inscrits à une université du troisième âge (C. Suaud, 1980). Plus de la moitié des personnes mariées appartenant au milieu populaire ont un enfant poursuivant des études dans l'enseignement supérieur. Cette proportion est nettement supérieure à la probabilité qu'un enfant d'ouvrier ou d'employé fasse des études universitaires. Elle résulte, sans qu'il soit possible de les démêler, de deux effets : les aspirations des parents qui les ont conduit à engager leur enfant dans de longues études et à s'engager eux-mêmes dans le cycle proposé par l'université du troisième âge d'une part, le rôle d'aiguillon culturel joué par cet adolescent mieux doté d'autre part. La concurrence intergénérationnelle, la recherche avouée du dialogue, le sentiment de prendre une revanche peuvent inciter les parents à la consommation de biens culturels, inhabituels pour eux. Le contre-don dans le circuit d'échange entre les parents et l'enfant enrichit alors la valeur culturelle de sa mère ou de son père[10].

UN EXEMPLE D'ÉCHANGE CULTUREL

Ce double mouvement de la socialisation est perceptible dans l'inventaire des livres d'un ménage. Cette famille offre la caractéristique de posséder deux bibliothèques — l'une dans la chambre des parents l'autre dans la chambre du fils — et deux lecteurs — la mère et le fils — le père ne lisant pas. La mère est gardienne d'immeubles depuis 1971, comme son mari, ancien peintre en bâtiment. D'origine populaire

10. L'incitation n'attend pas obligatoirement la fin de la socialisation enfantine. Les parents peuvent bénéficier de certaines ressources scolaires ou culturelles au moment où elles sont acquises par leur enfant. C'est sans doute dans ce processus de transfusion que naît l'impression pour les parents de « rester jeunes ».

— son père était plombier — elle a le certificat d'études primaires, mais ses deux frères sont devenus professeurs agrégés. Son fils de 28 ans, après un BTS de dessinateur industriel et un travail professionnel, a repris ses études dans un centre de formation pour paludiers. Il est devenu paludier, il vit toujours avec ses parents dans leur logement de fonction.

Sur les 265 livres recensés, 3 % n'ont pas été lus, 34 % l'ont été par la mère seulement, 56 % par le fils seulement et 7 % par les deux. Le *patrimoine littéraire commun à la mère et au fils* a été acquis sur une période assez courte, celle de la reprise des études du fils. Depuis qu'il s'occupe des marais salants, cet échange s'est arrêté; il lit d'ailleurs beaucoup moins. La comparaison du contenu des ouvrages lus exclusivement par chacun et ceux lus par les deux montre la spécificité de ces derniers livres : des romans et des ouvrages historiques. Ce capital commun résulte d'un compromis entre les deux partenaires. Il a été pour moitié lu en premier par l'un ou par l'autre, la mère lisant d'abord les romans, le fils les récits d'histoire. L'apport du fils à la dot culturelle de sa mère a été un certain décloisonnement et l'abandon du monopole romanesque. Ce nouvel horizon historique est assumé par la mère puisque, au cours de l'entretien, à la question sur les livres qu'elle apprécie le plus, elle répond « tout ce qui est historique ». Limité dans la durée, l'échange de livres entre les générations aura peut-être des effets durables sur le contenu de la dot culturelle de la mère.

Les échanges intergénérationnels prennent la forme d'un *cercle* où l'enfant après avoir reçu de ses parents les fait bénéficier des richesses qu'il possède[11]. Ce processus de transformation maternelle, provoqué par ses enfants, est visible dans les familles d'immigrés. Une jeune femme algérienne vivant en France narre à A. Sayad (1979) comment le rapport de forces entre ses parents s'est modifié grâce à l'alliance de la mère et de ses enfants. Une année, sa mère est partie en vacances faire du camping avec elle et ses autres frères et sœurs : « Sans mon père! Mon père est resté à la maison, et on sentait qu'en restant, il espérait empêcher tout le monde de partir ou au moins ma mère; que sa femme reste avec lui... On a passé trois semaines très agréables. Ça a fait date. Des vacances qui datent pour ma mère.

11. Dans la typologie des services que l'enfant rend à ses parents, A. Schnaberg, S. Oldenberg, 1975, ne font pas figurer la socialisation en retour.

Ça date de ce moment-là, qu'elle est partie en vacances sans mon père, que ma mère est devenue autonome... La première fois qu'elle partait vraiment en vacances, de vraies vacances; qu'elle ne partait pas en Algérie. C'est là qu'on s'est rendu compte de ce que c'est l'autorité de mon père. » Les enfants, mieux dotés scolairement que leurs parents, en choisissant le camp de la mère ont contrebalancé le pouvoir paternel. Cette coalition ne se forme pas à chaque fois. Dans d'autres cas, le capital culturel de l'enfant se retraduit vis-à-vis de la mère et du père en distances affectives, supprimant tout échange intergénérationnel[12].

Cette seconde colonne des comptes sociaux de la femme, après son mariage, marque bien que son capital culturel est valorisé par ses enfants. Comme pour le mari, il y a un effet de multiplication des richesses féminines. D'ailleurs, ces deux secteurs sont connectés. Le rendement qu'une femme obtient de sa dot par la production de l'enfant ressemble au rendement qu'elle reçoit de son mari. Pour un diplôme donné, une femme qui a élu un homme moins bien doté a ensuite des enfants, eux aussi, peu diplômés. Quand une femme a réussi une bonne opération sur le marché matrimonial, non seulement elle perçoit de meilleurs intérêts grâce au livret de son mari, mais elle valorise aussi mieux sa dot par la création de nouvelles valeurs enfantines. Mais cette extension du capital culturel de la femme connaît des limites : elle ne peut pas se réaliser par un accroissement du nombre de ses enfants. En effet, dans les familles de milieux moyen et populaire, le niveau intellectuel des enfants baisse avec la taille de la fratrie. Avec plus de deux enfants, la femme risque une moindre valorisation médiate de sa dot. En outre, elle parvient moins souvent à placer cette dot sur le marché du travail, comme en témoignent les statistiques croisant nombre d'enfants et activité salariée de la mère. L'enfant a un coût qui ne se limite pas au temps passé à l'élever, au manque à dépenser (L. Bloch, M. Glaude, 1983). Pour la femme, n'importe quel investissement éducatif n'est pas compatible avec des investissements professionnels, dans le système familial dominant. Les effets du mariage et de la vie conjugale se répercutent pour une femme loin du cercle domestique : c'est dans l'univers professionnel que le prix de l'enfant et le prix du mariage peuvent être connus.

12. Cf. chap. 9.

3

le travail professionnel comme placement problématique

> Mais ne parlons pas des entraves qu'une femme apporterait à vos études de philosophie... Quel rapport peut-il y avoir entre les travaux de l'école et le train d'une maison, entre un pupitre et un berceau, un livre et une quenouille, un style et un fuseau? Est-il un homme qui, livré aux méditations de l'Ecriture ou de la philosophie, puisse supporter les vagissements d'un nouveau-né, les chants de la nourrice qui l'endort, le va-et-vient du service, les odeurs incessantes et la malpropreté de l'enfance.
>
> Héloïse, Lettre à Abélard.

Grâce au mariage, une femme dispose de deux livrets supplémentaires, l'un au nom de son mari, l'autre au nom de ses enfants. Cet éventail des placements ne constitue cependant un avantage que si la forme classique — le livret personnel — demeure inchangée. La vie conjugale offre alors tous les attraits permettant d'augmenter les possibilités de gain culturel et social. Mais un tel cumul est-il autorisé aux femmes mariées? L'exemple de l'écrivain qui tente sous les noms de Cécil Saint-Laurent et de Jacques Laurent de bénéficier de sa double position sur le marché littéraire illustre l'incertitude de la réponse. Le succès de Cécil Saint-Laurent du côté de la production « grand public » n'a-t-il pas nui au prestige de Jacques Laurent du côté de la production restreinte (F. de Singly, 1976)? Les tentatives de dédoublement de la femme mariée perturbent-elles, étant donné le fonctionnement de la société, la mise en valeur de son patrimoine culturel? Les exigences associées aux investissements dans le mari et dans l'enfant contrarient-elles les investissements dans le travail salarié?

Toute notre expérience de la vie sociale nous porte à croire que la réponse à une telle question est positive. Encore doit-elle être étayée par la mesure de cette nuisance. Le prix du mariage pour une femme mariée est approché par la différence entre le rendement qu'elle obtient pour sa dot et le rendement qu'elle obtiendrait si elle était célibataire ou si elle changeait de sexe. Dans cette optique, les inégalités professionnelles entre les hommes et les femmes ne renvoient pas uniquement à des mécanismes de discrimination sexuelle; elles traduisent d'abord les suites du mariage divergentes pour les uns et les autres. La plus faible conversion de la dot féminine en revenus monétaires ou en statuts professionnels dérive des rapports sociaux entre les sexes dans la famille. Une femme mariée qui a une activité professionnelle doit cumuler les charges de la vie « active » et de la vie familiale. Les conditions dans lesquelles elle peut rentabiliser ses richesses sur le marché du travail sont donc moins favorables. De telles perspectives conduisent des femmes à concevoir le renoncement au rôle maternel comme l'envers d'un projet de carrière professionnelle. Ainsi Marcelle S..., femme célibataire de 40 ans, chef de service entretien dans une entreprise pétrolière confie-t-elle : « J'ai la chance, pour ainsi dire, d'être célibataire, c'est-à-dire que je n'ai pas de contraintes... et en fait je comprends la crainte d'un patron qui peut se dire "Untel peut être amené à me quitter pour des raisons familiales...", ça je suis entièrement d'accord avec ça... Je comprends qu'un patron préfère engager un homme qu'une femme... non je ne pense pas que j'ai sacrifié quelque chose de ma vie personnelle, parce que je crois qu'il ne faut pas avoir de regrets, mais je crois que je fais partie aujourd'hui des gens qui aiment leur métier... Je crois que c'est de plus en plus rare... si j'avais été mariée, avec des enfants? Je n'aurais pas travaillé, oh non! Ah ça non! J'estime qu'il y a un choix à faire, ce n'est pas du tout que je ne voulais pas me marier... mais, pour moi, une femme doit faire un choix, et son premier rôle c'est d'élever des enfants si elle en a... je suis absolument contre la femme qui se lève, habille ses enfants en catastrophe, à toute allure, les porte à la nourrice... Les femmes qui ont des enfants sont moins motivées, c'est très net. Un métier c'est comme un apostolat, il y faut de la rigueur... ce qui me frappe c'est qu'on voit rarement un groupe de femmes parler de leur travail, contrairement aux hommes, elles parlent essentiellement de leurs soucis familiaux... ce qui prouve que c'est l'essentiel... » (J. Huppert-Laufer, 1982).

Tout n'est pas contractuel dans le contrat de mariage. Le regard que porte cette femme sur la relation entre les deux univers du travail et de la famille rend visible, en accentuant les contrastes, la dimension cachée du mariage : l'engagement conjugal exige de la femme un désengagement professionnel. Tout se passe comme si la fidélité demandée à la femme avait un double sens, non seulement une constance dans les sentiments, mais aussi un dévouement à la cause de la famille. Ce loyalisme féminin s'exprime par un rapport distant au travail salarié, qui lui-même engendre une moindre rémunération professionnelle de la dot scolaire. Le choc amoureux est souvent suivi de contrecoups.

1 / Une double carrière

Le domestique féminin prime le domestique masculin, le domestique féminin prime le professionnel féminin, le professionnel masculin prime le professionnel féminin. Ces trois règles d'accord n'ont pas besoin d'être inscrites dans une grammaire conjugale dédiée aux femmes pour être suivies, l'examen du rapport au temps et à l'espace le démontre.

TEMPS

A force d'entendre ou de lire des discours célébrant le partage des tâches entre les deux conjoints, on croit au changement! Or, quelle que soit la méthode retenue pour construire les emplois du temps, la spécialisation sexuelle du travail ménager apparaît encore très forte. Le temps passé par les femmes à la vaisselle est au moins quatre fois supérieur à celui passé par les hommes. Le temps féminin pour le passage du balai, de l'aspirateur et de la serpillère au moins huit fois supérieur, et celui pour le dépoussiérage au moins quinze fois supérieur (C. Roy, H. Rousse, 1981). Ces trois tâches, les plus lourdes (c'est-à-dire celles dont le temps consacré par l'ensemble des membres du ménage est le plus important) sont effectuées de manière prépondérante par les femmes. Cette attribution s'accroît même avec l'alourdissement de ces activités, l'écart entre les hommes et les femmes augmentant avec le nombre d'enfants.

Les milieux sociaux dits supérieurs ou moyens se font remarquer par leurs prises de position favorables à une révision des normes traditionnelles. Pourtant sur le terrain, c'est-à-dire dans la cuisine, on a toujours beaucoup plus de chances de rencontrer une femme qu'un homme ! Les hommes cadres supérieurs consacrent à la préparation des repas 16 mn, leurs épouses au foyer 138, les hommes ouvriers 20 mn, leurs épouses 172 (M.-T. Huet, Y. Lemel, C. Roy, 1982). Sur ce critère, les hommes cadres ressemblent moins à leurs conjoints qu'aux hommes ouvriers. Au total, le travail domestique est assuré au moins pour les trois quarts par la femme.

Des variations autour de cette tendance sont observées, notamment dans les couples où les deux conjoints sont salariés. Deux mouvements accompagnent la professionnalisation de la femme :

— Une redistribution du travail ménager entre les conjoints. D'après les déclarations des femmes (M. Glaude, F. de Singly, 1986), les travaux de préparation des repas, de nettoyage des sols et de vaisselle sont pris en charge « également » par les deux partenaires plus souvent dans les couples où la femme est, elle aussi, salariée. Le poids du partage égalitaire pour le nettoyage des sols passe de 6 % dans les couples à activité salariée unique à 15 % dans les autres couples. Au terme d'une négociation conjugale, l'homme intervient davantage. Cette participation ne suffit presque jamais à effacer la prépondérance féminine. Lorsque l'épouse est salariée, elle nettoie le sol dans 81 % des cas, son mari dans 4 % des cas. Le monopole de la femme sur la sphère domestique est moins fort, il n'est pas brisé cependant. Aussi la femme salariée doit-elle procéder elle-même à un aménagement de son temps de travail domestique, en le comprimant.

— Une compression du travail domestique. L'expression « la double journée » utilisée pour les femmes mariées actives est à la fois exacte — ces femmes assurent beaucoup plus que leurs conjoints le travail domestique — et inexacte — ces femmes consacrent moins de temps à ce travail que les femmes au foyer. En effet, en comparant le temps des unes et des autres, on observe que la durée du travail ménager des femmes dites actives est amputée d'un tiers. Cette compression est plus importante que la compression pour le « temps libre », pour les soins personnels et le sommeil. Une part du travail ménager est prise en charge par d'autres femmes, celles de la famille dans les milieux populaires, ou les « femmes de ménage » dans les autres milieux. Mais ce travail diminue également pour une autre raison, le moindre engagement symbolique des femmes salariées dans l'univers de la maison. Elles ont un rapport plus fonctionnel à la gestion familiale, car comme le mot « femme au foyer » en témoigne, leur identité en dépend moins. Le grain de poussière sur un meuble peut ne pas être épousseté, les draps peuvent ne pas être repassés, les plats peuvent ne pas être « mijotés », ils sont moins le signe d'un accomplissement personnel. Les femmes salariées transfigurent moins que les autres leurs « gestes obscurs, leurs piétinements, leurs patiences, leurs tâches ingrates » en un rayonnement « d'un parfum vivifiant pour tous ceux qui le respirent »[1]. Les « cuisinières heureuses » qui consacrent beaucoup plus de temps à faire la cuisine et qui ne s'en plaignent pas sont souvent des femmes au foyer, les « cuisinières malheureuses », elles, qui « disent faire une cuisine très simple » et qui apprécient peu cette activité ont fréquemment une activité professionnelle (M. Chaudron, 1983). La compression reflète donc les contraintes de l'emploi du temps des femmes salariées et un certain désintéressement.

Cette diminution du travail ménager par la compression et par la délégation ne suffit pas à supprimer le handicap professionnel des femmes salariées. La responsabilité des affaires domestiques qu'elles conservent les oblige à affecter une partie de leurs pensées à cette direction. Ces charges mentales, peu repérables par la technique des emplois du temps, limitent les investissements professionnels; elles envahissent le monde du travail féminin. Le livre *Le travail et la vertu* n'est-il pas dédié « à toutes celles qui au beau milieu d'une addition compliquée, d'une dactylographie effrénée ou d'une réunion stratégique se demandent soudainement si une omelette pourrait suffire pour ce soir » (K. Blunden, 1982; M. Haicault, 1984)? Répondre à la question quotidienne du « quoi faire à manger? » contraint la femme chargée de cette décision à des tâches d'organisation, même si elle est en partie déchargée des tâches d'exécution. C'est ainsi que dans les couples de cohabitants où la critique de la division traditionnelle du travail entre les sexes est plus forte que dans les couples de jeunes mariés, la femme continue à assumer ces charges mentales (F. de Singly, 1981).

1. D. Ménager, Maman, laisse tomber le torchon à poussières, *Panorama*, 1979.

Ces « demandes » de l'institution familiale interdisent aux femmes d'être en réelle compétition avec leurs collègues masculins dans l'espace professionnel. La concentration du travail ménager sur la journée du samedi pour les femmes salariées, alors que les femmes au foyer le font du lundi au vendredi (F. de Singly, 1981), diminue seulement un peu les dommages. Les femmes salariées abandonnent leurs prétentions professionnelles devant la force permanente des rapports sociaux de sexe : les jeunes filles qui ont de fortes aspirations professionnelles avant de rencontrer leur conjoint restreignent après le début de la vie commune leur niveau d'aspiration (E. Almquist, S. Angrist, 1970).

Cette inégale distribution des chances professionnelles entre un homme et une femme s'inscrit dans un moindre investissement quotidien ou hebdomadaire — les demandes du « mercredi » dans l'administration le signalent — d'une part, et dans un cycle perturbé d'autre part. Les rôles domestiques des femmes introduisent des phases d'inactivité dans le déroulement de leur vie professionnelle. Ces interruptions se produisent surtout avec l'enfant. Pour un âge donné, les femmes mariées sans enfant ont une histoire professionnelle qui ressemble davantage à celle des femmes célibataires qu'à celle des femmes mariées avec enfant (S. Polachek, 1975). Principalement pour les femmes peu dotées, la carrière familiale entraîne un sous-investissement de leur activité salariée, même pendant les périodes d'activité, et une anticipation négative des employeurs moins portés à favoriser la promotion des femmes mariées. Ce jeu complexe des anticipations et des comportements gêne pour démêler l'écheveau des raisons de la discontinuité. Les contraintes familiales peuvent servir d'alibi aux chefs de bureau pour favoriser un choix masculin. A la Sécurité sociale, en début de carrière, des femmes employées n'hésitent pas à investir dans leur travail professionnel et c'est seulement après avoir observé que « seuls les hommes s'en sortent » qu'elles abandonnent cette attitude positive (F. Battagliola, 1984). En effet, ce sont les femmes qui ont le plus d'ancienneté dans cette administration qui tendent à prolonger l'arrêt professionnel lié à la maternité au-delà de sa durée légale. L'argument des charges familiales dans les entreprises peut ainsi renforcer la division interne aux équipes conjugales.

ESPACE

La vie familiale se traduit en des contraintes temporelles et spatiales pour la femme salariée. Cet assujettissement féminin se vérifie tout d'abord par la distance entre le domicile et le lieu de travail. Une femme mariée restreint davantage qu'un homme marié le rayon dans lequel elle recherche un emploi. En jouant sur le temps de déplacement, elle peut mieux coordonner horaires de travail professionnel et horaires de travail familial. Un tiers des mères de deux enfants, plus de la moitié des mères de quatre enfants travaillent à moins d'un kilomètre de chez elles dans la région parisienne (J. Fagnani, 1983). La fonction d'élevage et d'éducation enferme la femme dans un secteur assez restreint du marché du travail. Les femmes qui travaillent dans une autre commune que leur commune de résidence ont moins d'enfants que les autres mères qui restent à proximité (A. Lery, 1984). La localisation du travail professionnel dépend de l'enfant. On le vérifie également avec la mesure du temps passé dans les transports entre le domicile et le travail. Pour cet indicateur[2], là encore, les femmes mariées sans enfant sont plus proches des femmes célibataires (sans enfant) que des mères de famille. Cette restriction de l'horizon spatial de la profession atteint davantage les mères peu ou moyennement diplômées que les mères très diplômées. La propriété d'une dot scolaire élevée libère la mère de la retraduction spatiale des contraintes de la double carrière. La part du temps consacré aux déplacements entre le domicile et le travail dans le temps total de travail professionnel passe de 7 % pour les femmes sans diplôme à 9 % pour les femmes bachelières et à 13 % pour les femmes diplômées de l'enseignement supérieur.

Ce constat pourrait faire croire que seul l'enfant, et non la vie conjugale, engendre la subordination de la femme mariée. En réalité, la dépendance associée aux charges pédagogiques est seconde, elle suit celle qui est créée par la priorité accordée au travail du mari. Le domicile familial est choisi en fonction de la localisation du travail masculin. La liberté de mouvement est beaucoup plus grande pour l'homme que pour la femme. Un homme chômeur, par exemple, envisage plus facilement

2. Exploitation secondaire de l'enquête « Emplois du temps » de l'INSEE (1974-1975).

qu'une femme mariée chômeuse de se déplacer (B. Niemi, 1975). Cette migration est mal accueillie par la femme car le coût de son déplacement comprend également la recherche d'un emploi pour son mari, alors que l'homme marié circule au risque de faire perdre son emploi à son épouse. Si la mobilité géographique autorise une meilleure gestion de la carrière masculine, elle détériore plutôt celle de la femme. Cela est perceptible dans les taux de maintien d'activité salariée de la femme mariée en fonction de la mobilité ou de l'immobilité familiale (J. Mincer, 1978). Sur une période de cinq ans, aux Etats-Unis, les femmes mariées restent actives bien davantage lorsque leur couple n'a pas modifié son inscription spatiale. Le changement de résidence provoque des interruptions dans la carrière féminine, marquant nettement la hiérarchie professionnelle à l'intérieur du couple. A moins qu'il ne retienne une solution non conventionnelle, à savoir la séparation de l'équipe conjugale les jours de travail et le retour à l'unité de résidence en fin de semaine (A. Farris, 1978), un couple résout le conflit de sa localisation par une issue favorable au mari.

2 / Le prix de la vie familiale

Tout concourt — le travail de l'homme et l'éducation des enfants — à faire en sorte que la dot féminine soit mal valorisée sur le marché du travail. Les investissements professionnels de la femme mariée sont sans conteste inférieurs à ceux des autres acteurs sociaux. Reste donc à mesurer le plus précisément possible ces suites du mariage. Aussi se demande-t-on successivement :

— quel est le prix de la vie familiale pour une femme ?
— si ce prix varie en fonction de la dot scolaire de la femme ?
— si ce prix exprime un effet de l'appartenance à un couple ou de la carrière maternelle ?
— si ce prix varie en fonction de la dot scolaire du mari ?

LE PASSIF DU MARIAGE POUR LA FEMME ACTIVE

Le statut matrimonial marque si fortement les individus (et les images que ces individus ont sur le marché du travail) que la valorisation de leurs richesses en est affectée. L'entrée dans le mariage opère des transformations telles que les femmes mariées et les hommes mariés (toutes choses étant égales par ailleurs) n'ont pas le même destin professionnel. Cette hypothèse générale fondée sur la description du sous-investissement professionnel propre aux femmes mariées est précisée :

Hypothèse A : Les hommes mariés auront un meilleur rendement de leur diplôme que les hommes célibataires.

Le rendement professionnel de la dot scolaire des hommes mariés doit dépasser celui des hommes célibataires dans la mesure où les premiers sont déchargés en grande partie de leur propre entretien.

Hypothèse B : Les femmes célibataires auront un meilleur rendement de leur diplôme que les femmes mariées.

Les femmes mariées doivent avoir un rendement moindre de leur dot scolaire parce qu'elles assurent les travaux domestiques d'entretien et d'élevage et peuvent donc accorder moins d'importance à leur activité professionnelle (S. K. Houseknecht, S. Vaughan, A. Statham, 1987).

Hypothèse C : Les hommes mariés auront un meilleur rendement de leur diplôme que les femmes mariées.

Cette troisième hypothèse se déduit des deux premières, le mariage ayant des effets inverses selon le sexe des conjoints. Les maris tirent plus de bénéfices que leurs épouses du mariage, tout au moins dans le domaine professionnel. En outre dans le système d'échange généralisé du groupe conjugal « traditionnel », les attentes de la femme vis-à-vis de la réussite professionnelle de son mari sont plus élevées que les attentes professionnelles de l'époux vis-à-vis de la réussite professionnelle de sa femme.

Hypothèse D : Les hommes célibataires auront un meilleur rendement de leur diplôme que les femmes célibataires.

Le fait d'être une femme constitue en soi un handicap professionnel, indépendamment du rapport à l'institution du mariage. La discrimination sexuelle atteint l'ensemble des femmes, mariées ou non (C. Guillaumin, 1978).

A partir de ces quatre hypothèses, on prévoit un rendement décroissant des richesses scolaires sur le marché du travail en passant successivement des hommes mariés aux hommes célibataires, et ensuite des femmes célibataires aux femmes mariées.

Les perturbations créées par la vie familiale sur le bon déroulement de la vie professionnelle des femmes sont approchées généralement par l'étude des structures socioprofessionnelles selon le sexe et l'état matrimonial (C. W. Mueller, B. G. Campbell, 1977). C'est ainsi que P. A. Ross examine l'accès aux catégories supérieures pour les femmes mariées et pour les femmes célibataires dans douze pays industrialisés (1981). Dans la très grande majorité de ces pays la catégorie des cadres supérieurs comprend davantage de femmes célibataires que de femmes mariées. En France, cette relation est également observée : entre 40 et 49 ans, un quart des femmes célibataires et un septième des femmes mariées (actives) sont cadres. L'analyse du *Who's Who* en France (édition de 1981-1982) sur les femmes ayant acquis la notoriété — soit 700 femmes sur 20 000 noms! — confirme l'existence d'un rapport entre célibat féminin et réussite professionnelle (J. Veron, 1984). Pour toutes les générations, la proportion de femmes célibataires dans le *Who's Who* est supérieure à la proportion de femmes célibataires dans la population totale. Parmi celles qui sont nées entre 1937 et 1946, plus d'un quart des femmes « célèbres » et moins d'un dixième des femmes « ordinaires » sont célibataires.

Cependant ces données ne confirment pas les hypothèses précédentes. La sélection matrimoniale pourrait à elle seule produire une telle relation. Il suffit que les hommes occupant les positions les plus basses et les femmes occupant les positions les plus hautes ne soient jamais choisis ou refusent d'être choisis comme conjoints pour que de telles différences soient observées. Aussi faut-il éliminer statistiquement les effets de cette sélection matrimoniale en introduisant dans l'analyse la dot scolaire. Les femmes mariées doivent être comparées aux femmes célibataires et aux hommes mariés de niveau identique, afin que les différences professionnelles entre ces groupes puissent être mises sur le compte du mariage. Plus précisément, on prend comme indicateur du rendement du diplôme l'accès à la position de cadre en fonction de trois critères : le sexe, la situation matrimoniale et le niveau de diplôme[3]. Cette mesure du prix de la vie familiale est effectuée sur la population des personnes de 35-52 ans, classe d'âge où la probabilité de se marier pour un célibataire est très faible.

3. Exploitation secondaire de l'enquête FQP de l'INSEE (1970). Cf. F. de Singly (1982).

Une dévaluation du diplôme féminin

Les femmes mariées accèdent à la position de cadre supérieur en étant mieux dotées que leurs collègues masculins, mariés. La moitié des femmes cadres supérieurs et mariées ont poursuivi de longues études supérieures (trois ans au moins après le baccalauréat), contre un tiers des hommes mariés et cadres supérieurs. L'échange entre titre scolaire et poste de cadre est moins avantageux pour les premières que pour les seconds. Le mariage provoque une dévaluation professionnelle de la dot féminine.

Les chances de devenir cadre supérieur pour les personnes au moins bachelières et les chances de devenir cadre moyen ou supérieur pour les personnes moins bien dotées confirment dans l'ensemble les quatres hypothèses. En effet, sur les 24 prévisions (4 hypothèses spécifiées selon 6 niveaux scolaires) 19 sont validées (annexes). Les infirmations concernent surtout l'hypothèse 4 : les hommes célibataires ont rarement un meilleur rendement que les femmes célibataires. Etre femme n'est pas en soi un handicap, suivant ce critère de l'accès au poste de cadre. Pour les autres hypothèses, la confirmation est nette : les hommes mariés ont plus de chances de devenir cadre, à diplôme équivalent, que les hommes célibataires et que les femmes mariées. C'est ainsi que, pour les bacheliers, la probabilité d'occuper un poste de cadre supérieur est de l'ordre de 1/12 pour les femmes mariées, 1/6 pour les hommes célibataires et 1/3 pour les hommes mariés. L'existence d'une vie conjugale est associée à une accélération de la carrière professionnelle pour les hommes et à un ralentissement pour les femmes. Estimés en référence à la rentabilité du diplôme sur le marché du travail, les intérêts sociaux des hommes au mariage sont supérieurs aux intérêts des femmes :

	Chances de devenir cadre supérieur pour les			
Avec une dot	*hommes mariés*	*hommes célibataires*	*femmes célibataires*	*femmes mariées*
Baccalauréat	32 %	17 %	8 %	9 %
Deux ans après le bac	43 –	29 –	21 –	6 –
Trois ans après le bac	90 –	79 –	83 –	79 –

L'élection matrimoniale est suivie plutôt par des succès professionnels pour les hommes et par des insuccès pour les femmes. Le salaire des femmes mariées salariées n'est-il pas inférieur au salaire moyen des femmes seules sans enfant pour une formation équivalente : ainsi, par exemple, avec le baccalauréat, 15 % de moins pour les femmes mariées. Les femmes « chefs de famille et ayant au moins un enfant à charge » occupent une position intermédiaire entre ces deux groupes pour la valorisation professionnelle de leur diplôme[4]. Les degrés de réussite des psychiatres et des psychologues cliniciens, américains, en fonction de leur situation familiale vérifient également les avantages masculins du mariage. Un individu est classé dans la catégorie d'une bonne réussite professionnelle lorsqu'il a un revenu supérieur au revenu moyen de ses collègues et lorsqu'il a publié davantage d'articles (J. H. Marx, S. L. Spray, 1970). Les hommes célibataires, psychiatres ou psychologues, réussissent moins bien que leurs collègues mariés. Après la quarantaine, le poids de ceux qui connaissent un fort succès professionnel passe de 10 % chez les célibataires à 28 % chez les mariés.

Le confort d'un bon diplôme

La vie conjugale se traduit globalement par un coût pour les femmes et un bénéfice pour les hommes. Mais les indices du prix féminin et des bénéfices masculins[5] varient selon le volume de leur dot scolaire. Comparativement aux hommes mariés, les femmes mariées connaissent une dévalorisation plus forte lorsqu'elles ont un niveau moyen ou bas (inférieur à la licence pour le groupe des femmes bachelières au moins; inférieur au BEPC pour le groupe des femmes non bachelières). Par rapport aux hommes célibataires, les hommes mariés ont un meilleur rendement lorsqu'ils sont faiblement dotés. Les hommes mariés simplement bacheliers ont un gain supérieur à celui des hommes mariés licenciés. Les hommes les moins diplômés dans chacun des deux groupes de niveau (bacheliers au moins, non bacheliers) tirent de leur mariage plus de bénéfices professionnels.

Le mariage est d'autant plus profitable aux hommes que leur dot scolaire est plus faible, car il joue entre les interstices de la relation

4. Enquête « Revenus fiscaux de 1975 », INSEE.

5. Le rapport entre la chance d'accès au poste de cadre pour une femme mariée et la chance pour un homme marié (de même niveau scolaire) définit le prix du mariage. Le rapport entre la chance d'accès au poste de cadre pour un homme marié et la chance pour un homme célibataire (ou pour une femme mariée) approche les bénéfices du mariage.

entre titre scolaire et poste professionnel. Plus cette relation est rigide, et moins le fait d'être marié influe. Inversement moins cette relation est fixée et plus l'appartenance à un groupe conjugal détermine un effet. La probabilité de devenir cadre supérieur avec un diplôme d'une grande école est tellement forte que l'état matrimonial intervient peu. Par contre devenir cadre supérieur avec le seul baccalauréat est plus rare : les hommes qui occupent cette position avec ce diplôme le doivent à d'autres facteurs, notamment à des facteurs associés à la vie familiale. C'est lorsque la carrière dépend moins du capital scolaire que le mariage favorise le destin professionnel des hommes et défavorise celui des femmes (à l'exception des femmes bachelières). Les rapports entre mariage et travail renvoient donc aux rapports entre diplôme et travail, les premiers sont d'autant plus étroits que les seconds le sont moins. Un bon diplôme protège les femmes contre les aléas de la vie conjugale et garantit aux hommes une position supérieure sans qu'ils surinvestissent. Les écarts entre les carrières des hommes mariés et celles des hommes célibataires (ou des femmes mariées) sont plus importants quand la certitude d'arriver à la position de cadre diminue. Le mariage forme un support positif à la carrière masculine et un support négatif à la carrière féminine principalement quand les assurances de réussir par les seuls moyens des richesses scolaires sont faibles. Inversement, les hommes ayant un diplôme monnayable en poste de cadre sont moins sensibles aux effets d'appartenance conjugale. Le mariage est donc inégalement une affaire strictement privée, c'est-à-dire une relation sentimentale déconnectée du monde du travail.

Le prix de l'enfant

L'entrée dans le mariage ne suffit pas à pénaliser en soi les femmes, c'est surtout le fait d'avoir et d'élever des enfants qui provoque la dévaluation du diplôme. La mise en valeur professionnelle de la dot féminine suit un continuum : excellente pour les femmes mariées sans enfant, moyenne pour les mères d'un enfant et médiocre pour les mères de plusieurs enfants. Ainsi, lorsqu'une femme mariée et sans enfant gagne 100 F avec son certificat d'études, une mère de deux enfants avec une dot comparable et également à temps plein ne touche que 76 F[6].

6. Enquête « Revenus fiscaux de 1975 », INSEE. Cf. G. Canceill, 1984.

	CEP	*CAP-BEPC*	*Bac et plus*	*Femmes mariées*
Salaire de référence	100	100	100	Sans enfant
	88	92	93	1 enfant
	76	83	98	2 —
	58	78	113	3 —

Dans huit cas sur neuf, la mère d'un ou plusieurs enfants a, pour un diplôme donné, un salaire inférieur à celui d'une femme mariée sans enfant. Carrière professionnelle et carrière maternelle se contrarient. Selon S. Polachek (1975), chaque enfant est corrélé à une diminution de 7 % des revenus de sa mère, et à une augmentation de 3 % des revenus de son père. L'homme marié enregistre en effet une réévaluation de son diplôme lorsqu'il devient père. Ainsi, avec une dot au moins égale au baccalauréat, il reçoit 100 F quand il est sans enfant et 131 F quand il a deux enfants :

	CEP	*CAP-BEPC*	*Bac et plus*	*Hommes mariés*
Salaire de référence	100	100	100	Sans enfant
	104	98	107	1 enfant
	114	105	131	2 —
	105	106	150	3 —

L'enfant stimule la carrière de son père, surtout si celui-ci est bien doté. Cet effet positif de l'entrée dans la paternité démontre que les profits que l'homme tire du mariage ne proviennent pas tous de la décharge du travail domestique, car celle-ci lui est garantie dès le début de la vie commune. Les meilleurs résultats que l'homme obtient sur le marché du travail dérivent aussi des contraintes de sa fonction de principal pourvoyeur de revenus. La vie domestique exige un surinvestissement professionnel de l'homme, contrepartie du sous-investissement professionnel de son épouse. Les familles étant en concurrence dans l'espace social pour avoir la meilleure position possible, le responsable du statut familial doit tirer un bon parti de sa dot. Il mobilise ses ressources sur le marché du travail, surtout lorsque son couple est devenu « famille », ses investissements prenant tout leur sens. Le paradoxe de sa situation apparaît alors, son engagement dans la paternité exige un engagement accru dans la carrière, l'homme doit s'absenter davantage de chez lui pour marquer son identité de père. Le coût professionnel de l'enfant est donc nettement plus fort pour sa mère. Les exigences sociales attachées à la maternité commandent un retrait, partiel ou total, du marché du travail pour la femme. Deux enquêtes sur des populations spécifiques nous aident à évoquer certains des mécanismes qui produisent ce désengagement :

UN DÉSINVESTISSEMENT ANTICIPÉ

Pour les femmes américaines, diplômées des *high schools*, la dépréciation professionnelle relève plus de leur vie familiale que de leur vie conjugale (W. H. Sewell, R. H. Hauser, W. C. Wolf, 1980). Mais cet effet semble précéder par les anticipations les contraintes de l'élevage. L'écart observé entre les mères de trois enfants et les hommes à mi-vie professionnelle est déjà perceptible, pour une grande part, au début de la vie de travail. Tout se passe comme si la femme avait prévu, consciemment ou non, sa carrière maternelle et ajustait le niveau de ses investissements professionnels en fonction de ses projets familiaux. Les femmes mariées qui n'auront pas d'enfant ont en effet dès le départ un rendement professionnel de leur diplôme supérieur à celui des femmes qui deviendront ensuite mère de trois enfants.

UNE EXCLUSION DES RÉSEAUX DE PROMOTION

Le désengagement professionnel, anticipé ou non, n'explique pas entièrement pourquoi une femme, mère de famille, reçoit une faible rémunération monétaire et symbolique de sa dot. Parmi les femmes ayant le diplôme de doctorat, les mères de famille occupent moins souvent que les autres une position élevée dans la hiérarchie (K. R. Brochart, 1978). Elles ne se distinguent pourtant ni par une production restreinte d'articles spécialisés, ni par un nombre plus faible de récompenses ou de signes de reconnaissances professionnels : la moitié d'entre elles ont publié des articles contre un tiers des femmes sans enfant. Par contre leur dévalorisation est associée à des interruptions et des changements d'employeurs plus fréquents. Un quart des mères et un dixième des femmes sans enfant ont eu une période d'interruption professionnelle. Les investissements — repérables par les articles publiés — ne suffisent pas à garantir un bon rendement du diplôme de doctorat quand ils ne prennent pas la forme dominante — masculine — de la carrière sans discontinuité. Les femmes sans enfant réussissent mieux non par leur productivité, mais par leur présence sur le lieu de travail. C'est dans cet espace que se nouent les relations utiles, se jouent les opportunités qui échappent aux femmes qui, travaillant sans doute à la maison, ne peuvent pas faire valider cette activité de la même manière. La dépréciation de la femme associée aux interruptions provient autant de la perturbation de son insertion au sein du réseau de relations professionnelles que d'une diminution de sa compétence. La rationalité du fonctionnement du marché du travail ne doit pas être surestimée, une logique informelle de relations le régule, comme le montrerait une analyse des fonctions des heures tardives de sortie du travail pour les hommes cadres. Les femmes, et plus particulièrement les mères, chargées des relations humaines au sein de la famille, sont au contraire désavantagées dans leur emploi pour cette dimension. Elles sont moins intégrées au monde du travail[7] et en supportent les effets.

Les variations de prix en fonction du mari

La femme mariée est handicapée dans sa vie de travail par sa vie de famille. Cela signifie-t-il qu'elle ne tire jamais aucun bénéfice de son mariage, même dans le domaine professionnel ? La dot scolaire de la femme augmente, on l'a vu, le rendement professionnel du diplôme du mari. Un tel transfert s'opère-t-il dans l'autre sens, du compte masculin au compte féminin ? Les femmes reçoivent-elles des avantages en nature culturelle de leur alliance ?

Sur l'ensemble des couples français[8], on observe l'utilité des richesses scolaires du mari pour la carrière de son épouse. Une femme obtient un rendement supérieur de sa dot lorsqu'elle est associée à un homme assez bien pourvu en capital (annexes). Par exemple, parmi les femmes qui ont arrêté leur scolarité à 19 ans, la moitié de celles qui ont élu un mari de même niveau deviennent cadres, trois quarts des femmes qui vivent avec un homme mieux doté occupent une telle position. Parmi celles qui ont suivi des études jusqu'à 16 ans, plus d'un tiers des femmes mariées à un homme pauvre en capital scolaire et un quart des femmes mariées

7. Les femmes mariées sont également moins intégrées aux syndicats. Cf. M. Maruani (1979).

8. Exploitation secondaire de l'enquête FQP de l'INSEE (1970).

à un homme possédant un capital moyen sont ouvrières ou personnel de service. Les secondes sont deux fois plus souvent que les premières employées ou cadres. Quelle que soit sa dot, une femme subit inégalement la rigueur des effets du mariage, les richesses scolaires de son partenaire pouvant l'atténuer.

La dot scolaire du mari peut augmenter l'efficacité professionnelle des richesses scolaires de l'épouse. Ce constat conduit à une nouvelle proposition concernant le coût du mariage : s'il est vrai que les femmes mariées sur le marché du travail valorisent moins que les femmes célibataires leur dot, le patrimoine culturel de leur mari accentue ou non cette dévalorisation. Le prix de la vie familiale fluctue en fonction du capital scolaire de la femme, et aussi en fonction du capital du mari. Du point de vue du rendement de la dot scolaire, une femme mariée ressemble davantage à une femme célibataire lorsqu'elle a fait un beau mariage. L'accès à la position de cadre pour les femmes ayant poursuivi des études jusqu'à 16 ans ne croît-il pas de 4 % pour celles qui sont mariées à un homme dont l'âge de fin d'études est inférieur à 15 ans, de 17 % pour celles qui sont mariées à un homme qui a arrêté sa scolarité plus tardivement ?

Les barêmes du coût professionnel du mariage ne sont pas uniformes. Les résultats de l'élection matrimoniale modifient les effets de la vie conjugale. La mise en valeur professionnelle du patrimoine féminin se différencie selon le statut conjugal et familial et selon l'identité culturelle du partenaire. L'alliance avec un homme peut à la fois perturber et améliorer la carrière professionnelle de son épouse ! Le prix du mariage cependant ne baisse pas jusqu'à la gratuité, comme le manifeste le cas des femmes sociologues (T. W. Martin, K. J. Berry, R. B. Jacobsen, 1975). Celles qui sont mariées à un sociologue obtiennent un statut professionnel supérieur au statut des femmes mariées à des hommes non sociologues, mais inférieur au statut de leur mari sociologue. La quasi-totalité des hommes sociologues, trois quarts des femmes mariées à des sociologues et deux tiers des autres femmes sociologues mariées à des non-sociologues ont passé leur diplôme de doctorat. Le premier groupe de femmes paie moins cher que le second son entrée dans la vie familiale, il enrichit plus facilement son capital scolaire, support de la reconnaissance professionnelle. Cependant les femmes sociologues mariées à des sociologues obtiennent ce diplôme en moyenne quatre ans et demi après leurs collègues et maris.

Au sein de l'équipe conjugale, les gains de l'homme ne se retraduisent pas systématiquement en pertes pour la femme. Le mariage n'est pas toujours un jeu à somme nulle, c'est-à-dire un jeu où tout ce qu'un partenaire gagne est obligatoirement soustrait des gains de l'autre joueur. L'association conjugale n'exclut pas le fait que l'un et l'autre conjoints puissent bénéficier ensemble de leur interaction. L'accroissement du rendement du capital scolaire par le soutien du capital de son partenaire et la production de nouvelles valeurs culturelles par la création de l'enfant illustrent les moments où le jeu conjugal est à somme non nulle.

Les bénéfices professionnels que certaines femmes tirent des ressources culturelles de leur mari ne compensent pas le coût de leur vie familiale. Sans conteste, le capital scolaire de la femme mariée est mal valorisé sur le marché du travail, comparativement aux résultats du capital masculin. En effet, le prix réel de la vie familiale est sous-estimé par le prix que nous avons enregistré. Ce dernier est établi à partir des individus actifs. Or le taux d'activité professionnelle varie suivant le sexe et l'état matrimonial. Les femmes célibataires et les hommes mariés ou non sont plus souvent salariés que les femmes mariées. La comparaison des rendements du diplôme porte sur l'ensemble des hommes, la très grande majorité des femmes célibataires et une partie seulement des femmes mariées. Cette différence est importante, car le sous-ensemble des femmes sur lequel est calculé le prix du mariage exclut les femmes qui ont obtenu le plus mauvais rendement de leur dot. L'analyse des reprises d'activité féminine en témoigne. Les mères de deux enfants qui reprennent, retrouvent très souvent un emploi de niveau comparable à celui qu'elles avaient quitté[9]. Elles ne connaissent pas ou peu une mobilité descendante[10]. Les femmes mariées qui auraient subi une trop forte dévaluation de leur valeur ne tentent pas un second placement. Les femmes mariées et salariées que les enquêtes approchent sont soit celles qui ont travaillé sans discontinuité, soit celles qui reprennent sans trop de dommages. Etant donné qu'il est établi par construction sur les femmes qui ont eu la plus faible dépréciation, le prix de la vie familiale doit être augmenté. Le mariage est une mauvaise affaire pour les affaires professionnelles de la femme.

9. Le cas des femmes qui reprennent après un veuvage ou un divorce sera étudié au chap. 5.

10. Exploitation secondaire des données de C. Roux (1969).

4

les autorisations de cumul

My definition of marriage : it resembles a pair of shears, so joined that they cannot be separated, often moving in opposite directions.

R. Sydney Smith, *Lady Holland*, 1855.

LES CHEFS D'ACCUSATION DU TRAVAIL SALARIÉ DE LA FEMME

« Votre valeur m'intéresse. » La banque du mariage attire ses clients en leur offrant la possibilité d'ouvrir en plus du livret personnel un ou plusieurs carnets supplémentaires. Pour les femmes, cet avantage est doublé, cependant, de certaines restrictions. La rémunération du livret personnel, par le placement sur le marché du travail, est moins importante que la rémunération garantie aux femmes célibataires ou aux hommes mariés. Le cumul des bénéfices est limité pour les femmes mariées et surtout pour les mères. Incontestablement l'existence d'une valorisation par le mari et par l'enfant entraîne une moindre valorisation directe. Retrouve-t-on une telle perturbation dans l'autre sens? Le travail salarié de la femme mariée gêne-t-il le rendement de ses livrets ouverts au nom de son mari ou de son enfant? Si la réciproque est vraie, la carrière professionnelle de l'homme et le développement intellectuel de l'enfant devraient souffrir de l'activité salariée de la femme. Là encore, la femme ne pourrait pas cumuler tous les services que l'établissement financier du mariage offre sur le papier.

La réponse à une telle interrogation ne doit pas être empruntée aux discours tenus par les avocats de l'accusation du travail féminin, sans inventaire préalable. Pour ces derniers, aucune hésitation, la femme par son travail handicape mari et enfants. Aussi imaginent-ils des histoires pour nous en convaincre, comme celle-ci par exemple[1] :

> « Une mère de famille rentre chez elle le soir après dix heures d'absence (huit heures de bureau plus le temps de transport). Elle se sent anéantie de fatigue et trouve la maison dans le désordre où elle l'a laissée le matin en partant en retard. Le dîner n'est pas prêt. Il faut qu'elle se lave les cheveux, voilà trois jours qu'elle ne trouve pas le temps nécessaire. Sa fille arrive dans la salle de bain en lui demandant de bien vouloir lui faire répéter sa poésie, il y a test de poésie le lendemain... Sur le palier d'en face, une voisine, toute fraîche brushingnée. Elle se sent une humeur de rose. Elle aime bien le charivari du soir, quand la maison se remplit après les temps vides de la journée. Les tomates farcies mijotent dans le four. Il ne reste plus qu'à assaisonner la salade. Son fils arrive en lui demandant de bien vouloir l'aider à réviser son histoire. Il y a contrôle demain. »

Quand C. Collange demande : « A votre avis, laquelle des deux mères sera la plus disponible pour assumer son rôle de répétitrice? », elle veut nous faire répondre : « Du point de vue des enfants, la situation est claire, ils ont tout à gagner à ne pas rentrer seuls le soir dans une maison vide »[2].

Le réquisitoire de ces avocats n'est pas nouveau. Un demi-siècle auparavant, les arguments étaient les mêmes pour plaider le retour de la femme au foyer; dans les familles où la femme a une activité salariée, « l'enfant pâtit, la femme s'épuise, la famille se désagrège, le budget vacille »[3] :

> — L'enfant. — « Si l'enfant paie de son corps, parfois de sa vie, le surmenage de sa mère, il n'est pas seulement la victime physique de ce désordre familial, il en est la victime morale. Où s'élève l'enfant dont la mère travaille? A l'école et dans la rue. »
> — Le mari. — Il « ne sent plus les attraits délicats d'ordre moral et matériel qui retiennent non seulement l'homme lui-même à certaines heures, mais le reste du temps, sa pensée au foyer pour quelqu'un qui

1. C. Collange, *Je veux rentrer à la maison*, Paris, Grasset, 1979.
2. C. Collange, *ibid.*
3. E. Baudoin, *La mère au travail et le retour au foyer*, Paris, Bloud & Gay, 1931.

vit pour lui », et il ne peut plus « avoir sa place au soleil et il faut traduire : sa part d'amour familial ».

— La femme. — « La mère de famille qui exerce un métier hors de chez elle fournit, dans sa double tâche, un temps de travail et un effort au-dessus des forces normales. Sa santé en pâtit à peu près fatalement. Son budget n'y trouve pas l'avantage qu'on imaginait au premier abord. Elle-même subit, du fait du surmenage et du manque de loisir pour penser et prier, une diminution morale. La fatigue, les promiscuités menacent de la diriger vers l'immoralité. »

Retranscrites dans la perspective du coût de la vie conjugale, ces prises de position signifient que le cumul des placements est une erreur pour la femme : en maintenant ouvert son livret professionnel, elle s'interdit de profiter pleinement des avantages spécifiques du mariage. Les risques associés au travail salarié menacent non seulement la création de la valeur enfantine, mais aussi la carrrière du mari, ce dernier ne trouvant plus un environnement familial favorable. En conséquence, le travail serait pour la femme mariée vraiment une mauvaise affaire. Celle-ci n'obtiendrait pas, d'une part, un rendement de ses richesses égal au rendement de l'homme marié et, d'autre part, elle perdrait aussi au niveau de ses ressources indirectes. Son mari serait moins performant et ses enfants moins brillants ! Le placement des richesses féminines sur le marché du travail serait inutile et même dangereux. Des théories savantes accréditent une telle vision. Un économiste comme B. Lemennicier affirme que le respect de « la division du travail entre les conjoints », avec le désengagement professionnel de la femme, « permet d'obtenir des gains supplémentaires ». « Un moindre investissement dans les aptitudes professionnelles au profit des aptitudes domestiques augmente les gains du mariage » (B. Lemennicier, 1980, 1982). A reprendre les pièces du dossier, on est cependant frappé par la faiblesse des preuves empiriques : les effets néfastes du travail féminin sont plus affirmés que démontrés. Aussi propose-t-on tout d'abord une révision du procès du travail professionnel de la femme mariée. Ce travail menace-t-il à ce point les intérêts sociaux et culturels de tous les membres de la famille ? Pour répondre, nous allons examiner la relation entre travail de la femme et réussite de son mari ou de ses enfants. Les femmes peuvent-elles sans dommage mettre en valeur leurs richesses sociales au moyen des trois supports disponibles ? Pour bien comprendre les conséquences du travail féminin, il faut aussi introduire un nouvel élément dans l'analyse : les intérêts du couple. Avec la création du groupe conjugal, se forment des activités de l'un ou de l'autre partenaire qui prennent sens en référence à des intérêts communs. Le travail salarié de la femme rentre dans cette catégorie d'activités. C'est seulement ainsi que deviennent compréhensibles trois faits : la fécondité plus faible des femmes actives, la carrière moins belle des hommes mariés à des femmes actives, la meilleure réussite des enfants des femmes actives. La défense du patrimoine social et culturel de la femme est complexe à déchiffrer, car elle se conjugue avec la défense des richesses de son partenaire et la défense des intérêts de l'équipe conjugale à laquelle elle appartient.

1 / La révision du procès du travail féminin

Cette révision du procès du travail féminin est menée grâce à la description des effets de cette activité sur le niveau de la dot scolaire de l'enfant, et sur le rendement professionnel du mari. Une femme qui met en valeur ses richesses culturelles par son travail reçoit-elle moins de revenus du compte ouvert au nom de son partenaire, et fait-elle moins de dépôts sur le compte ouvert au nom de son enfant ?

LE TRAVAIL ET LA CRÉATION DES RICHESSES ENFANTINES

La qualité de l'enfant est souvent référée à la disponibilité de sa mère. L'enfant dont la mère est salariée devrait alors moins bien réussir que l'enfant dont la mère est au foyer. En effet ce dernier est incontestablement mieux entouré que le premier. Ainsi les mères diplômées du brevet de fin de premier cycle déclarent quand elles sont non salariées 131 mn de soins aux enfants et quand elles sont salariées 75 mn[4]. Le temps pour l'enfant d'une femme salariée est moins important que le temps pour l'enfant d'une femme au foyer. La diminution du temps pédagogique est même plus sensible que la diminution du temps ménager : les femmes compriment davantage les moments passés avec leurs enfants que ceux passés à l'entretien. Pour les femmes bachelières, le temps ménager des « actives » est inférieur d'un tiers au temps ménager des « inactives », le temps pédagogique est, lui, inférieur de moitié.

4. Données de l'enquête « Emploi du temps » 1974-1975 de l'INSEE.

La compression du temps que la mère salariée passe avec ses enfants n'a pas d'effet sur leurs valeurs culturelles. Le rendement de la dot scolaire de la femme dans la production enfantine n'est pas proportionnel au temps consacré à celle-ci. Toutes les données disponibles démontrent que les enfants dont la mère a une activité salariée ont une valeur intellectuelle ou scolaire au moins égale aux enfants dont la mère est au foyer. L'enquête INED-INETOP (1973) auprès de 100 000 élèves âgés de 6 à 14 ans a observé une supériorité du quotient intellectuel des premiers sur celui des seconds : respectivement 103,9 et 99,6. Une fois « éliminée l'influence de la structure sociale dans chaque catégorie d'activité de la mère en appliquant une structure type », cet écart demeure. La valorisation professionnelle des richesses féminines n'est pas associée à un effondrement de la valeur enfantine. Avec d'autres indicateurs — le diplôme ou le niveau professionnel de l'enfant — l'égalité ou la supériorité des enfants « à la clé » se manifeste aussi. Le portrait dessiné par C. Collange ne s'avère pas exact, les « méfaits du survoltage de la mère qui travaille au-dehors » ne sont pas repérables.

Les filles profitent de l'activité salariée de leur mère. Les recherches sur la mobilité sociale des femmes démontrent l'importance de ce facteur (D. Treiman, K. Terrell, 1975). Plus précisément, les filles bénéficient plus que les garçons de cette situation. Adhérant davantage aux normes traditionnelles de la féminité, les femmes au foyer semblent plus insensibles à l'accomplissement culturel de leurs filles. Inversement l'activité professionnelle de la mère augmente, consciemment ou non, son intérêt à ce que sa fille soit bien dotée scolairement. Les différences entre les investissements selon le sexe de l'enfant s'estompent. Les filles parviennent alors en fin de carrière scolaire à des niveaux comparables à ceux des garçons (L. W. Hoffman, 1974). La transformation relative des rôles sexuels au sein du groupe conjugal peut s'accompagner d'une certaine « libération » des potentialités intellectuelles des filles. C'est ainsi qu'en présentant à des étudiantes des articles signés par des auteurs de sexe féminin ou de sexe masculin et en leur demandant d'estimer la valeur de ces articles on observe que les filles des mères actives, à la différence des autres, dévaluent moins la compétence féminine (G. K. Barugh, 1972).

Un des fondements du modèle de la femme au foyer s'avère fragile. Dès sa naissance, il a été construit explicitement en référence aux besoins supposés de l'enfant. A la fin du XIXe siècle, le *Magazine de la Mère* (anglais) n'affirme-t-il pas que la femme « doit avoir le loisir d'étudier les différentes nuances des dispositions de ses enfants et d'adapter à chacun le mode de discipline approprié, comme le jardinier adapte la graine au sol »[5]. Elle doit être en permanence à la maison, car « nul ne peut comprendre si bien les besoins de l'enfant que la mère, nul n'est autant qu'elle prêt à répondre à ses besoins et par conséquent à nul autre que la mère ne doit pas être confiée la charge entière de l'enfant ». Or la création de la valeur culturelle de l'enfant n'est pas contrariée par le travail salarié de sa mère. Pour cette dernière, valorisation directe et valorisation indirecte par l'enfant apparaissent compatibles.

LE TRAVAIL ET LA CARRIÈRE DU MARI

Les études sur les effets du travail salarié de la femme n'incluent jamais explicitement une rubrique intitulée « impact sur la carrière du mari ». Néanmoins, la relation entre les deux activités peut être appréhendée à partir des recherches sur les migrations familiales.

Le refus de priorité

Le travail professionnel de l'épouse est associé à une diminution de la mobilité de son couple. Les équipes conjugales à double activité salariée sont plus stables géographiquement que les autres. Elles se déplacent moins. La continuité du travail féminin limite l'horizon conjugal. Sur une période de cinq ans, les couples qui ont changé de région sont deux fois plus nombreux parmi ceux dont la femme active est devenue inactive que parmi ceux dont la femme est restée active (L. H. Long, 1974).

Les règles de la localisation géographique varient suivant la division du travail entre les conjoints. Dans la détermination du lieu familial, le poids de l'activité masculine diminue lorsque les deux partenaires travaillent à l'extérieur. La prise de décision d'un changement d'activité pour l'homme devient plus difficile à prendre dans la mesure où l'articulation entre les deux marchés de l'emploi est requise. L'immobilité relative, imposée par l'activité salariée de la femme mariée, renvoie dans les milieux populaires aux échanges de travail domestique entre les femmes et leurs mères (D. Chabaud, D. Fougeyrollas, F. Sonthonnax, 1985) et dans les milieux supérieurs à la gestion de la carrière féminine, comme le savent bien les cabinets de recrutement de cadres.

5. *The British Mother's Magazine*, 1855, cité par K. Blunden, 1982.

La priorité masculine — la femme doit suivre son mari — est contestée davantage par les personnes favorables au partage conjugal du travail salarié. Dans une enquête sur les représentations du bon fonctionnement de la famille[6], les individus interrogés devaient compléter l'histoire d'un couple dont le mari est chômeur et l'épouse salariée. Certains estiment que l'homme doit accepter une proposition de travail au double prix d'un déménagement et d'un abandon de poste féminin, d'autres refusent une telle éventualité. Pour les femmes âgées entre 25 et 40 ans, la variable sociale la plus clivante est le rapport au travail salarié de la femme mariée. Les femmes mariées, salariées ou non, qui portent un jugement négatif sur l'engagement professionnel de l'épouse approuvent le plus la prééminence spatiale de l'homme. La charge masculine d'assurer la totalité des revenus du ménage entraîne un droit à la priorité dans l'espace. Quand l'homme seul place ses richesses sur le marché du travail, les moyens de garantir au mieux cette mise en valeur sont pris par le couple. Inversement, les partisans du partage du travail salarié contestent ce droit qu'ils assimilent alors à un privilège. La localisation de l'espace domestique est placée au centre du dispositif soutenant les investissements professionnels du ou des partenaires concernés.

Le travail féminin, un frein?

La redéfinition du droit au travail salarié au sein du couple s'accompagne, peut-être, d'une réduction des chances pour l'homme de réaliser une belle carrière. En référence à un modèle énergétique, l'existence de deux pôles professionnels doit provoquer une dispersion plus grande des énergies conjugales. Déclin du monopole du travail masculin et stagnation professionnelle du mari vont de pair. La mobilisation de l'équipe conjugale se transformant, la réussite exclusive de l'un des partenaires est moins requise. La mise en valeur directe de la dot féminine a comme contrepartie, dans cette hypothèse, une modération de sa valorisation indirecte par le mari. Elle perd (indirectement) ce qu'elle gagne (directement) sur un autre plan.

Cette moindre centration sur la réussite masculine, associée à l'existence du partage du travail salarié est décelable. Lorsque son épouse est salariée, un homme a un rendement plus faible de son capital scolaire. Devenir cadre supérieur est chose moins fréquente pour un homme

6. Au chap. 6, ces données seront plus complètement présentées.

marié à une femme dite active que pour un homme marié à une femme au foyer, à niveau d'études constant[7] :

	% d'hommes devenant cadres supérieurs	
Eux-mêmes ayant arrêté leurs études à	*Avec une épouse au foyer*	*Avec une épouse salariée*
15 à 19 ans	11	6
20 à 24 —	49	32
25 à 29 —	89	78
30 ans et plus	87	83

Parmi les hommes mariés qui ont poursuivi leurs études jusqu'à 20-24 ans, la moitié de ceux qui ont une épouse au foyer et un tiers de ceux qui ont une épouse active deviennent cadres supérieurs ! Plus précisément, l'avantage d'un homme marié à une femme au foyer diminue lorsque cet homme est mieux doté scolairement. Le travail professionnel de la femme perturbe plus la carrière d'un homme qui n'a connu qu'une brève scolarité. La réussite professionnelle d'un homme faiblement diplômé requiert une plus forte mobilisation des deux partenaires sur cet objectif que la réussite d'un homme fortement diplômé. On retrouve ici encore traces du confort que procure une très forte dot.

Pour la plupart des couples, le placement de la dot féminine sur le marché du travail est corrélé à une décroissance du rendement de la dot masculine. Apparaît ainsi, de manière statistique, l'incompatibilité entre la valorisation professionnelle de la femme et la valorisation indirecte par son mari. La femme ne semble pas pouvoir cumuler les avantages tirés de son travail à la totalité des avantages dérivés de son alliance. Tout se passe comme si, selon le principe des vases communicants, l'investissement personnel de la femme dans le métier provoquait un désinvestissement de son partenaire.

L'argument principal des adversaires du travail féminin n'est pas fondé empiriquement. Le placement de la dot scolaire de la femme sur le marché du travail ne détériore pas la qualité scolaire de la production enfantine. C'est dans un autre domaine que le travail salarié de la femme est associé à un effet négatif, la carrière du mari semble souffrir

7. Données inédites, Enquête FQP, INSEE, 1970.

de la moindre spécialisation du travail entre les conjoints. Au terme de la révision du procès intenté au travail féminin, les impressions apparaissent contrastées et ambiguës, et ne permettent pas de comprendre les raisons de l'investissement professionnel des femmes mariées. L'étude des effets en soi de l'activité féminine, perspective imposée par les adversaires de ce travail, est abandonnée au profit d'une recherche centrée sur le sens du travail salarié de la femme pour elle et pour son partenaire.

2 / Le sens du travail salarié de la femme

Les rappels à rester au foyer sont nombreux pour une femme mariée. Beaucoup de femmes y sont sensibles, ayant intériorisé le devoir maternel avec son exigence d'une présence continue. Le facteur le plus corrélé avec le projet d'un travail à temps plein pour une mère est le coût pédagogique. Les mères envisagent beaucoup moins bien que leur enfant soit élevé par quelqu'un d'autre que la perspective de la fatigue associée à la « double journée » ou de la diminution de leur temps libre (E. Thomson, 1980). Pourquoi, malgré cet air ambiant souvent hostile (M. Maruani, 1985) et malgré la crise de l'emploi, les mères d'un ou de deux enfants se maintiennent de plus en plus en activité salariée ? Les raisons qui conduisent les femmes à investir leurs richesses scolaires sur le marché du travail deviennent perceptibles lorsque trois relations sont appréhendées ensemble :

— le fait qu'une femme salariée est souvent mariée à un homme qui ne poursuit pas la meilleure carrière possible ;
— le fait qu'elle a souvent moins d'enfants qu'une femme au foyer ;
— le fait qu'elle a souvent des enfants qui réussissent mieux à l'école.

Auparavant, une idée communément admise doit être critiquée car elle brouille les pistes. C'est l'opposition entre deux rapports au travail salarié pour les femmes mariées : un travail obligatoire, un travail libre.

TRAVAIL LIBRE, TRAVAIL CONTRAINT

Décrivons ce schème. Des femmes pourraient choisir de travailler, d'autres y seraient contraintes. Les femmes d'ouvriers qui ont une activité salariée n'ont pas le choix, elles doivent « travailler » en raison du niveau insuffisant des ressources de leur mari, alors que les femmes de cadres ont la liberté de choisir entre rester chez elles et exercer un métier. Aussi certaines associations proposent-elles d'éliminer le travail obligatoire avec l'institution d'un salaire de la femme au foyer pour que les femmes puissent réellement « choisir ». Une association familiale déclare : « La vraie promotion de la femme exige que les conditions de son travail ne l'obligent pas à abandonner sa propre spécificité au détriment de sa famille... Il faut construire une société dans laquelle la femme puisse se consacrer à la formation de ses enfants. Que la mère soit contrainte à abandonner ses tâches d'éducation pour prendre un emploi rétribué, hors de chez elle, n'est pas juste du point de vue du bien de la société et de la famille, si cela contredit ou rend difficiles les buts premiers de la mission maternelle. Il faut donc mettre en œuvre des mesures financières qui permettent à la mère de choisir en toute liberté dégagée des contraintes économiques de rester au foyer si elle le désire pour se consacrer à l'éducation de ses enfants »[8].

Si cette dichotomie entre travail obligatoire et travail libre (reprise dans des travaux de sciences sociales) est fondée objectivement, dans les familles d'ouvriers les femmes doivent être plus souvent actives lorsque leur mari a un revenu faible. Au contraire, dans les familles de cadres supérieurs, où la contrainte est moindre, le taux d'activité féminine ne doit pas fluctuer selon le niveau de revenu de l'homme. Les données statistiques infirment ce schème de la double norme. C'est dans les milieux populaires que l'on enregistre la plus forte insensibilité de l'activité féminine. Dans les milieux moyens et supérieurs, lorsque le salaire du mari croît, l'épouse est moins souvent salariée. Dans le groupe des cadres supérieurs, trois cinquièmes des femmes mariées à un homme gagnant entre 30 000 et 40 000 F (revenus de 1975) et seulement un quart des femmes mariées à un homme gagnant plus de 100 000 F travaillent à l'extérieur. Dans le groupe des ouvriers non qualifiés, les femmes sont salariées autant dans les couples où le mari a un salaire annuel d'au moins 40 000 F que dans les couples où l'homme gagne moins de 20 000 F[9]. La logique du placement professionnel des richesses féminines n'est pas réductible à la dichotomie entre choix et nécessité : les

8. Colloque national « Recherches et familles », Paris, 1983.
9. Enquête « Revenus fiscaux des ménages » de 1975, INSEE.

femmes des classes supérieures sont plus sensibles que les femmes des classes populaires aux revenus de leur mari pour la décision du travail salarié.

LE SUPPORT DES STRATÉGIES CONJUGALES

Le raisonnement en termes de « travail obligatoire, travail libre » masque les intérêts sociaux du travail salarié de l'épouse. Selon ce schème, on a l'impression que les femmes mariées travaillent soit pour que leur couple ait un niveau de vie minimum, soit de manière désintéressée. En réalité, la double activité professionnelle crée les conditions de l'accès à un style de vie supérieur, d'un alignement sur la fraction sociale située au-dessus. Ainsi le revenu moyen annuel d'un couple composé d'un ouvrier non qualifié et d'une femme « active » est supérieur au revenu d'une équipe constituée d'un ouvrier qualifié et d'une femme au foyer. Un mari employé a un niveau de vie de cadre moyen lorsque son épouse a une activité salariée. Le travail professionnel de la femme fait partie des pratiques objectivement orientées vers la conservation, et si possible l'amélioration du statut social de la famille. Sans doute est-ce pour cela que l'homme approuve très souvent le travail de sa partenaire (G. D. Spitze, L. J. Waite, 1981)? L'activité salariée de la femme mariée, selon notre interprétation, forme une des stratégies qu'un couple met en œuvre pour préserver ses intérêts en tant que groupe.

La participation du travail salarié des deux conjoints à la défense des intérêts du couple est perceptible dans les enquêtes de consommation. A revenu égal et à charges familiales équivalentes, les dépenses d'un couple dont la femme est au foyer et celles dont la femme est salariée sont très comparables. Que les revenus aient été amassés par un ou deux conjoints modifie peu de choses (N. Tabard, P. Clapier, 1979). Le travail féminin est un appoint nécessaire à la réussite de certains couples qui ainsi peuvent atteindre leur consommation de référence, supérieure à celle autorisée par les seuls revenus masculins. Mais cette fonction est occultée dans ces recherches par la contrainte de maintenir égal le revenu des couples avec simple ou double activités salariées : en réalité les familles sur lesquelles porte la comparaison sont différentes par la position sociale de l'homme. Par exemple, pour les familles de revenu moyen, trois quarts des hommes dont la femme est au foyer sont cadres moyens, trois quarts des hommes dont la femme est salariée sont ouvriers. Le travail salarié de la femme améliore le statut du couple dans la hiérarchie des niveaux et des styles de vie. On remarquera que les ressemblances entre dépenses d'un couple à simple activité et dépenses d'un couple à double activité démontrent l'existence d'un « pot commun » où les revenus perdent leur origine sexuelle. La contribution qui dérive de l'activité salariée de la femme n'est pas affectée à un usage particulier, elle augmente la valeur sociale du couple. Mais comment expliquer la naissance d'une telle aspiration, d'une telle prétention dans certains couples, qui les entraîne à une double mobilisation professionnelle? Selon notre interprétation, ce recours au travail féminin est plus fréquent dans les couples où le mari obtient un faible rendement professionnel de sa dot, et dans les couples où la femme possède un patrimoine scolaire supérieur à celui de son partenaire :

Le travail de la femme, un rattrapage

Un couple, consciemment ou non, veut atteindre la position qu'il estime devoir être la sienne dans l'espace social. Lorsqu'il y a décalage entre le statut réel et le statut espéré, la probabilité pour que la femme ait une activité salariée augmente. C'est ainsi que le travail professionnel de la femme est plus fréquent dans les couples où le mari obtient un rendement assez faible de ses richesses scolaires. Ce « manque à gagner » masculin est compensé par le placement de la dot féminine sur le marché du travail. Cela nous conduit à interpréter différemment les données croisant rendement professionnel du diplôme du mari et activité de l'épouse. Précédemment, la relation négative était lue en termes de rivalités conjugales. Le travail professionnel de la femme diminuait le surinvestissement de son conjoint, et en conséquence les bénéfices pour ce dernier :

Placement de la dot scolaire de la femme
sur le marché du travail
↓
Moindre investissement des membres de l'équipe conjugale
dans la carrière masculine
↓
Faible rendement professionnel
de la dot scolaire du mari

Schéma 1 : RIVALITÉ

Une deuxième lecture est possible excluant la perturbation de la valorisation masculine provoquée par le travail féminin. N'est-ce pas dans les couples où l'homme ne parvient pas à réaliser un excellent rendement de ses richesses scolaires que son épouse se décide à placer ses propres richesses ? Les hommes qui après avoir arrêté leurs études entre 20 et 24 ans sont devenus ouvriers ont une femme salariée dans trois quarts des cas, alors que les hommes de même niveau qui sont cadres supérieurs vivent avec une femme active dans un tiers des cas seulement ! L'augmentation du rendement professionnel du capital scolaire de l'homme est corrélée avec une diminution de l'activité salariée de la femme. Meilleure est la valorisation professionnelle de l'homme et plus rare est le placement du capital de son épouse.

La relation négative entre rendement du diplôme du mari et travail salarié de la femme reflète, dans cette perspective, une coopération nécessaire du couple afin de parvenir au mode de vie espéré, étant donné le niveau des ressources scolaires de l'homme. L'entrée et le maintien de la femme sur le marché du travail régulent les flux financiers de telle sorte que ceux-ci atteignent le montant considéré comme normal pai les deux partenaires. Les résultats défectueux du placement masculin contraignent le couple à une nouvelle forme de la mobilisation conjugale, et donc des rôles respectifs de chacun :

Faible rendement professionnel de la dot scolaire du mari
— en raison de l'origine sociale
— en raison de la dévaluation des diplômes

↓

Mobilisation des investissements des membres de l'équipe conjugale

↓

Placement sur le marché du travail de la dot scolaire de l'épouse

Schéma 2 : COOPÉRATION

Le rendement plus faible du diplôme du mari peut venir de son origine sociale. Un ingénieur fils d'ouvrier a un salaire moins élevé qu'un ingénieur fils de cadre supérieur (C. Thélot, 1982). Aussi, pour parvenir à un niveau de vie comparable au second et réussir son ascension sociale, le premier est-il plus favorable au travail féminin. Pour un diplôme donné, un homme d'origine modeste vit plus qu'un autre dans un couple à double activité salariée. Cet homme est en quelque sorte plus fragile avec un patrimoine composé pour l'essentiel du capital scolaire, et il cherche à se protéger et à protéger son couple par l'abandon du monopole masculin du travail. Un deuxième facteur — l'inflation des diplômes — augmente la fréquence d'un décalage entre valeur espérée et valeur reconnue sur le marché du travail. La dévaluation du capital scolaire qui atteint les porteurs depuis la fin des années 60 explique en partie la croissance de l'activité des femmes mariées. « Le double salaire du couple devient une assurance tous risques » (A. Langevin, 1980) pour échapper aux effets de la démocratisation de l'enseignement et de la crise de l'emploi. La mise au travail de la femme limite le désenchantement et l'impression de la mobilité descendante. Bref, deux cherchent à égaler un.

La dot féminine, une des conditions du rattrapage

Dans les couples qui se mobilisent ainsi par la double activité, la femme se distingue par le niveau de sa dot scolaire. Les chances d'avoir un travail salarié augmentent approximativement avec l'accroissement du capital féminin. « L'absence complète de diplôme se traduit par un taux d'activité faible, le certificat d'études primaires à l'exclusion de tout diplôme technique par un taux à peine moins faible. » Du côté des forts taux d'activité salariée, « se situent les diplômes de l'enseignement supérieur, le baccalauréat accompagné d'un diplôme technique, et également le BEPC accompagné d'un CAP »[10]. Mais ce qui semble déterminant dans la prise de décision du placement professionnel des richesses féminines c'est le rapport de forces au sein du couple. Les femmes bachelières sont salariées dans trois cas sur quatre lorsqu'elles sont mariées à un homme doté du CAP et dans deux cas sur cinq lorsqu'elles vivent avec un homme diplômé de l'enseignement supérieur. Dans les couples dont le mari a le certificat de fin d'études, l'épouse est active dans un tiers des cas avec le certificat d'études, dans la moitié des cas avec un brevet d'aptitudes professionnelles et dans trois quarts des cas avec le baccalauréat. La mobilisation professionnelle des ressources féminines varie en fonction de la structure du capital conjugal.

La supériorité culturelle de la femme au sein de son couple favorise son insertion professionnelle pour deux motifs complémentaires. Dans

10. Données statistiques sur les familles, 1981, INSEE.

les négociations, explicites ou non, ayant pour objet la décision du maintien ou de la sortie de la femme du marché du travail, sa dot scolaire supérieure lui permet d'imposer la solution qui préserve son autonomie et qui privilégie une gestion directe de son patrimoine. La dépendance de la femme vis-à-vis de son mari diminue lorsque les rapports de force symbolique au sein du couple sont meilleurs pour elle. Deuxièmement, plus la femme domine scolairement son partenaire et plus sa contribution au revenu domestique est importante. La mobilisation conjugale est plus sensible dans les couples où la femme peut assez fortement fixer le niveau de vie familial. Les femmes cadres moyens mariées à des hommes ouvriers travaillent davantage que les femmes ouvrières, les premières contribuent presque pour moitié au revenu domestique, les secondes pour moins d'un tiers. La gestion directe des ressources féminines renvoie à certaines conditions, en particulier à l'existence d'un poids important de la dot de l'épouse dans la structure du patrimoine conjugal : c'est la situation à la fois où la femme peut revendiquer le plus la mise en valeur directe de son patrimoine, et où le couple a le plus intérêt objectivement à ce placement professionnel. Le double travail salarié constitue une manœuvre du couple pour atteindre le niveau de vie souhaité : une bonne dot féminine élève cette prétention et contribue par son placement à sa réalisation. Ce dispositif de consolidation du statut social de la famille est complété, souvent, par une diminution du nombre d'enfants.

Moins d'enfants

L'enfant dans les statistiques est présenté comme « enfant à charge ». Cette vision administrative de l'enfant semble adéquate lorsqu'on examine la variation du nombre d'enfants selon l'activité professionnelle de la mère. Le taux d'activité des femmes mariées ne baisse-t-il pas toujours avec l'augmentation du nombre d'enfants ? Les femmes de 30-34 ans sont actives dans trois quarts des cas avec un enfant, dans deux tiers des cas avec deux enfants et dans un tiers des cas avec trois enfants[11]. Les femmes d'ouvriers, par exemple, ont en moyenne deux enfants quand elles sont salariées et trois enfants quand elles sont au foyer. L'interprétation de ces données est presque toujours la suivante : « L'arrivée d'un

11. Recensement de la population, INSEE, 1982.

troisième enfant oblige souvent la mère à cesser d'exercer une activité professionnelle » (A. Lery, 1984). L'augmentation des charges familiales est incompatible avec la poursuite de l'activité salariée de la mère, celle-ci ne parvient pas à cumuler travail domestique et travail professionnel. Pour convaincre, les partisans d'une telle interprétation montrent que les femmes, et surtout les femmes de milieu populaire, interrompent leur activité après une naissance. Selon une enquête de l'INED, près des deux tiers des ouvrières encore actives avant leur deuxième ne le sont plus après (A. Monnier, 1977). Le deuxième, le troisième enfant forment obstacle à la vie professionnelle de la femme.

Concevoir l'enfant comme une charge n'est pas la seule vision possible. Le nombre d'enfants peut prendre sens dans la perspective des stratégies qu'un couple met en œuvre pour maintenir et si possible améliorer sa position sociale. La résultante de ces stratégies est tout d'abord visible sur la courbe en U de la fécondité française : plus forte pour les familles dont le père est ouvrier ou cadre supérieur, moins forte pour les familles dont le père est cadre moyen (P. Bourdieu, 1974). La contraction de la taille de la famille soutient dans les classes moyennes leur projet d'ascension sociale. Le coût de ce mouvement rend impossible une dispersion des efforts et contraint à les centrer sur un ou deux enfants. Cette polarisation permet la dotation en capital culturel grâce à un surinvestissement pédagogique, financier et affectif. Les classes populaires (notamment les fractions inférieures), trop démunies, sont moins assurées du résultat de telles stratégies éducatives, aussi restreignent-elles, en moyenne, moins leur descendance.

Quant aux classes supérieures, après avoir été adeptes du malthusianisme, elles sont devenues plus fécondes : le capital culturel étant transmissible à plusieurs enfants plus facilement que le capital économique.

L'intérêt des parents à la réussite sociale de leurs enfants se traduit par un contrôle accru des naissances. Dans cette optique, la relation entre taille de la famille et activité féminine s'éclaire. Quand un couple a pour projet d'améliorer son statut social à court ou moyen terme, il peut recourir à des procédures qui augmentent le revenu familial et à des procédures qui diminuent les dépenses. Le travail salarié appartient au premier registre, la maîtrise de la fécondité au second. Très souvent, ces deux stratégies sont mises en œuvre ensemble, les couples à double activité salariée ont moins d'enfants que les autres :

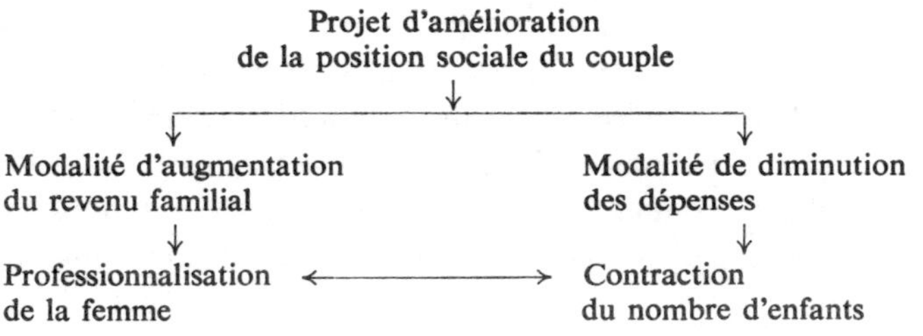

Une fécondité anticipée

La reconstruction des histoires de la carrière maternelle et de la carrière professionnelle atteste cette interprétation : la fécondité est non pas subie mais contrôlée. Ce n'est pas la charge de travail supplémentaire, associée à la naissance d'un enfant, qui provoque l'arrêt salarié de la mère. En effet, la différence entre le taux d'activité des mères de deux enfants et celui des mères de trois enfants existe déjà avant la deuxième naissance. Dès l'entrée dans la maternité, les femmes n'ont pas le même rapport au travail salarié. Il y a anticipation de la carrière maternelle et de la carrière professionnelle. Juste avant la première naissance, les femmes qui en fin de période d'observation auront deux enfants sont actives dans trois quarts des cas, celles qui auront trois enfants dans deux tiers des cas, celles qui auront quatre enfants dans la moitié des cas, et celles qui en auront finalement cinq sont actives dans un tiers des cas en début de carrière maternelle (F. Lagarde, 1981). Les mères de deux enfants qui ensuite en ont un troisième ont à la première naissance moins souvent une activité salariée que les mères de deux enfants qui ne dépassent pas ce nombre :

	% de femmes salariées (âgées de 27-31 ans) mères de deux enfants	
	ayant un 3ᵉ enfant	*n'ayant pas de 3ᵉ enfant*
Au moment de l'entrée professionnelle	77	98
Avant la première naissance	66	85
Avant la deuxième naissance	51	65

Toutes les femmes, y compris celles qui ont une faible dot scolaire, maîtrisent leur temps fertile et leur temps professionnel, consciemment ou non. Les femmes avec le certificat d'études primaires sont actives avant la première naissance dans des proportions très inégales : deux tiers lorsqu'elles auront ensuite un deuxième enfant, la moitié pour celles qui s'arrêteront au troisième ou au quatrième, un tiers pour celles qui en auront cinq.

La venue du second, du troisième et du quatrième enfant peut difficilement être alors perçue comme déterminant l'arrêt du travail, même pour les femmes qui ne maîtrisent pas toutes les méthodes dites scientifiques de contraception, puisque les écarts entre taux d'activité sont antérieurs! Tout se passe comme si se dessinait, très tôt, un choix entre une vie centrée presque exclusivement sur la famille et une vie mixte où coexistent intérêt pour l'univers domestique et intérêt pour l'univers professionnel. Cette division est perceptible dès l'adolescence. Les jeunes filles qui déclarent qu'elles auront une vie professionnelle en étant mères prévoient d'avoir moins d'enfants que celles qui se dessinent sous les traits de la femme au foyer (C. S. Aneshendel, B. C. Rosen, 1980).

Les femmes salariées manifestent par leur activité continue et par leur nombre réduit d'enfants une tension pour maintenir ou promouvoir le statut de leur couple. Cette association entre ces deux stratégies est plus sensible pour les femmes de milieu populaire ou peu diplômées. L'écart entre le nombre moyen d'enfants des femmes salariées et celui des femmes au foyer est de 1,2 pour les épouses d'ouvrier, 0,8 pour les épouses de cadre moyen, 0,7 pour les épouses de cadre supérieur[12]. La propriété d'une forte dot scolaire permet davantage le cumul des deux carrières — maternelle et professionnelle. Les femmes au moins bachelières et les femmes dotées d'un certificat d'aptitude professionnelle sont actives également lorsqu'elles sont mères d'un enfant. Avec trois enfants, près de la moitié des premières et un quart des secondes seulement le sont toujours.

La restriction des naissances semble plus nécessaire dans les couples de position populaire ou moyenne que dans les couples de position supérieure, lorsque les deux partenaires travaillent. La volonté, consciente ou non, de s'élever socialement exige plus fortement des premiers une mobilisation conjugale incluant à la fois la mise au travail de la

12. Recensement de la population, INSEE, 1982.

femme et la concentration de la taille de la famille. Cette exigence est compréhensible si on la réfère au prix de la dotation culturelle de l'enfant. Le coût pour élever un enfant et le doter est plus important dans une famille dont les parents ne disposent pas eux-mêmes d'un fort patrimoine scolaire et économique. La création de la valeur enfantine *ex nihilo* implique une contraction plus soutenue du cercle domestique dans les familles populaires ou moyennes en situation d'ascension. Celles-ci doivent concentrer leurs investissements. La maîtrise de la fécondité forme le premier temps de la valorisation médiate des richesses par l'enfant.

Quantité et « qualité » des enfants

Les comportements de fécondité et les activités éducatives sont dans les familles populaires et moyennes fortement associés, ils expriment un même principe producteur. Les familles tentées par la promotion sociale déploient deux stratégies complémentaires : l'une qui limite le nombre d'enfants, l'autre qui consiste à mobiliser les ressources (et les « énergies » morales) pour que ce petit nombre d'enfants puisse en bénéficier au cours de leur scolarité et de leur temps « libre ».

Concentration et centration sur l'enfant sont alors indissociables. Dans ces familles moyennes et populaires, lorsque le nombre d'enfants diminue, les résultats aux tests de compétence intellectuelle ou aux examens sont meilleurs ensuite. La quantité influe sur la qualité reconnue par l'école sauf dans les familles de milieu supérieur où la propriété d'un bon titre scolaire dépend moins de la taille de la fratrie (F. de Singly, 1982). Ainsi pour les garçons dont le père est cadre supérieur diplômé de l'enseignement supérieur, la chance d'avoir un diplôme universitaire n'est pas plus faible dans les grandes fratries que dans les petites, alors que pour les garçons dont le père est cadre moyen non bachelier, la chance d'avoir un tel diplôme est deux fois plus grande dans une fratrie de deux que dans une fratrie plus large (R. Pohl, J. Soleilhavoup, J. Ben-Rezigue, 1983). Dans les familles moyennes ou populaires, la contraction précède l'investissement pédagogique. Ce qui est appelé en psychologie « effet de dimension » est d'abord un effet des moyens mis en œuvre dans certaines familles pour réussir socialement par l'intermédiaire de leurs enfants. L'observation d'une relation entre quantité et « qualité » scolaire ou sociale des enfants n'est pas nouvelle. La propagande néo-malthusienne au XIXe siècle en France l'utilisait en direction des familles populaires. Elle imprimait des étiquettes à coller sur les murs sur lesquelles on pouvait lire (F. Ronsin, 1980) :

— « Peu d'enfants, bonne qualité; beaucoup d'enfants, mauvaise qualité. »
— « L'aisance avec un enfant, c'est la gêne avec deux, et la misère avec trois et plus. »
— « Nombreuse famille, grande misère. »

Pour créer des valeurs enfantines supérieures à sa valeur ou à celle de son mari, une femme doit concentrer ses efforts. Ainsi les femmes mariées à un ouvrier non diplômé qui sont mères d'un garçon bachelier et cadre ont eu trois enfants alors que celles qui sont mères d'un garçon ouvrier ont eu six enfants (N. Tabard *et al.*, 1982). Les filles d'ouvriers qui sont devenues cadres moyens ont vécu dans une fratrie plus restreinte que les filles d'ouvriers qui sont devenues ouvrières. La rupture dans la réitération sociale exige dans les milieux populaires une maîtrise accentuée de la fécondité. La valorisation médiate par l'enfant ne peut se réaliser qu'à ce prix. Les parents, entrepreneurs, n'attendent pas obligatoirement un rendement immédiat de leurs investissements, préférant placer à long terme sur leurs enfants. Le mariage implique pour les conjoints une coordination dans la défense de leurs intérêts respectifs qui peut être conçue sous un mode privilégiant *une rémunération différée de leurs ressources.* Celle-ci se définit comme la satisfaction de voir leur fils ou leur fille améliorer leur position sociale.

L'harmonisation des investissements professionnels et des investissements éducatifs

Le circuit par lequel une femme valorise ses richesses peut être reconstitué après l'étude des relations — entre l'activité féminine et le nombre d'enfants, entre l'activité féminine et la qualité scolaire des enfants, entre le nombre d'enfants et leur qualité scolaire (v. ci-contre).

Prenons l'exemple des femmes mariées à des ouvriers. Elles n'ont pas toutes une activité salariée; elles n'ont pas toutes le même nombre d'enfants; ceux-ci ne réalisent pas tous une scolarité identique. Par quel critère se différencient les femmes au foyer des autres femmes, les mères de famille nombreuse, les mères dont l'enfant connaît une courte scolarité? Par le montant plus faible de leur dot scolaire. Lorsque l'homme est ouvrier et la femme est dotée scolairement, ils mettent en

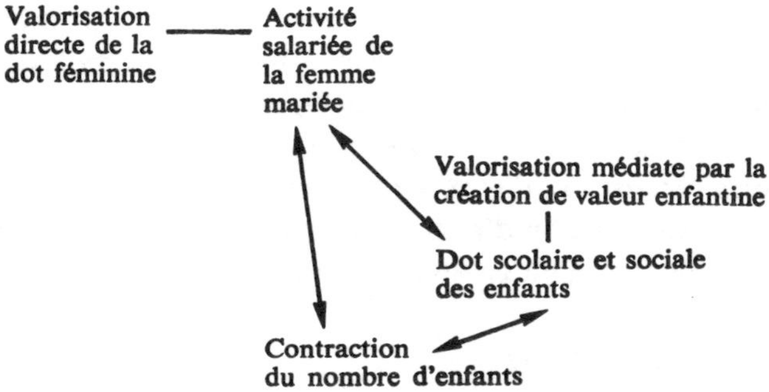

œuvre, explicitement ou non, un ensemble de stratégies qui assurent à leurs enfants un avenir meilleur que celui des autres enfants d'ouvriers[13]. Tout d'abord, ils font moins d'enfants[14]. Un ouvrier et une femme avec le CEP ont 2,64 enfants, un ouvrier et une femme ayant un DEUG, 2,02 enfants. Cette restriction de la taille de la famille prend sens dans le projet de dotation scolaire. Le travail salarié de ces femmes mieux dotées (et plus souvent actives) soutient financièrement les investissements éducatifs. Le montant annuel des dépenses de scolarité, de leçons particulières, d'art et de sport indique bien ce surinvestissement dans la valeur de l'enfant de la part des familles ouvrières malthusiennes. Pour les ménages ayant quatre enfants, la somme dépensée pour un enfant dans une famille ouvrière correspond à un cinquième de la somme dépensée dans une famille supérieure. Pour les ménages ayant un enfant, la différence sociale est moindre : l'enfant unique d'un père ouvrier reçoit un investissement égal aux trois cinquièmes de l'investissement reçu par un enfant d'un père cadre. Dans ces familles supérieures, les dépenses augmentent en fonction du nombre d'enfants; pour 100 F dépensés avec un enfant, quatre enfants reçoivent 394 F. Dans les familles ouvrières, c'est le contraire; pour 100 F dépensés avec un enfant, quatre enfants reçoivent en tout 69 F[15]! Par leur politique de limitation des naissances et par leur politique de mobilisation salariale, des familles ouvrières établissent de meilleures conditions éducatives (ici considérées sous l'angle de leur coût monétaire). Mariée à un ouvrier, une femme avec

13. Même à ceux qui deviennent eux aussi ouvriers, car ces derniers ont une valeur professionnelle ou matrimoniale supérieure à celle des autres ouvriers, enfants d'ouvriers. Cf. F. de Singly, C. Thélot, 1986.

14. Enquête « Familles », INSEE, 1982.

15. Exploitation secondaire des données de Tabard *et al.*, 1982.

une bonne dot scolaire (c'est-à-dire supérieure à la dot moyenne des femmes de ce groupe), grâce d'une part à son activité professionnelle et d'autre part à son petit nombre d'enfants, dispose de ressources accrues pour que sa progéniture ait la meilleure valeur sociale et scolaire possible. Contrairement aux discours opposant travail de la mère et intérêt de l'enfant, la valorisation directe du capital féminin n'est pas incompatible avec la création d'un capital enfantin.

L'ACCÈS À L'AUTONOMIE

Le travail salarié de la femme supporte les stratégies conjugales de rattrapage de la valeur du mari et d'augmentation de la valeur de l'enfant. Arrêter de visionner le film sur cette image serait trompeur, la projection doit continuer, car l'activité professionnelle de la femme renforce aussi son autonomie. Le placement de la dot féminine sur le marché du travail a un double sens, il traduit la mobilisation du couple et une revendication personnelle.

Les personnes qui prennent position pour le travail salarié de la femme mariée sont favorables à l'autonomie de l'épouse au sein du ménage. Deux fois plus de partisans du travail féminin que d'opposants estiment normal que les conjoints puissent ne pas tout se dire entre eux. Les premiers approuvent le fait que des conjoints dont les dates de vacances ne coïncident pas puissent prendre des vacances séparément. Ces partisans estiment aussi que le courrier reçu par l'un des conjoints ne doit pas être ouvert par l'autre. L'acceptation du travail salarié de la femme mariée est énoncée en même temps que l'exigence d'une autonomie, comportementale et spirituelle, pour chaque partenaire[16]. Beaucoup plus que les femmes satisfaites d'avoir une activité salariée, les femmes heureuses d'être au foyer refusent les marques de l'indépendance. La définition de la mutuelle dépendance de l'un et de l'autre conjoint varie en fonction de la prise de position (redoublée par la pratique) vis-à-vis du travail féminin : les hommes et les femmes qui proclament le droit à l'indépendance sont ceux et celles qui exigent l'accès libre au monde du travail pour chacun et condamnent ce qu'ils estiment être l'enfermement domestique de la femme au foyer.

16. Cf. chap. 6.

Le renforcement de l'autonomie de la femme mariée et salariée est visible par l'usage qu'elle fait de l'institution du divorce. Une femme qui a une activité salariée hésite beaucoup moins qu'une femme au foyer à engager une procédure de divorce et à se séparer ainsi de son mari, le taux de divortialité en témoigne. « En moyenne, la divortialité est quatre fois plus élevée » dans les couples où la femme est active (J. Commaille, 1978). Les couples à double travail salarié se dissolvent plus dans le divorce que les autres couples.

Cette relation entre divorce et activité féminine est interprétée, par l'école de Becker (B. Lemennicier, 1980), comme un reflet de la diminution des gains du mariage engendrée par la diminution des gains de la spécialisation. Les couples à double travail salarié créent ainsi eux-mêmes leur propre malheur. N'est-ce pas d'ailleurs dans ces couples que l'on observe une plus forte insatisfaction conjugale et un plus fort taux de disputes (A. Michel, 1974; B. Lemennicier, 1980)? Lorsque les deux conjoints ont un niveau scolaire supérieur, la fréquence des querelles (déclarée par la femme) est près de trois fois supérieure dans les couples où la femme est active par rapport aux couples où la femme est au foyer. Le placement de la femme sur le marché du travail aurait pour effet de provoquer un désenchantement amoureux. Le mariage dans de telles conditions de travail serait moins attrayant et rentable.

Cette interprétation oublie, toutefois, l'absence d'indépendance économique de la femme au foyer et ses effets. Une femme qui ne valorise pas directement son capital est dépendante entièrement des revenus qu'elle tire de sa valorisation indirecte, alors que le travail salarié ouvre des perspectives en augmentant la « situation d'autonomie relative » de la femme (J. Commaille, 1981; M. T. Hannan *et al.*, 1978). D'ailleurs les femmes actives non seulement divorcent davantage, mais sont plus nombreuses à en faire la demande. Le taux de divorce est corrélé, incontestablement, avec l'existence de l'activité féminine; cela ne signifie pas que ce travail salarié augmente en soi le dysfonctionnement du couple. L'affaiblissement de la dépendance objective de la femme vis-à-vis de son mari, grâce à son travail salarié, crée les conditions d'une prise de conscience et d'une expression des tensions inhérentes à la vie conjugale. Les effets de la dépendance sont perceptibles dans des récits de femmes, comme celui de C. Dowling (1982). Après avoir vécu seule, celle-ci devient amoureuse d'un homme qui lui apparaît le compagnon idéal. Progressivement, elle se « rétrécit en épouse » (J. Bernard, 1971). « J'avais l'habitude de passer plusieurs heures par jour à écrire. Désormais mon temps sembla absorbé par les occupations ménagères. Après des années de repas surgelés préparés en vitesse, je me remis à cuisiner... Je traînais toujours un peu, m'occupant d'une plante, faisant du feu... Me sentant à l'abri pour la première fois depuis des années, je me mis en devoir d'élaborer le havre paisible. Je fis un nid... Le soir, jouant les collaboratrices, je tapais les manuscrits de Lowell, mon compagnon. » Le scénario de la dépendance est joué, avec son prix et ses bénéfices secondaires — le sentiment de sécurité, de protection. Le travail salarié de la femme, décidé ou non au nom de l'autonomie, modifie les règles du jeu conjugal. Il change la vision du monde familial des partenaires[17]. Ce ne sont pas les tensions et les insatisfactions qui augmentent avec le travail, mais c'est la possibilité de les exprimer au moyen, par exemple, de la menace d'une défection. Divorcer implique en effet deux conditions, être mécontent de son mariage et pouvoir vivre hors mariage. Ces conditions sont étroitement mêlées, car la perception du désenchantement dépend des chances objectives de la rupture. Le mécontentement et son expression augmentent lorsque l'individu a la possibilité de s'évader. La femme au foyer, plus dépendante, est condamnée au bonheur, ou tout au moins à faire comme si. Les femmes actives se déclarent moins satisfaites de leur vie conjugale et divorcent plus ; elles peuvent davantage envisager de sortir du cercle domestique.

Tout se passe comme si *le désenchantement conjugal* se résolvait de deux manières, *pour les femmes actives par le divorce, pour les femmes au foyer par la dépression.* La dépression — plus élevée pour ces dernières (L. Radloff, 1975) — est le langage de celles qui ne peuvent pas dénoncer leur contrat de mariage. Leur agressivité se retourne, en quelque sorte, contre elles-mêmes. On voit combien l'interprétation du taux de divorce des femmes actives comme le signe de l'échec conjugal provoqué par ce travail, ou l'interprétation du score de dépression des femmes au foyer comme l'indice de la misère associée à cette condition sont fragiles. Chaque camp ne conserve de la réalité que ce qui lui convient. Le malheur des unes fait le bonheur de la propagande des autres !

17. Plus précisément, le rapport au travail salarié de la femme forme une des dimensions de la vision du monde conjugal.

Le travail salarié de la femme mariée renvoie d'une part à l'amélioration du destin social du couple grâce au rattrapage de la carrière masculine et au soutien de la formation du capital enfantin, et d'autre part à l'acquisition d'une autonomie pour la femme grâce à une gestion directe de son patrimoine scolaire. Simultanément, il renforce le pôle de la mobilisation du couple pour la défense de son statut social et le pôle de l'individualisation féminine, pour la défense de son indépendance. La mise en valeur du capital féminin sur le marché du travail ouvre des perspectives contradictoires[18] : celles d'un accroissement des ressources du couple, celles d'un possible désengagement conjugal de la femme.

18. Suivant le moment de l'histoire personnelle ou conjugale, le montant de la dot, la nature du travail salarié, une des perspectives peut dominer l'autre. Pour des exemples, cf. A. Pitrou *et al.*, 1983.

deuxième partie

le mariage équivoque

UN BILAN INUTILE ?

Sur le marché des représentations et des idées, deux camps sont en présence : l'un vante les mérites de la femme au foyer, l'autre en décline les illusions. On pourrait croire que notre fiction théorique ne constitue qu'une variante de la deuxième position car, pour établir les livres comptables de la femme mariée, il a fallu rompre avec le modèle de la femme au foyer indifférent aux fluctuations de la fortune féminine. Une femme doit se dévouer à sa famille et, selon l'expression, se dépenser sans compter. L'important réside dans l'irradiation de l'amour que donne la femme à son mari et à ses enfants. Notre démarche — qui vise à repérer les mouvements de capitaux sociaux engendrés par la vie conjugale — n'est pas pour autant assimilable au modèle de la femme exploitée. Pour ce modèle, en effet, le bilan comptable est connu *a priori*, pour une femme le mariage est un désastre. Selon l'énoncé emprunté à F. Engels (1954), « dans la famille, l'homme est le bourgeois et la femme joue le rôle du prolétariat ». Inutile de perdre du temps à établir en détail un tel bilan, ce qui importe c'est la dénonciation de l'amour : « L'amour partagé est la superstructure qui camoufle mal le mouvement économique qui sous-tend les sentiments. Il n'existe pas de possibilité de réaménager les termes de ce conflit entre hommes et femmes, pas même avec les tentatives réformistes les plus osées. La famille monogamique est structurellement une domination sur les femmes et les enfants, et c'est structurellement qu'elle doit être subvertie » (coll., 1974). On peut trouver dans une nouvelle de G. de Maupassant — « La dot »[1] —, un équivalent littéraire d'une telle vision des effets du mariage. L'héroïne, Jeanne Cordier, est une jeune femme qui a, outre sa grâce « un peu gauche » et sa fraîcheur « un peu fagotée », une dot importante — « trois cent mille francs liquides en billets de banque et en titres au porteur ». Après son mariage, elle découvre le bonheur. Son mari « ayant su apporter dans ses premiers rapports une adresse, une délicatesse et un à-propos remarquables », Jeanne, Mme Lebrument, adore son mari : elle ne peut plus se passer de lui, il faut qu'elle l'ait « tout le jour près d'elle pour le caresser; l'embrasser... ». Me Lebrument propose alors à Jeanne un voyage « en amoureux » à Paris. Et il demande à son beau-père de lui préparer la dot en liquide pour qu'il puisse acheter lui-même son étude. A la sortie de la gare Saint-Lazare, ils prennent tous deux l'omnibus, le jeune notaire dit à sa femme : « Monte dans l'intérieur, moi, je grimpe dessus pour fumer au moins une cigarette avant mon déjeuner. » Au terminus — Vaugirard — son mari a disparu. Jeanne ne comprend que plus tard, lorsqu'un cousin lui déclare : votre mari « a raflé votre capital... et voilà tout ». Tout son patrimoine monétaire est passé sur le compte de son mari. Cette opération s'est effectuée, sans douleur, grâce à l'anesthésie de l'amour.

Contrairement à l'histoire de Jeanne, la comptabilité sociale, dressée en première partie, ne fait pas apparaître uniquement des « sorties ». La colonne des crédits sert comme celle des débits. Les effets du mariage ne sont pas, pour une femme, réductibles à la diminution du rendement de son diplôme sur le marché du travail. D'autres placements sont possibles par l'intermédiaire de son mari et de ses enfants.

1. G. de Maupassant, « La dot », *in* le recueil de nouvelles *Boule de Suif*, Paris, Albin Michel, 1957.

Les mouvements de capitaux, culturels et sociaux, ont été reconstitués, mais sans que soit encore perceptible leur résultante. Tout compte fait, la vie conjugale est-elle globalement positive ou globalement négative pour les intérêts de la femme ? Le diagnostic final permet-il de prendre clairement position, grâce à la lecture de la « balance » ? La situation des femmes après leur veuvage nous montrera que le bilan n'est pas univoque. L'estimation de la valeur sociale ou culturelle d'une femme mariée dévoile simultanément une dévaluation et un maintien de son patrimoine (chap. 5).

L'image d'un mariage équivoque se renforce à l'étude de l'imaginaire des acteurs sociaux. Toutes les femmes ne pensent pas de la même manière les garanties que le mariage doit leur apporter. Les différentes façons de compter, d'envisager la gestion des ressources au sein du couple sont contradictoires. Certaines femmes codent en « bénéfice » des comportements que d'autres codent en « coût ». Le consensus n'existe pas : les femmes (les hommes) de milieu populaire et les femmes de milieu moyen ou supérieur, les femmes jeunes et les femmes âgées, les femmes salariées et les femmes au foyer n'ont pas la même vision des suites du mariage (chap. 6).

L'ambiguïté des effets de la vie conjugale se repère également dans la comparaison du beau mariage et du mariage ordinaire. Une femme qui a épousé un homme mieux doté qu'elle ne reçoit pas systématiquement plus de bénéfices qu'une femme — de valeur comparable — qui a épousé un homme doté comme elle. Faire un bon mariage ce n'est pas toujours pour une femme une excellente affaire pour la défense de ses intérêts à long terme (chap. 7).

5

un premier bilan

> Mais que le mot Amour mortellement frappé s'effondre et les couronnes de carton roulent, les sceptres en cire coulent, le somptueux palais fendu en deux montre au grand jour ses boiseries, ses tentures arrachées, ses meubles et objets précieux vacillant au bord du vide.
>
> N. Sarraute, *L'usage de la parole*, 1980.

Les modalités par lesquelles sont gérés les capitaux de la femme après son mariage ont été décrites. Reste, si possible, à solder les comptes. Cette clôture provisoire est effectuée grâce à un inventaire des mouvements de capital culturel estimés d'après les lectures de la femme mariée, et grâce à l'examen attentif de la situation de la femme veuve. Un des moments les moins arbitraires pour le calcul du solde n'est-il pas celui où le couple se dissout ? Les prolongements de cette rupture involontaire — la mort du mari — constituent un excellent observatoire des effets du mariage dont certains ne se dévoilent qu'après coup. Cette attitude — dites-moi comment le veuvage affecte les femmes et je vous dirai ce qu'est le mariage pour celles-ci — est l'envers de l'attitude de Durkheim (1969). Il estime, en effet, que les taux de suicide des veufs et des veuves renvoient au mariage : « La constitution des veufs et des veuves n'a rien de spécifique, mais dépend de celle des gens mariés du même sexe... elle n'en est que le prolongement. » Et il propose : « Dites-moi comment, dans une société donnée, le mariage et la vie de famille affectent hommes et femmes, je vous dirai ce qu'est le veuvage pour les uns et les autres. » Le regard porté ici sur le veuvage a une fonction spécifique, celle d'enregistrer *a posteriori* les modifications du patrimoine social et culturel des femmes mariées.

Trois traits sont retenus pour décrire les femmes veuves et détecter les traces de la vie conjugale. Le premier renvoie à la valeur que la femme veuve obtient en échange sur le marché matrimonial, au moment du remariage. Le second correspond à la valeur qui lui est reconnue sur le marché du travail, le troisième aux capitaux culturels détenus par ses ami(e)s. Les effets durables de la vie conjugale deviennent alors visibles avec ces expressions de la valeur sociale de la veuve.

1 / Une valeur matrimoniale stable

Selon une théorie féministe, « le mariage amène une mobilité descendante de la femme et au contraire une mobilité ascendante de l'homme qui se conjuguent pour creuser un écart considérable entre les possibilités économiques des deux » (C. Delphy, 1974). Si cette assertion est vraie, la femme doit connaître au cours de sa vie conjugale une altération de sa valeur sociale et culturelle. Dans cette perspective, en cas de remariage une femme devrait épouser la seconde fois un homme dont la position sociale est inférieure à celle du précédent mari. La valeur du mari élu constituant un indicateur de la valeur actualisée de la femme, cette différence entre les deux conjoints traduirait alors la mobilité descendante que subit toute épouse. Un tel déclin des richesses féminines est-il observé ? Une femme veuve se remarie-t-elle avec un homme moins bien doté que le premier[1] ?

UN SECOND CHOIX PROCHE DU PREMIER

La comparaison des positions sociales des seconds maris en fonction des premiers indique très nettement que la vie conjugale ne suffit

1. Exploitation secondaire de l'enquête « Familles », INSEE, 1975, avec près de 5 000 veuves et de 7 000 divorcées remariées. Cf. F. de Singly, 1983.

pas à modifier considérablement la valeur sociale de la femme. Le second destin matrimonial des veuves ressemble au premier. Près de la moitié des femmes veuves se remarient avec des hommes dont les traits socioprofessionnels sont identiques à ceux de leurs premiers maris. Par rapport à un modèle où les veuves se remarieraient « au hasard », c'est-à-dire sans tenir compte de leur premier choix, ces femmes manifestent par leur second mariage une forte tendance homogamique. La résultante de leurs stratégies matrimoniales diffère peu d'une fois à l'autre. La réélection matrimoniale se déroule dans des conditions où les femmes ne choisissent pas des hommes très dissemblables socialement des premiers élus. Un autre indicateur, la structure des anciens maris selon les nouveaux, confirme la non-indépendance des choix matrimoniaux. 61 % des veuves remariées avec un ouvrier ont épousé en premières noces un ouvrier et moins de 1 % un cadre supérieur. Valeur sociale de la femme reconnue la première fois et seconde valeur matrimoniale se confondent souvent.

Cette forte répétition matrimoniale s'observe également chez les femmes divorcées. 61 % des femmes veuves d'ouvriers et 58 % des femmes divorcées d'ouvriers réélisent comme conjoint un ouvrier. 39 % des veuves de cadres supérieurs et 40 % des femmes divorcées de cadres supérieurs épousent de nouveau un cadre supérieur. La nature de la séparation du couple — la mort du mari ou le divorce — modifie peu dans l'ensemble cette tendance à la réitération. Seules les femmes mariées à des agriculteurs se distinguent : beaucoup plus de veuves que de divorcées se remarient avec un agriculteur. Pour les veuves, il s'agit de remplacer non seulement un mari, mais aussi un chef d'exploitation dont elles assurent temporairement l'intérim.

Dévaluation et réévaluation

Les effets du mariage et de la vie conjugale sur la valeur sociale de la femme ne sont pas aussi négatifs que ceux prévus par la théorie du mariage-appropriation. Globalement, les femmes conservent leur valeur puisqu'elles peuvent se permettre de choisii la seconde fois un homme de valeur équivalente à celle de leur premier mari.

Le démenti de l'hypothèse des effets négatifs est renforcé par la comparaison des taux de mobilité ascendante et de mobilité descendante pour les femmes qui font un second mariage hétérogamique. En référence au modèle de remariage par hasard, le rapport entre données observées et données théoriques est plus fort pour les cas de mobilité ascendante que pour les cas de mobilité descendante. Cela signifie que les veuves connaissent plus souvent une réévaluation qu'une dévaluation de leur première valeur matrimoniale. Le retour sur le marché du mariage ne leur est pas défavorable, marquant ainsi que les suites de la première expérience n'ont pas été trop désastreuses pour la fortune féminine.

Plus précisément, le maintien ou mieux l'amélioration de la valeur féminine est d'autant plus fréquent que le premier mariage était conclu avec un homme situé plus haut socialement. L'indice de stabilité et l'indice d'augmentation (calculés toujours en référence au « remariage par hasard ») pour une veuve mariée la première fois à un cadre moyen sont supérieurs aux indices d'une veuve mariée la première fois à un ouvrier. Les richesses attirent les richesses. Avoir pu épouser en premières noces un homme bien doté augmente les chances relatives de pouvoir recommencer. Inversement, les veuves d'un homme pauvre (socialement) risquent davantage un remariage défavorable, c'est-à-dire une alliance avec un homme encore plus démuni que le premier. Le mariage semble plus coûteux pour les femmes dont la valeur initiale est peu élevée.

Le remariage obligatoire?

Ce coût inégal au moment de remariage n'implique pas que le premier mariage ait eu un prix plus élevé pour les femmes les moins bien dotées. Il faut introduire un nouvel élément, le taux de remariage. Les veuves de cadres supérieurs se remarient moins que les veuves d'ouvriers. Plus le niveau social du premier mari est élevé, moins forte est la propension au remariage pour sa veuve. Si les femmes de cadres supérieurs semblent mieux protéger leur valeur au moment du remariage que les femmes d'ouvriers, n'est-ce pas parce que les premières ont les moyens économiques de ne se remarier que dans de bonnes conditions, c'est-à-dire avec un conjoint au moins équivalent socialement à leur premier mari? A l'inverse, les femmes d'ouvriers, dans une situation plus précaire, sont davantage contraintes de se remarier avec un homme de valeur inférieure. L'inégalité sociale des femmes devant les effets négatifs du remariage renvoie à l'inégalité sociale des femmes devant la nécessité du remariage. Ce sont dans les milieux de veuves qui se remarient le moins que la dévaluation lors du remariage est la moins prononcée. Un des effets d'une bonne fortune serait, peut-être, de permettre à une femme de pouvoir accepter ou refuser l'institution matrimoniale une seconde fois, et ainsi de choisir un nouveau mari pour d'autres raisons que les contraintes de la dépendance économique. Aux Etats-Unis, toutes choses étant égales par ailleurs, les femmes soutenues par l'Aide aux familles avec des enfants se remarient moins fréquemment que les femmes qui ne reçoivent pas cette aide (S. H. Bahr, 1979). L'existence au sein du premier couple d'une division traditionnelle du travail en augmentant la dépendance de la femme au foyer rend plus nécessaire son remariage. A âge égal, une veuve sans activité salariée élit un nouveau mari plus souvent qu'une veuve active. Le remariage est un recours surtout pour les femmes de milieu populaire et pour les femmes au foyer. La grande stabilité de leur valeur attestée par leur second placement matrimonial en est d'autant plus remarquable.

UN CAPITAL CULTUREL CONSTANT

Mesurée par le type de remariage effectué, l'érosion de la valeur de la femme apparaît assez faible au terme d'une vie conjugale. Une seconde série de mesures confirme ce constat. Grâce à des inventaires systématiques de bibliothèque, on approche une des dimensions du capital culturel possédé par une femme : le capital objectivé dans les livres et le capital approprié par la lecture[2]. Pour chaque membre d'un couple, on relève les livres possédés (appropriation matérielle) et les livres lus (appropriation symbolique), en marquant la date d'acquisition et de lecture. Ce dénombrement permet de calculer le nombre de livres lus et possédés annuellement par chacun et par le couple en commun, de construire la courbe de lecture, et donc de percevoir l'évolution de ce capital culturel au fil de la vie conjugale. L'analyse des titres d'ouvrages précise cette description, avec les thèmes et le niveau de légitimité culturelle des livres. Appréhendé sous cet angle, le capital culturel d'une femme reste assez stable après son mariage. La vie commune perturbe peu la donne initiale, chacun conserve son jeu. Le déroulement de la partie n'engendre pas souvent une redistribution des atouts. La règle du « chacun pour soi » prédomine. D'après les quinze inventaires

2. Par définition, le capital scolaire ne décline pas. Le diplôme consacre officiellement un certain niveau de compétence une fois pour toutes : on ne perd pas son baccalauréat.

réalisés[3], l'hypothèse d'une dévaluation progressive de la femme est démentie. L'équilibre ou le déséquilibre des capitaux culturels existant au départ entre les conjoints est maintenu : pas ou peu de bouleversements au sein de l'équipe conjugale sont enregistrés. Contrairement à l'idéologie du communisme, officielle dans de nombreux foyers[4], les comptes des époux restent séparés, que la femme dispose d'une dot scolaire supérieure ou inférieure à son mari. La différenciation conjugale ne provoque pas dans ce domaine une émulation. Tout se passe comme si la paix entre les conjoints exigeait le respect mutuel de ce territoire culturel, quelques inventaires le démontrent :

Premier inventaire

Dans ce premier couple, formé depuis vingt-huit ans, la femme possède le BEPC et un diplôme d'auxiliaire puéricultrice, métier qu'elle exerce depuis peu. L'homme, de niveau BEPC, est employé aux Postes et Télécommunications. Le milieu familial de la femme est plus cultivé que le milieu de l'homme : le père de la première, bachelier, était directeur commercial, son beau-père, avec le certificat d'études, était tailleur d'habits. De plus la femme déclare avoir eu un grand-père amateur de « livres saints » qui effectuait des recherches auprès des monastères à ce sujet.

Les 272 livres possédés sont dispersés dans l'espace domestique, certains sont rangés dans une baratte sur laquelle est posée la télévision, les autres sur un vaisselier, dans les chambres, à la cave... La femme possède plus de livres que son mari et a lu davantage. Le patrimoine féminin est nettement supérieur au patrimoine masculin. Le déroulement de la vie conjugale n'a pas diminué cette prépondérance qui a augmenté pendant la première période, puis a décliné, mais ensuite de nouveau s'est amplifiée. L'élimination des livres empruntés et lus en bibliothèque — la mémorisation sans support matériel étant difficile — ne perturbe pas ce constat, la femme utilisant peu et l'homme pas cet équipement. La propriété matérielle commune, reconnue par les deux partenaires présents lors de l'inventaire, est faible — environ 5 % —, la lecture commune aussi — moins de 10 % des livres. La suprématie de la

3. Ces inventaires ont été établis avec l'aide d'étudiants de sociologie de l'Université de Nantes. Chaque couple (qui acceptait de coopérer à un long questionnement, sur chaque livre plusieurs questions) devait si possible ne pas être homogène culturellement ou socialement, et posséder au moins 50 livres.

4. Cf. chap. 6.

femme marque les contours de cette communauté réduite. L'indicateur de la propriété est, ici, trompeur. L'homme possède davantage de livres lus en commun, mais ces livres ont été offerts par son épouse! Les livres possédés par la femme ou ceux détenus par les deux conjoints ont été achetés par elle-même. L'épouse contrôle le secteur communautaire qui constitue pour l'essentiel les livres que l'époux déclare avoir lus. Trente années de vie conjugale ont peu modifié le terrain culturel, chacun campe sur ses positions, l'époux dominé concède seulement quelques incursions de sa partenaire.

Second inventaire

Ce couple a une structure inégale de capital scolaire. La femme, 38 ans, bachelière, est institutrice de maternelle; son mari, ouvrier ajusteur, a le certificat d'études primaires. Les pères des conjoints étaient tous deux ouvriers ajusteurs. Deux enfants sont nés d'un mariage célébré il y a dix-sept ans. Cette inégalité des dots scolaires et des positions sociales se retrouve au niveau du patrimoine « lecture ». Les 182 livres entreposés dans l'espace familial sont surtout appropriés par la femme et les enfants. Le désintérêt du mari pour le livre est reconnu par son entourage qui ne lui en offre pas. Au cours de l'entretien, ce rapport distant à la culture livresque est simultanément nié :

— Le mari : « C'est elle qui achète, j'en ai lu une partie. »
— L'épouse : « Il lit des livres scientifiques. Je lui ai acheté des bouquins. »

et revendiqué :

— La femme : « Il n'est pas intéressé par la lecture, il a d'autres activités intéressantes, le bricolage, le jardinage, et il a aussi le volley. Il est le capitaine et trésorier de l'équipe de la M. »
— Le mari : « Tout cela ne me laisse pas beaucoup le temps de lire. »

Cette femme institutrice n'a pas réussi, malgré son désir initial, à convertir pédagogiquement son mari à la lecture. Ainsi il ne veut pas qu'elle aille à la bibliothèque et il rappelle plusieurs fois le coût élevé des livres. Elle parvient avec difficulté à maintenir constant son patrimoine personnel, la quantité de livres lus varie assez fortement avec son cycle de vie et leur « qualité » est hétérogène (de J. Piaget à G. des Cars). Elle n'a pas pourtant renoncé à son ambition culturelle, offrant par exemple à ses enfants les 21 volumes de *Tout l'univers* et *Le Robert* en 7 volumes. Là encore, maintien des distances culturelles entre partenaires : point de fusion conjugale.

Troisième inventaire

La dénivellation conjugale s'inverse. Le capital masculin — une agrégation de mathématique — est supérieur au capital féminin — le baccalauréat. Le mari enseigne les mathématiques, la femme est attachée de marketing pour une société pétrolière. Mariés depuis vingt-cinq ans, ils ont trois enfants qui ne demeurent plus avec eux et qui ont emmené la plus grande partie de leurs livres personnels.

423 livres composent la bibliothèque parentale, 181 ont été lus uniquement par l'homme, 39 exclusivement par la femme, 203 par les deux. Ce dernier nombre comprend principalement des encyclopédies — 177 volumes! 9 sur 10 des livres qu'ils déclarent avoir lus tous les deux appartiennent à cette catégorie spécifique et dont l'achat est décidé par le mari. Pour les autres livres de la bibliothèque, « chacun achète et décide de son côté ». La femme préfère choisir des « livres plutôt faciles à lire », le mari sélectionner « en fonction des thèmes », par exemple *Anthropologie différentielle* de G. Mendel ou bien *Traité d'analyse du caractère* de G. Berger. Il rejette, dit-il, la « mauvaise littérature, le livre facile » et reste « dans un certain classicisme ». Son épouse affirme « affectionner les romans grand public, d'une approche facile et qui font passer un bon moment ». L'achat régulier d'encyclopédies semble le point sur lequel s'opère le consensus conjugal. Pour le reste, les dénivellations de volume et de niveau demeurent.

La femme parle de son mari comme « d'un passionné de lecture », celui-ci excuse son épouse par le fait qu'elle passe du temps à des activités comme le sport et l'écoute de la musique auxquelles il estime se consacrer « trop peu ». L'autonomie dans le processus d'entretien des ressources culturelles se prolonge par une absence de communication sur ce thème. Les conjoints ont d'ailleurs refusé l'entretien en commun. Leur différence est seulement constatée par chacun d'entre eux :

Parlez-vous souvent de vos lectures?
— La femme : « Non pas vraiment, et puis souvent c'est bien différent de ce que lit mon mari. »

— Le mari : « Très peu, ne serait-ce que parce que l'on ne lit pas les mêmes livres. »
Aimeriez-vous en parler davantage ?
— La femme : « Si on n'en parle pas, c'est un choix. »
— Le mari : « Pourquoi pas, mais cela n'est pas une contrainte de ne pas parler de nos lectures. »
Connaissez-vous le type de livres que votre conjoint lit en ce moment ?
— La femme : « Non, je ne m'intéresse pas vraiment à ce qu'il lit... des fois il me dit le titre ou "ce livre est intéressant", mais c'est tout. »
— Le mari : « Pas vraiment, je sais seulement que ma femme lit souvent des romans. »

Le fonctionnement de ce couple exclut un partage communautaire en raison de l'inintérêt de la femme moins bien dotée et des risques d'une explication d'une telle différenciation. La logique de l'évitement qui règle les rencontres de famille se retrouve au sein des groupes conjugaux. Le silence préserve l'unité de l'équipe, surtout lorsqu'il s'agit comme dans ce couple d'un désaccord non entre deux formes de goût légitime, mais entre le goût légitime et l' « autre ». Un des enjeux de l'autonomie, souvent masqué, apparaît ainsi : contenir les forces centrifuges internes à l'équipe conjugale, au prix du maintien des inégalités entre les époux.

Quatrième inventaire

Pour quelques couples, cependant, la pratique de lecture change de statut avec le mariage, elle devient une activité commune. La constitution d'un fonds commun assez important n'implique pas pour autant que le montant des richesses féminines augmente. C'est ce qui ressort de l'inventaire des lectures d'un couple marié depuis dix ans, où l'homme est conducteur de travaux (avec un BEI bâtiment), et la femme est institutrice en collège (avec un baccalauréat et le CAP d'instituteur). Le poids des livres possédés et lus ensemble dépasse celui des autres livres. Le domaine réservé à la femme correspond à son univers professionnel (des spécimens, de la documentation pédagogique, des livres de « sujets et corrigés »), peu d'autres livres (*L'amour en plus*, d'E. Badinter, *Le lit défait*, de F. Sagan). Le mari possède et lit des livres d'histoire, les œuvres complètes de San Antonio et des romans en livre de poche (notamment J. Lartéguy, P. Benoît). Le patrimoine commun comprend à la fois les livres des abonnements à France Loisirs ou au Grand Livre du mois, dont l'achat est discuté entre les conjoints, et des albums de bandes dessinées, choisis par le mari. Près des deux tiers des livres possédés et lus par les deux conjoints correspondent à ce dernier genre. Le goût pour la bande dessinée constitue la culture commune à ces deux conjoints. Les images et les scénarios d'Hergé, de Franquin, de Morris et Goscinny ont permis cette rencontre, leur succès est dû au fait que le mari dominé culturellement (il a été assez mal à l'aise pendant l'enquête et l'entretien) reste sur un domaine qu'il maîtrise mieux[5], et au fait que la bande dessinée est un genre « flou » où les positions respectives des conjoints dans la hiérarchie culturelle sont plus difficiles à repérer. Le compromis réalisé ménage ainsi la susceptibilité du mari tout en créant une zone d'échange conjugal. Le patrimoine de la femme s'est donc modifié sans que ni son volume, ni sa valeur n'en soient profondément transformés. Il s'agit d'un transfert sans perte ni profit.

Cinquième inventaire

Le capital livresque d'une femme mariée augmente parfois. Il faut pour rendre possible un tel enrichissement au moins deux conditions : l'infériorité des richesses initiales de la femme par rapport à celles de son conjoint, et une pratique de lecture communautaire. Tel est le cas de ce couple composé d'une femme qui, après un baccalauréat et un travail de secrétaire médicale, a repris des études d'assistante sociale, et d'un homme qui, avec une maîtrise de philosophie et un diplôme d'ingénieur, se considère comme « animateur comptable » ou professeur d'économie dans un établissement bancaire. La femme a un père cadre (par promotion) dans une entreprise nationalisée, un beau-père pharmacien et une belle-mère chirurgien-dentiste. Mariés depuis huit ans, ils ont deux jeunes enfants. Ils ont une vie associative assez active, ils sont inscrits dans un parti de gauche et dans un groupe des droits de l'homme.

Sur l'ensemble de la bibliothèque (399 livres) l'homme possède seul 56 % des ouvrages, en achète seul et en lit seul 46 %, alors que la femme en possède 24 %, en achète et en lit seule 17 %. A l'inégalité des dots scolaires correspondent des pratiques de lecture différenciées en termes de décision, d'accumulation et d'appropriation symbolique. Cependant, un patrimoine commun a été créé, et les différences internes

5. L'homme reconnaissant aimer « depuis toujours » la bande dessinée, la femme « surtout depuis mon (son) mariage ».

au ménage ont été réduites pour la lecture. L'écart entre les nombres de livres lus par l'homme et par la femme a diminué au cours des huit années de mariage. Avant la première naissance, le mari a lu deux fois plus d'ouvrages que sa femme (si on inclut livres lus « seul » ou « en commun ») et six fois plus (si on exclut les livres lus en commun); pour la seconde période, la femme a lu — selon les deux indicateurs autant que son époux. Si, relativement à son mari, la femme a enrichi plus fortement ses ressources culturelles, elle n'a pas atteint le niveau initial du capital de son partenaire. Ce dernier, tout en faisant bénéficier son épouse des richesses qu'il détenait, a subi une érosion de son capital propre. Le compromis a été réalisé sur la base d'une reconversion des livres de théorie politique (domaine masculin) en ouvrages d'actualité, et d'un nouveau comportement, la lecture de « loisirs »[6]. L'arrangement conjugal est produit par un nivellement vers le « bas », du point de vue de la légitimité culturelle des livres.

Hormis quelques cas exceptionnels, le solde dans la colonne « pratique culturelle de lecture » n'est pour la femme ni débiteur ni créditeur. Chaque conjoint tend à rester maître de son univers culturel. La pratique de lecture ne devient pas communautaire[7], et cette autonomie préserve les patrimoines masculin et féminin de toute contamination réciproque. Alors que l'enfant devient valeur culturelle grâce à un environnement familial favorable, le conjoint — adulte — semble plus réfractaire à cette ambiance. Mais il est également certain que les conditions de la vie conjugale ne sont pas telles que le portefeuille culturel de la femme soit dégarni. Ni les inventaires de bibliothèque, ni les relevés de l'état civil pour les remariages ne décèlent une forte dépréciation de la fortune féminine.

2 / Un solde contradictoire

Sur le marché matrimonial, la valeur pour laquelle une veuve se fait reconnaître est au moins égale à la valeur pour laquelle elle avait échangé la première fois. Sa vie familiale l'a autorisée à conserver intact, globa-

6. Comment désigner ces livres (principalement des romans) qui n'appartiennent pas à la culture « cultivée »?

7. Ce sont plutôt les pratiques collectives qui se transforment en pratiques individuelles, grâce au développement des biens de consommation comme le magnétoscope. Cf. J.-C. Baboulin, J.-P. Gaudin, P. Mallein, 1983.

lement, son patrimoine social. Elle n'a pas, pour autant, été sans effet. Le total de sa fortune peut rester identique, et le contenu avoir été modifié. C'est ainsi que l'on s'attend à ce que la valeur d'une veuve soit dépréciée sur le marché du travail, étant donné les conditions de son placement. Beaucoup de femmes (âgées de moins de 60 ans) n'ont pas d'activité salariée au moment de la mort de leur mari, contrairement aux femmes qui se séparent par le divorce de leur conjoint. Les prestations sociales ne compensent pas la diminution de leur revenu indirect. Aussi les veuves atteignent-elles, pour une part d'entre elles, pendant les années qui suivent la disparition de leur mari, le seuil de pauvreté (H. Z. Lopota, 1979). Elles sont contraintes à prendre ou à reprendre une activité salariée. Celle-ci ne s'effectue pas dans les meilleures conditions, dans la mesure, d'une part, de l'urgence et, d'autre part, de la résistance de ces femmes à l'idée d'un travail contraire à la définition de leur rôle féminin.

UNE DÉVALUATION PROFESSIONNELLE

Les veuves occupent plus souvent que les autres femmes des positions subalternes dans la hiérarchie des emplois salariés. Pour la classe d'âge des 40-50 ans, la moitié des veuves, deux cinquièmes des divorcées, un tiers des mariées et trois dixièmes des célibataires appartiennent à la catégorie des ouvrières et du personnel de service. Cette infériorité professionnelle des femmes veuves résulte d'un double processus :

— non seulement un risque social associé à la division sexuelle du travail au sein du premier couple. L'inactivité professionnelle des femmes mariées les entraîne au moment du veuvage à accepter des emplois peu ou non qualifiés;
— mais aussi un risque matrimonial associé à certaines unions. Les chances de devenir veuve sont inégales selon le mari : une femme d'ouvrier a plus de chances de devenir veuve avant une femme de cadre (G. Desplanques, 1984).

Les effets du mariage qui dérivent de l'absence d'une valorisation directe ne peuvent donc pas être repérés à partir de cette image complexe, produite par les deux risques. Afin de ne mesurer que la dévaluation professionnelle consécutive au veuvage on compare, en maintenant constante la dot scolaire, l'accès à la position d'ouvrière (ou de personnel de service) pour les femmes veuves et les femmes mariées. Pour celles qui ont le certificat de fin d'études, la moitié des femmes mariées et trois quarts des femmes veuves occupent des emplois d'ouvrière ou de personnel de service. Quel que soit le niveau scolaire, les veuves ont une position subalterne plus souvent que les femmes mariées. A la différence des femmes mariées qui n'ont jamais arrêté ou qui ne reprennent que dans des conditions favorables relativement, les femmes veuves recherchent dans leur emploi avant tout un salaire, un salaire stable. Un entretien auprès d'une veuve âgée de 49 ans, inactive avant le décès de son mari ouvrier qualifié, montre ses critères de choix d'une activité : « J'ai été à la mairie, j'ai été trouver M. le Maire. Alors ils m'ont trouvé du travail comme femme de ménage. Par exemple, je travaille dans les écoles, dans les haltes-garderies. Là je viens de faire un mois à la piscine de GQ. » Elle espère avoir un emploi stable à la mairie : « J'envisage de travailler. Si je trouve! Un temps complet, pour avoir au moins un salaire... J'ai fait une demande d'aide ménagère à la mairie de GQ; l'aide ménagère, c'est très bien, mais vous faites deux heures, vous faites trois heures; quand les gens tombent malades on vous dit que vous n'y allez plus... Alors j'ai l'impression que je vais pas leur demander ça. Je vais tâcher d'être soit dans les bureaux, soit à faire des ménages. Je voudrais surtout être sûre d'avoir un salaire » (N. Lefaucheur, 1982).

Le prix du mariage, déjà élevé pour les femmes mariées — comparativement aux femmes célibataires et aux hommes mariés — augmente avec le décès du mari. Le rendement du diplôme des veuves est encore moins bon que celui des femmes mariées. L'étude plus attentive de la structure interne de la catégorie des ouvrières et du personnel de service révèle l'ampleur des effets négatifs du mariage, lorsque ce dernier est rompu par la mort du mari. Un tiers des femmes veuves contre un douzième seulement des femmes mariées, salariées et diplômées du certificat de fin d'études, sont manœuvres[8].

Le veuvage amplifie le coût professionnel du mariage dans la mesure où il contraint les femmes au foyer à une mise au travail non programmée. La reconversion professionnelle de ces femmes est

8. Exploitation secondaire de l'enquête « FQP », INSEE, 1970. Sous-ensemble des femmes salariées de 35-52 ans.

rendue d'autant plus difficile que la reconversion idéologique — l'adhésion à nouvelle définition de soi — ne s'opère pas aisément dans ce groupe. Les veuves ne peuvent pas être assimilées aux divorcées (comme c'est souvent le cas sous le terme de « familles monoparentales »), car pour les secondes, rapport distant au mari et rapport distant à la division traditionnelle des rôles sexuels sont liés. L'intérêt d'étudier le veuvage pour approcher les effets du mariage apparaît : le mariage demeure un handicap pour les femmes après sa dissolution, c'est même à ce moment-là, du fait de la nécessaire reprise d'activité salariée, que son coût devient le plus perceptible[9]. En neutralisant la variable « diplôme », on a mis en évidence une dévaluation accentuée, subie par les femmes veuves.

Des effets antinomiques

La reconnaissance de la valeur sociale des veuves sur le marché du travail ne coïncide pas avec sa reconnaissance sur le marché du remariage : l'une infirme, l'autre confirme la valeur antérieure. Cette contradiction est pour nous le signe de l'ambiguïté de la vie conjugale, considérée sous l'angle de ses effets. Sous sa forme normale, le mariage contemporain fait accéder la femme au patrimoine de son partenaire tout en dévaluant son propre capital professionnel. Le portefeuille culturel et social de la femme n'est pas homogène. Certains secteurs,

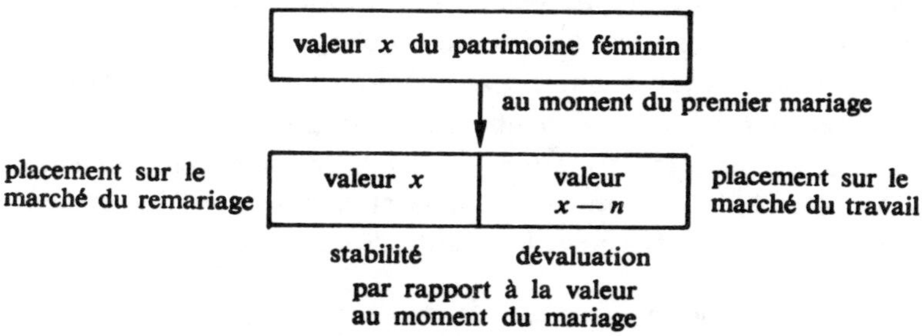

notamment celui concernant l'activité salariée, connaissent une érosion; d'autres au contraire n'enregistrent pas une telle dégradation. La mort du mari et la dissolution du couple rendent encore plus visibles cette hétérogénéité des effets du mariage, et cette coexistence de deux valeurs d'un montant différent. La vie à deux engendre une dualité au sein de

9. Mais il peut être perçu par les acteurs sociaux comme un effet du veuvage exclusivement.

la fortune féminine, décelable pour les veuves par la partition entre un patrimoine dévalué sur le marché du travail et un patrimoine intact sur le marché du mariage.

DES RELATIONS EN TOUT GENRE

Le capital social de relations, lui aussi, est affecté par les effets ambigus du mariage. La fortune féminine comprend ce patrimoine, dont la valeur est approchée par le capital culturel ou social des personnes « amies ». Une femme qui a des relations parmi les cadres supérieurs dispose d'un capital de relations supérieur à celui d'une femme qui ne fréquente que des employés. Cette translation est opérée théoriquement dans la mesure où la logique de constitution d'une relation amicale ressemble à la logique de production du choix amoureux : les sympathies naissent et se maintiennent, souvent, entre personnes dont la fortune sociale ou culturelle est comparable. Les transformations de ce capital pour une femme depuis son veuvage sont approchées par le relevé de ses amies et amis, conservés, perdus ou nouveaux. Ainsi sont reconstruits son portefeuille de relations :

— les relations anciennes, antérieures au veuvage et maintenues;
— les relations anciennes et abandonnées depuis le veuvage;
— les relations nouvelles, postérieures au veuvage, et maintenues.

Pour chaque ami(e), la veuve interrogée fournit un descriptif social de cette personne (profession, niveau scolaire, origine sociale, âge, état matrimonial, sexe) et une brève histoire de la relation (date de la première rencontre, intensité temporelle, intensité affective). Avec ces renseignements, les transformations du capital de relations peuvent être estimées[10]. Le choix des nouveaux amis et la sélection des anciennes relations de la veuve réfractent la dualité de sa valeur.

Les traces du mariage, après dix ans de veuvage

Une première monographie rapporte l'évolution du capital social d'une femme de 60 ans, veuve depuis dix ans. Elle a le certificat de fin d'études primaires et une formation de couturière. Ses parents

10. Partiellement, notamment parce que le capital strictement masculin, qui pouvait cependant être mobilisé pour les besoins du ménage, disparaît ici sans être comptabilisé par la femme, ignorante, en partie, de son existence.

étaient employés. Sans activité salariée depuis son mariage, elle a suivi son mari lors des nombreux changements professionnels. Son époux, après des études de clerc de notaire, entre dans la Résistance et fait ensuite une brève carrière militaire. Pendant une dizaine d'années, il se déplace en Afrique (Maroc, Sénégal, Guinée) et progressivement devient directeur d'usine dans le secteur agro-alimentaire. De retour en France, il occupe un poste similaire dans quatre villes de la métropole, avant de mourir.

Si globalement le capital relationnel de cette femme s'est détérioré, en réalité l'évolution est contrastée. Les nouvelles relations que cette femme a nouées ont une faible valeur culturelle. Il s'agit principalement d'un couple d'un homme de 75 ans, ouvrier retraité, et d'une femme de 80 ans, ancienne commerçante (tous deux ayant le certificat d'études), à qui elle rend de brèves visites quotidiennes, s'attardant quelquefois pour tricoter. Les anciennes relations qu'elle a conservées ont une valeur culturelle supérieure, comparable au capital antérieur au veuvage. Parmi elles, une simple relation de voisinage avec une femme célibataire, âgée de 55 ans, très diplômée et cadre supérieur s'est muée en amitié. C'est avec cette femme que la veuve part en vacances et sort le soir. La prise en charge de nouveaux besoins de sociabilité après le veuvage est assurée par des individus très différents socialement, comme si les substituts de mari et de la vie conjugale — les fonctions d'accompagnatrice et de points de repère journaliers — ne réclamaient pas une valeur identique. A moins que cette femme, bien que conservant ses richesses sociales antérieures (en niveau, et non en volume puisque 14 personnes sont classées dans la catégorie « relation ancienne et abandonnée », 20 dans la catégorie « ancienne et conservée », et 5 dans la catégorie « nouvelle et contemporaine »), ne puisse plus engager des relations avec des individus disposant d'une assez forte valeur. Déclin et permanence coexistent.

Une seconde monographie conte l'histoire d'une femme veuve de 58 ans, actuellement agent (personnel de service) dans un lycée. Elle a le certificat d'études et son père était ouvrier émigré espagnol. Son mari, bachelier, était patron pêcheur. Leurs trois enfants, mariés, sont technicien supérieur, assistante sociale, et forestier. Cette femme, après son veuvage, maintient et même améliore le capital culturel porté par ses relations. Le capital acquis depuis la mort de son mari est supérieur au capital ancien conservé, lui-même supérieur au capital ancien abandonné. Plus précisément, le niveau varie selon le sexe : les amies ont un capital culturel plus faible que les amis. La dénivellation en faveur du mari au sein du ménage se retrouve dans cette dénivellation en faveur des hommes au sein des relations. Cette supériorité de la dot masculine est vraie aussi bien pour les nouveaux que pour les anciens amis. Cette femme tient à avoir une relation amicale avec des hommes disposant d'un assez fort capital scolaire, comme si ces derniers étaient des remplaçants du mari défunt. Par contre, l'attention à la qualité culturelle des amies semble moins requise. Pourquoi une telle recomposition du capital de relations ?

Dualité des réseaux et ambiguïté

Une troisième monographie éclaire ces mouvements contradictoires. C'est l'histoire d'une femme de 40 ans, veuve depuis deux ans d'un homme ancien PEGC devenu sous-directeur d'un collège d'enseignement secondaire. Il est mort des suites d'une dépression attribuée au surmenage et aux difficultés de sa fonction. Il avait poursuivi de brèves études supérieures, elle avait passé le brevet élémentaire de fin de premier cycle BEPC. Inactive durant toute la vie conjugale — dont une partie s'est déroulée en Algérie —, elle est devenue employée de bureau depuis la mort de son époux.

Le capital actuel de cette veuve est composé de deux strates très spécifiques. La première, dont l'origine est antérieure au veuvage, comprend cinq couples dont au moins un des conjoints, comme son mari, est dans l'enseignement. La seconde, postérieure au veuvage, est très hétérogène : avec d'une part, un homme marié, certifié et professeur de lettres; et d'autre part, deux femmes, de niveau CAP, employées, et vivant seules. Cette femme choisit comme « ami privilégié » un homme dont les traits objectifs ressemblent à ceux de son mari (même légèrement supérieurs), et comme « confidente » une femme dont le niveau culturel et le niveau professionnel sont comparables aux siens. Cette femme qui connaît par le veuvage un déclassement social[11] sélectionne dans l'univers féminin une personne qui témoigne de sa situation présente, et dans l'univers masculin une personne qui marque sa volonté (consciente ou non, les

11. Dans une enquête classique ne serait-elle pas classée comme veuve salariée dans la catégorie des employées alors qu'antérieurement elle aurait été classée comme femme au foyer dans la catégorie des cadres supérieurs (par l'intermédiaire de son mari) ?

critères culturels des amis n'apparaissent au cours de l'entretien que lorsqu'elle signale qu'elle n'aime pas les « manuels ») de recommencer une alliance avec un homme d'un capital au moins équivalent au premier.

Son veuvage, cette femme le vit de manière contradictoire, à la fois regret et sentiment de libération. Elle oscille sans choisir — « J'étais bien dans ma vie de couple, je suis bien maintenant » — entre :

— la satisfaction procurée par le statut social de son mari — « ce qui intervient pour la femme au foyer, c'est le niveau social, j'étais dans un milieu favorisé, donc je pouvais trouver un enrichissement... Le poste occupé par mon mari me permettait d'évoluer »;
— la découverte positive de l'indépendance par le travail professionnel — mon veuvage, « c'est un enrichissement en quelque sorte, cela demande plus d'envergure, cela a plus d'envergure... J'avais un mari qui m'étouffait... La femme au foyer paraît assez timide, plus insignifiante qu'une femme qui travaille ».

La nature de son capital relationnel reflète cette ambivalence. La poursuite des relations avec des couples et la recherche d'un nouveau compagnon ressemblant au premier mari n'excluent pas l'amitié et la solidarité avec des femmes seules, de niveau inférieur à l'environnement conjugal antérieur. La dualité de la position de cette femme épouse de cadre supérieur devenue femme employée — et la dualité de son système de relations se correspondent. Le déclassement — par l'entrée tardive sur le marché du travail — coexiste avec des manœuvres de résistance à ce déclassement.

LA CONVERSION DU CAPITAL

Le mariage altère en partie le portrait de la femme, certaines couleurs ont pâli alors que d'autres ont préservé leur teinte d'origine. Des effets conjugaux, on peut ne retenir qu'un aspect : soit l'affaiblissement des teintes, soit leur parfaite protection. Dans le premier cas, on dénoncera alors une institution matrimoniale aussi corrosive, dans le second, on louera une famille si conservatrice. Mais ces regards sélectifs ne comprennent pas l'élément important, à savoir la double action contradictoire du mariage et de la vie conjugale.

Après l'étude de la valeur sociale des veuves, il est impossible de croire en l'appauvrissement généralisé des femmes consécutif à leur mariage. Sinon, comment expliquer qu'une femme mariée une première fois à un homme cadre supérieur soit capable, après un veuvage ou un divorce, de se remarier avec un homme de valeur sociale équivalente? Ce maintien de la valeur matrimoniale indique que, du point de vue de la reconnaissance sur ce marché spécifique, une femme conserve ses richesses initiales. Cependant il serait tout aussi irréaliste d'oublier le prix professionnel du mariage. Une femme au foyer mariée à un cadre supérieur ne peut prétendre à ce titre occuper elle-même une position de cadre supérieur, alors qu'une femme cadre supérieur peut davantage revendiquer un homme cadre supérieur sur le marché du mariage. La valorisation indirecte par le mari est moins susceptible que la valorisation directe par le travail d'une conversion en une autre espèce de capital. Le chemin qui mène de la reconnaissance sociale des richesses par l'activité salariée à la reconnaissance par le choix du conjoint semble plus praticable, pour la femme, que le chemin assurant le parcours inverse. La valorisation directe par le travail et la valorisation indirecte par le mari sont donc hiérarchisables selon un critère de transférabilité. Les richesses placées sur le premier marché peuvent être placées aussi, avec un rendement comparable, sur le second. La proposition contraire n'est pas vraie. C'est ainsi que la réussite sociale exclusivement assurée par le mariage ne peut, en cas d'interruption conjugale, être sauvegardée que par un nouveau placement matrimonial. Le mariage appelle le remariage, pour les femmes dont la valeur sociale a été reconnue uniquement par la valeur de leur mari.

Le bilan des suites du mariage établit que le secteur protégé concerne le capital susceptible d'être replacé sur le marché matrimonial et que le secteur non protégé comprend le capital requis pour la carrière professionnelle. La sauvegarde de la fortune féminine n'est garantie pendant et après la durée du mariage que partiellement, et à la condition que les femmes propriétaires continuent à investir dans les actions matrimoniales. Les investissements dans le mariage, et surtout les investissements exclusifs dans le mariage, rendent la femme dépendante de cette forme de vie (C. D. Zick, K. R. Smith, 1988). C'est dans cette difficile reconversion que réside le coût le plus important de la vie conjugale. Le mariage, sous sa forme la plus dominante, fonctionne comme un système bancaire qui rémunère convenablement les dépôts que les femmes font, mais qui exige en contrepartie que ces clientes soient fidèles et constantes. Elles peuvent changer de banquier, le remariage en témoigne. Par contre elles doivent rester dans le système bancaire conjugal, sinon elles risquent de ne pas retrouver leur placement initial. Le mariage ne récompense et ne rémunère que les femmes qui continuent à croire ou à faire semblant de croire à cet établissement.

6

le communisme conjugal et l'autogestion féminine

> J'attends de chaque année 52 joies, 52 peines, une par semaine environ; je tiens une comptabilité méticuleuse. Si je reçois une bonne lettre, une visite affectueuse, si mon mari montre pour moi une attention touchante, je marque ces émotions agréables; je marque de même une injustice qui me lèse, une calomnie qui me blesse, etc. Mes deux comptes marchent à peu près parallèlement, tantôt l'un avance, mais bientôt l'autre le rattrape, et bon an mal an, j'ai toujours une balance exacte.
>
> Courrier des lectrices,
> *Le Petit Echo de la Mode*, 1907.

DÉPENDANCE ET INDÉPENDANCE

La famille conjugale — née à partir de la fin du XVIIIe siècle — repose sur deux principes :

— le primat de l'affection dans la relation conjugale et dans la relation pédagogique;
— la spécialisation du travail entre les conjoints.

Apparemment ces deux éléments se renforcent mutuellement. N'est-ce pas au nom de l'amour que le modèle de la femme au foyer se justifie? Du point de vue des intérêts sociaux de la femme, ils sont en réalité antinomiques. Le placement privilégié de la femme sur les comptes du mari et de l'enfant réclame une stabilité du couple. Pour que la division du travail entre les conjoints ne soit pas dangereuse pour la préservation de la valeur féminine, le couple doit rester uni. Or l'amour augmente la fragilité du couple ; les fluctuations sentimentales ne garantissent pas une grande solidité à l'institution matrimoniale, dès lors que la loi n'en interdit plus la dissolution. L'éclatement conjugal rend visible le coût du mariage, surtout pour une femme restée au foyer. La fermeture du livret ouvert au nom de son mari, avec le divorce, menace la valorisation des richesses féminines. D'où le cercle vicieux de la famille conjugale pour une femme : l'amour exige une gestion indépendante de sa fortune, la mettant à l'abri des aléas affectifs, alors que la fonction de la femme au foyer implique une gestion déléguée.

Que font les femmes affrontées à cette contradiction inhérente à la famille conjugale ? Elles la résolvent en favorisant l'un ou l'autre aspect. Deux visions du monde familial coexistent qui reflètent deux manières de faire ses comptes pour une femme mariée (ou cohabitante). Dans la première, la mobilité des sentiments et l'instabilité matrimoniale réclament un renforcement des investissements professionnels de la femme. Comment placer toutes ses richesses dans un seul mari, si on n'est pas persuadé *a priori* de la solidité du panier matrimonial ? Une diversification des placements doit prolonger l'éventualité d'un pluralisme des figures maritales. Dans la seconde, la confiance dans le partenaire et dans la pérennité de l'union est réclamée par la femme pour que le recours au mari comme intermédiaire soit possible et même aimable. Grâce à des scénarios que les personnes interrogées[1] devaient compléter, on découvre que ces deux conceptions ne s'opposent pas seulement selon la valeur accordée à l'engagement professionnel de la femme mariée mais aussi selon la nature des échanges entre conjoints. Les formes de la distribution des ressources monétaires, sociales, culturelles au sein du couple sont inséparables, au moins dans l'imaginaire, des formes de leur accumulation.

1. 693 personnes ont été interrogées en 1980, avec le concours des étudiants de sociologie de l'Université de Nantes. Seules les représentations des personnes dont l'âge est compris entre 25 et 40 ans sont étudiées dans ce chapitre. Cf. F. de Singly, 1984.

1 / Les deux visions du monde conjugal

Pour décrire les programmes du fonctionnement idéal du couple et de la défense des intérêts féminins, on emprunte à Goffman la notion de territoire (1973). Tout individu dispose d'un certain nombre de territoires — symboliques et matériels — qu'il surveille et dont il défend les limites. Ce sont, par exemple, le contenu de ses poches, son enveloppe corporelle, ses pensées. Pour entrer en interaction avec quelqu'un, il doit abdiquer, au moins provisoirement, un territoire, ce qui rendra possible la rencontre. La renonciation est « le symbole et la substance même de la relation ». Au contraire, un empiétement non accepté (aussi bien une question « déplacée » qu'un geste agressif) est le prototype de l'offense et réclame un échange réparateur.

Comment dans une telle perspective, les relations conjugales sont-elles imaginées par les défenseurs de l'une ou l'autre vision du monde? Quels territoires un conjoint doit « ouvrir » et partager avec son partenaire, quels sont ceux qu'il peut protéger sans risquer d'apparaître comme un mauvais mari ou une piètre épouse? Quelles ressources — les revenus monétaires, l'autorité — doivent-elles être mises en commun? Quelles sont celles qui peuvent rester (ou devenir) la propriété exclusive d'un seul membre? Un comportement d'un conjoint normal aux yeux de certains devient-il offenseur pour d'autres? Le fait de travailler pour une femme apparaît-il comme un droit, une propriété inaliénable ou comme un empiétement des prérogatives masculines redoublé d'une désertion des territoires « naturellement » féminins?

Les différences sexuelles et sociales

L'abolition des frontières entre les conjoints est davantage réclamée par les hommes que par les femmes (âgés entre 25 et 40 ans). La fusion conjugale a plus d'adhérents masculins que féminins puisque les hommes affichent une volonté plus forte de partage des ressources et des propriétés personnelles. Le temps des vacances leur apparaît inconcevable sans la présence de leur épouse, aussi préfèrent-ils passer un compromis sur le lieu de repos. Ils veulent également montrer que les ressources monétaires qu'ils fournissent au groupe doivent revenir à leur épouse. Leur conception de la communication conjugale est plus totalitaire, ils émettent moins de réserves quant à la norme du « tout se dire entre conjoints ».

Cependant, cette tendance communautaire des hommes n'est pas si homogène que ne le laisseraient supposer ces trois indicateurs. Ainsi, pour le partage de l'autorité domestique, les femmes sont plus égalitaires. Mais c'est surtout sur l'exercice d'une activité professionnelle que les hommes se montrent plus jaloux de leurs prérogatives : la femme doit abandonner sa profession si celle-ci peut gêner l'exercice de la profession de son mari. Ou encore, elle ne doit pas nécessairement travailler à temps plein, lorsqu'une telle opportunité se présente.

La vision masculine a un versant communautaire, notamment pour la distribution des ressources monétaires et un versant opposé avec la revendication de deux territoires masculins, l'autorité et le travail salarié. Cette ambiguïté se reflète également dans leurs réponses portant sur la réduction des inégalités conjugales. Les hommes y sont davantage favorables quand ils en sont les bénéficiaires — dans le cas de la formation du soir pour l'un ou l'autre — et défavorables quand ils ne le sont pas — pour le choix entre la promotion du mari ou le renforcement professionnel de l'épouse! Les hommes et les femmes ne portent pas le même regard sur la vie conjugale. Ils définissent différemment les droits du mari et de l'épouse. Les premières insistent sur la réunion des conjoints hors du temps de travail et sur le maintien de zones sexuées (c'est-à-dire spécifiques à un des sexes), les secondes accentuent les traits marquant l'autonomie personnelle, même si cela doit déranger quelque peu la répartition traditionnelle des compétences.

Si l'institution matrimoniale impose à chaque conjoint un cadre juridique unique, le rapport que les individus entretiennent à l'univers domestique est variable selon leur milieu social. Les membres des classes populaires se distinguent par une plus forte extension des zones communes aux deux partenaires, et donc par une moindre autonomie reconnue à ceux-ci. Ils repoussent le droit à la séparation pendant le temps libre, et l'idée de réserves d'information. Seul un domaine échappe à la communauté populaire, la responsabilité d'assurer les revenus familiaux. Devant le choix entre le travail à temps plein de la femme et une augmentation des charges du travail marital, ils préfèrent la seconde solution.

La fusion conjugale pour laquelle optent nettement les personnes des milieux populaires n'implique ni une distribution égale des ressources, ni une confusion des rôles sexuels. Elles acceptent que les femmes mariées soient défavorisées dans le partage des économies — qui peuvent servir à l'achat d'une moto — et dans le partage du temps libre — le travail ménager doit être assuré par la femme, malgré son activité salariée à mi-temps. D'autre part, ces personnes soulignent avec force les traits masculins et les traits féminins, le travail salarié reste le propre de l'homme. Ce respect des rôles sexuels dits « traditionnels » ne marque pas une résistance à l'innovation, il reflète la part plus grande que prend dans ce milieu l'identité sexuelle dans la définition de l'identité sociale positive (l'estime de soi) (G. Mauger, C. Fossé-Poliak, 1983, 1986; O. Schwartz, 1990). La géographie des territoires rêvés par les personnes des milieux moyens et supérieurs témoigne d'une autre organisation de la vie conjugale : des « poches », des réserves défendues avec vigueur par chaque partenaire, et au contraire un espace — le monde du travail salarié — qui ne doit plus appartenir exclusivement aux hommes[2].

Communisme conjugal
et « anticommunisme »

Comme le souligne la psychologie (S. Moscovici, 1972), les acteurs sociaux n'aiment pas vivre sous le régime de la contradiction; aussi résolvent-ils à leur façon les ambiguïtés de la famille conjugale. Les uns optent pour la stabilité de l'union et une division stricte du travail entre les conjoints, les autres envisagent la fragilité du couple et une redéfinition de cette division. Les premiers appartiennent davantage au milieu populaire, les seconds aux milieux moyen et supérieur. Deux fois plus de femmes populaires que de femmes diplômées de l'enseignement supérieur déclarent s'être mariées « pour la vie » et avoir des difficultés considérables à penser au divorce, et d'autre part être d'accord avec la loi sur le mariage estimant que c'est au mari d'assurer l'entretien de sa femme et de son foyer (J. Kellerhals, *et al.*, 1982). L'hymne au mariage sans fin comprend un couplet sur la femme au foyer, la chanson sur l'amour instable inclut un couplet sur le travail féminin. Ces ballades vantent les mérites de deux formes de valorisation des richesses féminines, la forme à dominante indirecte où la femme partage avec son

2. Une distinction entre les fractions « intellectuelles » et les fractions « économiques » des classes moyennes et supérieures doit être effectuée : les cadres du privé sont plus « communistes » que les cadres du public, les enseignants.

conjoint les ressources que ce dernier se procure sur le marché du travail, la forme à dominante directe où chaque conjoint contribue à l'accumulation des ressources. D'autres thèmes enrichissent chacune de ces chansons. La première se transforme en chant des partisans d'une communauté conjugale à l'exception de deux réserves masculines — les fonctions d'autorité et d'approvisionnement monétaire —, la seconde en chant des partisans de l'autonomie à l'exception du territoire du travail où au contraire le partage est exigé. S'il fallait leur donner un titre, sans doute pourrait-on appeler la première la chanson du communisme domestique car elle correspond assez bien à ce que Max Weber (1971) nommait ainsi : chaque conjoint apporte « la contribution qui correspond à ses forces » et à sa vocation et « obtient la jouissance de ce qui est nécessaire à ses besoins », sans « calcul de répartition ». La seconde, par contraste, pourrait s'intituler la chanson de l'anticommunisme domestique. La revendication d'une forte autonomie pour les deux conjoints implique un rapprochement des caractéristiques masculines et féminines, alors que l'affirmation du primat de la fusion conjugale repose sur une définition des rôles de sexe très différenciés.

Pour Goffman, la renonciation volontaire à un territoire matériel ou symbolique forme la substance de la relation. C'est le signe par lequel une interaction se crée ou se prolonge. A en rester à la surface des revendications que nous venons d'examiner, nous pourrions croire que pour certains acteurs sociaux l'appartenance à un couple ne devrait modifier en rien la définition des territoires personnels. Pour les partisans de l'autonomie le mariage ne doit, apparemment, pas transformer leur existence antérieure; ils refusent avec véhémence l'annexion au nom de l'amour conjugal de territoires personnels.

Le refrain de la chanson de l'autonomie — avec ses affirmations de principe — ne doit pas, malgré tout, rendre inaudible le texte d'autres strophes. Ceux-ci proposent la parité conjugale, et non la réunion de deux égoïsmes où chaque partenaire accomplirait une étreinte réservée. L'aspiration à l'autonomie n'annule pas l'expression communautaire mais la déplace dans d'autres secteurs et la travestit. Cela est perceptible quand on regarde ce que pensent les partisans de l'autonomie spirituelle et comportementale et les partisans de la fusion (approchée par le « tout se dire » et le « toujours être ensemble »). Les autonomistes choisissent plus volontiers des solutions qui rétablissent un équilibre entre le mari et l'épouse, pour le pouvoir, pour les ressources culturelles, pour les charges de travail domestique, pour l'accès au travail salarié.

Les deux pôles — autonomie et fusion — ne suffisent pas à rendre compte des visions du monde conjugal, même si ces mots (par exemple, préserver son autonomie) servent de points de repère explicites pour les acteurs sociaux. Interrogés sur des thèmes moins familiers, les « autonomistes » marquent leur intérêt pour la communauté conjugale des ressources monétaires ou culturelles, des charges et de l'autorité. Inversement le degré de fusion conjugale revendiqué par les autres n'atteint pas la limite maximale puisqu'ils privilégient la situation du mari par un temps de travail global moindre, par un pouvoir de décision plus grand, par une priorité dans la redistribution des chances culturelles. Ces deux groupes — les fusionnels et les autonomistes — ont donc malgré leurs divergences un point commun. Leur vision est construite de la même manière : l'abolition proclamée de certaines frontières et de certaines propriétés personnelles est associée à la possession d'autres territoires ou domaines personnels. Aucun programme conjugal n'offre pour caractéristique de présenter simultanément les souhaits du partage des activités de loisirs, des domaines réservés d'information, de la fonction de pourvoyeur de revenus du ménage.

2 / Pourvoir à l'entretien de la famille

Le noyau dur de la doctrine du communisme conjugal se forme autour de la conception du travail de la femme. Dès qu'un journal publie une opinion défavorable ou favorable aux femmes au foyer, une polémique s'engage par courrier interposé. Par exemple, quand Jacques Roudy déclare que « les femmes au foyer sont des légumes », ces dernières se défendent vivement : « Je ne suis pas un légume quand mes enfants rentrent de l'école et crient "maman, où es-tu?"; je ne suis pas un légume quand j'arrive à ce que la maison soit accueillante pour tous, qu'elle soit jolie, qu'on y est bien et qu'on y revient; je ne suis pas un légume ou plutôt si, mais un légume qu'on met dans la soupe, fondu avec les autres, car la soupe attire, elle sent bon, elle réchauffe et nourrit, et tout le monde l'aime sans distinction de classe sociale. »[3] Ces polé-

3. *Ouest-France*, rubrique « Le journal de la femme et de la famille ».

miques sur la « vocation » de la femme à garder le foyer sont vives, parce que cette question engage toute la vision du monde conjugal et de la défense des intérêts de l'épouse, les représentations des opposants et des partisans du travail féminin l'attestent.

CROIRE

La croyance au travail féminin est repérée à partir de la question : « A votre avis, dans une famille où les enfants sont d'âge scolaire, le fait que la femme travaille à l'extérieur présente surtout des avantages ou surtout des inconvénients ? » Les personnes qui répondent « surtout des inconvénients » sont appelées les incroyants, celles qui répondent « surtout des avantages » les croyants.

L'égalité devant le travail professionnel

Se déclarer favorable à l'activité salariée de la femme mariée n'implique pas que l'on soutienne la thèse de l'égalité des conjoints devant le travail professionnel. Dans le scénario où l'engagement professionnel de la femme entre en concurrence avec celui de son mari, un tiers seulement des croyants choisissent le passage au temps plein pour la femme plutôt que la promotion du mari. Hésitants à se prononcer en faveur de la femme, ces croyants cherchent une voie moyenne pourtant exclue par le scénario. Dans l'histoire où le mari au chômage se voit proposer « une situation intéressante plus loin » qui les obligera à déménager et qui contraindra la femme à quitter son travail, près d'un quart des partisans souhaitent que l'homme accepte le travail mais aussi que la femme conserve le sien. La valorisation professionnelle de la dot féminine n'apparaît pas aussi primordiale que la valorisation correspondante de l'homme. En cas de conflit entre ces deux valorisations, même les partisans du travail professionnel de la femme choisissent souvent de privilégier celle du mari. L'égalité des chances entre les conjoints pour leur carrière professionnelle ne se déduit pas d'un partage de la fonction de pourvoyeur des ressources.

L'autonomie

L'autonomie — comportementale, spirituelle, financière — est nettement constitutive de l'idéologie conjugale de ceux qui prennent position pour le travail de la femme mariée. Deux fois plus de croyants que d'incroyants approuvent le fait que des conjoints puissent ne pas tout se dire entre eux. La préférence pour une division spécialisée du travail entre les époux coexiste avec la préférence pour une non-spécialisation des activités de loisirs. Inversement la critique de la spécialisation dans le domaine de l'activité professionnelle se décline avec la critique de la fusion conjugale. Quand l'un des conjoints aime mieux la mer et la natation et l'autre la montagne et la marche, les incroyants estiment que les époux doivent parvenir à un compromis, soit en changeant de lieu tous les ans ou au milieu des vacances, soit en parvenant à un accord sur un des lieux ou sur une autre forme de vacances. Ils préfèrent, sinon, une résolution du conflit profitable au mari, le choix de la mer. Le refus de la séparation pendant le temps des vacances ou des loisirs implique une prise de décision acceptée par les deux conjoints. C'est d'ailleurs la situation fréquemment retenue en théorie des jeux (Luce et Raiffa, 1957) : un couple veut aller en soirée à un spectacle de boxe ou de ballet. Le mari préfère le premier, la femme le second, mais tous deux désirent avant tout ne pas se séparer. Ce jeu dit de « la bataille des sexes » repose donc sur le postulat de la « fusion » et du compromis nécessaire. En effet, si aucun des deux conjoints ne fait de concession, les deux enregistrent un gain inférieur. Face à une telle situation, les incroyants se distinguent à la fois par l'insistance avec laquelle ils rejettent l'autonomie des conjoints et par l'attribution du pouvoir domestique qu'ils donnent au mari. Six fois plus d'opposants que de partisans indiquent que le mari, au moins en dernière instance, doit avoir le pouvoir. La prise de décision nécessaire à toute solution de « fusion » conjugale réclame davantage l'appropriation par le mari de l'autorité domestique.

Croyants et incroyants s'opposent sur la délimitation des territoires communs; pour les premiers, la sphère du travail salarié, pour les seconds, les activités de loisirs et les réserves d'information. Les partisans du travail féminin perçoivent la communauté conjugale prônée par les autres comme une entrave au développement de leur personnalité. Conserver la décision de communiquer telle ou telle information avec son partenaire, pouvoir disposer de ressources financières (par un budget séparé) sans avoir à être contrôlé par l'autre leur semblent une exigence non négociable. Les incroyants, au contraire, envisagent le partage de la fonction de pourvoyeur de revenus comme un empiétement féminin sur les prérogatives masculines. La proposition de *Relations en public* — « les formes mêmes des comportements qui célèbrent et affirment des relations de façon rituelle sont très proches par leur caractère de ce qui entre individus n'ayant pas la bonne relation serait une violation de réserves » (E. Goffman, 1973) — doit être complétée. Le style de vie des incroyants transposé dans l'univers des croyants est appréhendé négativement. Les premiers ont des convictions contradictoires avec la foi des seconds. Chaque groupe a sa définition de la bonne relation conjugale.

La thèse du communisme affichée par les incroyants subit une entorse. Quand, dans un couple où l'homme seul est salarié, éclate un conflit à propos de l'usage des économies — l'épouse souhaitant la réalisation de leur rêve commun, une croisière, le mari désirant l'achat d'une moto — les opposants au travail féminin tranchent en faveur du mari et retiennent la solution excluant le partage des bénéfices. Si cette prise de position peut paraître contradictoire avec leur désir fusionnel, elle s'intègre parfaitement dans leur logique de la distribution des ressources et des charges. L'attribution de la fonction de pourvoyeur des finances au mari exclusivement est liée à une conception inégalitaire des partenaires au sein de l'équipe. Les maris bénéficient de certains avantages : celui de ne pas participer au ménage et donc d'avoir un temps de travail global (professionnel et domestique) inférieur à celui de leur épouse, celui de pouvoir améliorer leur formation même quand ils sont mariés à une femme moins bien dotée. Pour ceux qui sont attachés à une division stricte du travail entre partenaires, l'entrée dans le mariage ne se traduit pas par des effets similaires pour l'homme et pour la femme. Dans la situation d'un couple où l'homme domine culturellement, la femme doit s'effacer pour que celui-ci puisse suivre un complément de formation. Le mari est choisi; investi de la charge de travail salarié, il obtient en contrepartie toutes les garanties pour que sa valeur professionnelle s'améliore. Le communisme conjugal des incroyants protège très fortement la valeur masculine. Le séparatisme conjugal des croyants implique une redistribution des chances entre les partenaires afin qu'aucun ne soit lésé du fait de l'union. La valeur sociale et culturelle de la femme mariée n'est donc pas protégée de la même manière par les incroyants et par les croyants. Dans le premier cas, le mari est privilégié car il est délégué à l'accumulation des bénéfices dont son épouse reçoit une part. La logique exige une concentration des moyens aux mains du mari. Dans le second cas, aucun partenaire n'est exclu de la sphère du travail et en conséquence les avantages masculins ne se justifient plus ou moins, l'égalité n'étant que partielle.

PRATIQUER

Les programmes de référence se modifient peu, globalement, d'une prise de position (pour ou contre le travail de l'épouse) à une pratique (dans votre couple, les deux conjoints sont-ils salariés ?). Les oppositions entre les pratiquants et les non-pratiquants ressemblent aux clivages entre les croyants et les non-croyants.

Ce n'est pas la professionnalisation féminine qui divise le plus les pratiquants et les non-pratiquants. Par exemple un tiers des maris dont la femme est active dressent un bilan négatif (« le travail féminin a plus d'inconvénients »), soit autant que ceux qui se prononcent pour un bilan positif. Le rapport à l'autonomie, lui, clive davantage les deux groupes, les pratiquants rejetant la fusion conjugale. Sur un point — la place de l'enfant — les femmes pratiquantes se distinguent des femmes non pratiquantes encore plus nettement que les hommes pratiquants des hommes non pratiquants. Deux tiers des femmes actives et un tiers seulement des femmes inactives (de moins de 40 ans) considèrent qu'un mariage peut être réussi même sans enfant. Cette réussite — le bonheur ? — au regard des femmes salariées leur semble possible sans que le couple se transforme en société domestique. Est-ce le signe d'un effet de substitution entre la valorisation directe et la valorisation indirecte, ou d'une sensibilité aux contraintes de l'enfant sur la carrière professionnelle ?

La vie conjugale apparaît aux yeux des pratiquants comme une négociation entre deux partenaires autonomes, sur la base d'une relative égalité. Le choix d'une distribution équitable de l'autorité des économies, des chances culturelles, témoigne d'une moindre attention à la dimension sexuelle de l'identité du partenaire. L'homme n'est plus pensé comme « chef de famille », ayant le monopole du travail salarié et pouvant bénéficier d'une priorité pour l'actualisation de son capital culturel. Cependant cet ébranlement du régime marital n'est pas complet. En cas de conflit conjugal à propos du travail, les pratiquants prennent parti pour le mari ou refusent en quelque sorte de prendre part au vote. Ils ne sont pas plus nombreux que les non-pratiquants à prôner un réel équilibre entre les chances masculines et les chances féminines d'accéder à une carrière professionnelle. Le partage de la fonction de pourvoyeur de revenus n'implique pas une redistribution des cartes entre les deux partenaires. Une femme n'a jamais un jeu équivalant à celui d'un homme, elle a besoin de faire équipe et de bénéficier des points de son partenaire. L'autogestion de la femme s'enracine quand même dans le terrain d'une dépendance vis-à-vis du mari[4].

CODES DE BONNE CONDUITE

L'ambiguïté hante l'univers domestique. La famille conjugale présente des exigences contradictoires, celle de l'amour et celle de la spécialisation sexuelle. Elle produit également des effets contradictoires sur la fortune de la femme, celui du maintien de sa valeur matrimoniale et celui du déclin de sa valeur professionnelle. Les acteurs sociaux ne sont pas inertes face à cette antinomie. En fonction de leur dot scolaire, de leur position sociale, de leur croyance religieuse, de leur attirance politique[5], ils inventent des formes de régulation des relations conjugales qui accentuent l'un ou l'autre aspect de l'organisation familiale.

En particulier, ils imaginent des manières différentes d'échanger au sein du couple. Pour certains, le mari — délégué principal aux affaires salariées — doit avoir à sa disposition le maximum de ressources mobilisables pour garantir au mieux le statut économique et social de la famille. Pour d'autres, une telle concentration des moyens est moins nécessaire, les deux conjoints pouvant revendiquer non seulement un engagement professionnel mais aussi une amélioration de leur patrimoine personnel. Le scénario mettant en scène un couple où les partenaires sont en concurrence pour une formation post-scolaire montre comment l'une ou l'autre de ces visions du monde prône un mode divergent de résolution du conflit. Tout dépend de l'usage professionnel attribué ou non au capital scolaire des conjoints, et des intérêts en jeu dans l'accumulation de ce capital. Quand le mari doit apporter la totalité

4. La pratique joue un rôle secondaire par rapport à la croyance. Les pratiquants non croyants ressemblent, en effet, davantage aux personnes qui ne croient ni ne pratiquent qu'aux pratiquants et croyants. En particulier les pratiquants non croyants approuvent fortement la fusion conjugale.

5. Les personnes catholiques et les personnes « non critiques vis-à-vis de la société » optent pour le communisme conjugal, les personnes sans religion et « critiques vis-à-vis de la société » choisissent l'autogestion. Un exemple, celui de la concurrence entre conjoints pour la formation post-scolaire : la moitié des catholiques et un quart des autres, la moitié des personnes satisfaites du fonctionnement de la société et un tiers des personnes critiques accordent la priorité au mari.

ou la plus grande part des ressources monétaires, il a la priorité en ce qui concerne les instruments pour remplir cette mission; quand, au contraire, les deux conjoints assurent cette fonction, la priorité masculine pour l'enrichissement culturel n'est plus garantie.

Ce refus de priorité masculine n'est une infraction que pour ceux et celles qui reconnaissent le code où figure cet article. Pour les autres, rien d'anormal puisque c'est contraire à l'égalité conjugale. Tout se passe comme si sur la route du mariage circulaient des individus croyant à des codes différents de bonne conduite domestique. Cela peut provoquer des accidents et des luttes symboliques entre les sexes, les générations, entre les milieux sociaux; cela complique également la tâche des experts devant surveiller les comportements conjugaux. Ainsi, en fonction de quel code le sociologue doit-il estimer la conduite des acteurs sociaux et le coût du mariage? S'il choisit l'un ou l'autre code, il crédite, sans obligatoirement s'en rendre compte, les individus proches de son système de valeurs, et désavantage les autres. Est-ce sa fonction? Ne doit-il pas, plutôt, mettre en évidence le caractère ambigu du mariage, quitte à ne pas apurer les comptes? En effet pour le faire, il lui faudrait indiquer le poids accordé à chaque rubrique de la comptabilité, décider si la valorisation médiate par le mari est équivalente à la valorisation professionnelle du capital féminin. Devant deux femmes qui disposent de ressources identiques au départ — la première, mariée à un homme cadre moyen, poursuit une carrière de cadre moyen, la seconde, mariée à un cadre supérieur, n'a pas d'activité salariée — doit-il désigner la femme qui a le mieux mis en valeur sa dot scolaire? S'abstenir de porter un jugement ne signifie pas que le sociologue établit entre elles une équivalence. Elles se différencient, on l'a vu, par les formes de reconversion de leur valeur après l'éventuelle séparation de leur couple. La première femme est moins dépendante que la seconde d'une nouvelle reconnaissance sur le marché matrimonial. Les effets de leur vie conjugale respective ne se ressemblent pas, leurs systèmes de valeurs non plus. La première, active, a beaucoup plus de chances de bien classer l'autonomie personnelle et l'autogestion des ressources individuelles au sein du ménage, la seconde, sans activité salariée, préférant le communisme domestique. Si les contradictions ne font pas exploser la famille conjugale c'est parce que les manières de rêver le mariage et les manières de le vivre s'harmonisent en partie. Deux éléments, cependant, menacent ces arrangements. Pour les adeptes du communisme domestique, la dévaluation des diplômes et la crise de l'emploi rendent de plus en plus nécessaire le recours, au moins temporaire, au travail salarié de la femme mariée (M. A. Barrère-Maurisson, 1982). Pour les adeptes de l'autogestion, l'inertie de la division du travail entre les sexes (visible, par exemple, par le faible partage du travail domestique) interdit l'égalité professionnelle. Aucun des deux modes principaux établis pour résoudre les ambiguïtés de la famille conjugale ne réussit complètement : elles ressurgissent toujours, sources de la dynamique des formes domestiques.

7

les dividendes du beau mariage

> Dès qu'il s'agit de mariage, tous les hommes se déguisent, répondit Mme Latournelle, et les femmes leur en donnent l'exemple. J'entends dire depuis que je suis au monde : « M. ou Mlle Une telle a fait un bon mariage. Il faut donc que l'autre l'ait fait mauvais ? »
>
> H. de Balzac, *Modeste Mignon*, 1844.

DES LENDEMAINS QUI DÉ-CHANTENT ?

A consulter la littérature sur le beau mariage, on est tenté de prendre les sociologues pour des trouble-fête. Au lieu de se réjouir, ils prédisent la séparation de tels couples! Faire un beau mariage pour une femme signifie vivre avec un homme mieux doté qu'elle et former une union hétérogame. Or les spécialistes de la formation et de la réparation des couples estiment que l'hétérogamie est source de fragilité. Les ressemblances culturelles et sociales favoriseraient le consensus et la satisfaction réciproque alors que les différences entre conjoints engendreraient des dysfonctionnements. Cette proposition figure souvent dans les manuels de sociologie de la famille, peut-être pour montrer le bien-fondé des normes sociales : l'homogamie, fréquente, serait une assurance de longue vie conjugale, malheur à ceux et celles qui s'éloignent de la diagonale des matrices de mariage! Dans *La maison du chat-qui-pelote*, Balzac donne un exemple de la dégradation d'une union entre des êtres dissemblables[1]. Augustine Guillaume, fille d'un négociant en tissus, a épousé un peintre, Théodore Sommevieux, beaucoup plus riche en capital culturel. Après une première période de bonheur, Théodore se lasse des fautes de goût de son épouse. Elle offensait « la vanité de son mari, quand, malgré de vains efforts elle laissait percer son ignorance, l'impropriété de son langage et l'étroitesse de ses idées ». « Sa femme n'était pas sensible à la poésie, elle n'habitait pas sa sphère, elle ne le suivait pas... elle marchait terre à terre dans le monde réel, tandis qu'il avait la tête dans les cieux... aussi éprouva-t-il insensiblement une froideur qui ne pouvait aller qu'en croissant. » Entre eux, « le voile s'épaissit de jour en jour ». Augustine, consciente de sa faiblesse culturelle tente « de changer son caractère, ses mœurs et ses habitudes », mais « même en dévorant des livres », elle ne parvient pas à « l'union complète de son âme avec celle de Théodore ». Cette histoire est-elle exemplaire? En réalité, la fragilité des couples hétérogènes culturellement ou socialement n'est pas établie. Cette vérité repose sur une base empirique très fragile (N. D. Glenn, S. K. Hoppe, D. Weiner, 1974). Des auteurs américains ont pris ironiquement comme contre-exemple, le cas des hommes sociologues. Parmi ces derniers, ceux qui sont mariés avec des femmes dissemblables socialement ne divorcent pas plus que les autres. Le taux de divorce le plus faible est même enregistré pour les hommes d'origine sociale basse ayant épousé des femmes d'origine haute. Leur beau mariage ne se termine pas aussi mal que ne le prévoit l'opinion sociologique.

Dans la perspective de la défense des intérêts de la femme mariée, quelles sont les suites du beau mariage? Une femme qui réalise un tel échange matrimonial connaît-elle ensuite une fortune ou une infortune comparable à celle des autres épouses? Un excellent rendement des richesses sociales ou culturelles au moment du mariage se prolonge-t-il par des gains? La réussite sociale, manifestée par l'élection d'un mari dont la valeur est supérieure, se retraduit-elle par une diminution du coût de la vie conjugale pour la femme? Ou, au contraire, le prix plus élevé du beau mariage ne devient-il visible que plus tard? La réponse apparaîtra équivoque : le mariage est ambigu par ses effets sur le patrimoine féminin, le beau mariage l'est également. Le renoncement au livret personnel est plus fréquent pour ces femmes bien mariées mais, lorsqu'elles conservent

1. H. de Balzac, *La maison du chat-qui-pelote*, 1829.

la propriété, leur union leur apporte des dividendes supplémentaires. Le prix professionnel d'un beau mariage est donc soit supérieur, soit inférieur au prix d'un mariage ordinaire. Un excellent placement matrimonial peut se révéler au cours du temps une bonne ou une mauvaise affaire.

1 / La gestion d'un beau mariage

UNE RETRAITE PROFESSIONNELLE ANTICIPÉE

Le beau mariage amplifie les effets du mariage. L'indépendance d'une femme bien mariée est plus souvent affaiblie. La poursuite d'une activité salariée pour une femme mariée dépend du rendement de sa dot scolaire sur le marché du mariage. Trois cinquièmes des femmes qui, avec une forte dot, ont épousé un cadre et trois quarts des femmes qui, avec une dot identique, ont choisi un ouvrier ou un employé travaillent hors de la maison[2]. Les femmes qui ont réalisé un bon placement de leur dot scolaire sur le marché du mariage placent moins ensuite cette dot sur le marché du travail.

Un beau mariage se traduit par une retraite professionnelle anticipée! Une femme qui a élu un « meilleur mari » qu'une autre reste davantage au foyer. Les femmes qui ont fait un mariage ordinaire cherchent-elles ainsi à compenser par leur activité salariée leur choix « inférieur » du conjoint? Le « manque à gagner » visible au moment du choix du mari les conduit-elles à prolonger leur séjour professionnel? Ou bien, ces femmes sont-elles centrées sur l'acquisition d'un statut par le travail, et les femmes bien mariées centrées sur l'acquisition d'un statut par le mariage?

Outre l'hypothèse de la compensation et celle de la spécialisation, une troisième interprétation peut être proposée. La femme qui a fait un beau mariage vit avec un homme mieux doté qu'elle. Dominée, elle ne parvient pas à imposer, par une déspécialisation relative de la division du travail, l'ouverture de son livret personnel. Au contraire, une femme moins bien mariée dispose d'un capital supérieur à celui de son partenaire. Grâce à cette dénivellation favorable elle conserve une gestion directe de son capital, d'autant plus aisément que celle-ci contribue fortement

2. Exploitation secondaire d'une enquête « Emploi féminin », INSEE - Pays de Loire, 1972. Cf. F. de Singly, 1980.

au revenu domestique et dédommage le mari. L'envers du beau mariage apparaît pour une femme : meilleur est le rendement matrimonial de son patrimoine, plus rare est son placement professionnel et plus forte est sa dépendance vis-à-vis de son mari. Ce constat montre les limites des études qui ne saisissent la mobilité sociale des femmes qu'au moment de leur mariage. Une femme qui se marie avec un cadre et qui abandonne toute activité salariée doit-elle être considérée comme ayant mieux rentabilisé ses richesses qu'une femme, disposant d'une dot scolaire identique, qui se marie avec un employé et qui continue à exercer un travail professionnel? Laquelle des deux gagne davantage? L'ambiguïté des effets du mariage se repère de nouveau. Tout se passe comme si faire un bon placement grâce au choix d'un mari impliquait ultérieurement pour la femme l'abandon d'une gestion directe. Les femmes qui, par leur mariage, manifestent une excellente maîtrise stratégique sont, paradoxalement, celles qui ensuite abandonnent la direction (professionnelle) de leurs affaires, préférant avoir recours aux services de leur partenaire. Et les femmes apparemment les moins habiles, tout au moins dans l'espace matrimonial, sont celles qui persistent à vouloir gérer elles-mêmes leur dot! Mais cette persévérance est nécessaire pour que ces femmes ne soient pas handicapées toute leur vie par un moins bon placement matrimonial. La poursuite d'une activité salariée leur permet d'accéder à un style de vie comparable au style de vie des femmes mieux mariées. La possession d'un livret ouvert en leur nom personnel complète les revenus insuffisants qu'elles touchent du livret du mari, alors que les intérêts perçus par le livret masculin incitent les femmes qui ont fait un beau mariage à fermer leur compte personnel.

FEMMES DOMINÉES

Le conjoint bien marié est dépendant davantage de son partenaire. Retranscrite dans la perspective des formes de mariage, la théorie des ressources (R. Blood, D. Wolfe, 1960) prévoit que le conjoint le moins doté (celui qui a fait un beau mariage) a moins de chances de s'approprier le pouvoir de décision et donc de dominer au sein de son couple. N'est-ce pas ce qui arrive à Georges Dandin, paysan enrichi, qui épouse une « demoiselle » de la noblesse? Il regrette son choix : « Que mon mariage est une leçon bien parlante à tous les paysans qui veulent s'élever au-dessus de leur condition, et s'allier, comme j'ai fait, à la maison d'un gentilhomme! La noblesse, de soi, est bonne... mais elle est accompagnée de tant de mauvaises circonstances qu'il est très bon de ne s'y point frotter. Je suis devenu là-dessus savant à mes dépens... et j'aurais bien mieux fait, tout riche que je suis, de m'allier en bonne et franche paysannerie que de prendre une femme qui se tient au-dessus de moi, s'offense de porter mon nom, et pense qu'avec tout mon bien je n'ai pas acheté la qualité de son mari. George Dandin! George Dandin! vous avez fait une sottise, la plus grande du monde. Ma maison m'est effroyable maintenant, et je n'y rentre point sans y trouver quelque chagrin »[3]. Le beau mariage a-t-il pour prix cette domination? Si cela est vrai, les essais enchevêtrés de mainmise sur le pouvoir domestique doivent s'achever par la victoire du partenaire le mieux doté. Pour connaître la manière dont les conjoints se représentent le dénouement de ces luttes, on utilise la méthode classique des questions sur le partage des tâches et des décisions. La femme interrogée doit répondre à deux séries de questions. Les premières sont formulées ainsi : « Qui de votre mari (ou ami) ou de vous s'occupe du nettoyage des sols..., de la vaisselle... ? », et les secondes : « Dans tous les couples, il faut prendre des décisions pour la vie de famille. Souvent mari et femme en discutent ensemble, mais c'est généralement l'un des deux qui prend la décision finale. Pouvez-vous me dire qui prend la décision finale quand vous discutez du choix d'un lieu de vacances..., des aménagements à apporter au logement... »?

Ces 24 questions permettent, selon les indications des épouses, de construire des types d'organisation domestique[4]. Les couples où la femme assure l'essentiel des tâches ménagères et des décisions afférentes ne fonctionnent pas pour autant de la même manière. On discerne en particulier d'un côté les « femmes chefs ou PDG » et les « femmes petits patrons » et de l'autre les « femmes d'intérieur » et les « femmes dominées ». Les premières se distinguent par un pouvoir féminin plus fort : les grandes décisions — concernant les enfants, le choix d'un appartement, des amis, d'un lieu de vacances — et le domaine de l'équipement — avec les décisions des aménagements à apporter au logement, des achats des appareils électro-ménagers — appartiennent à leur zone d'influence. Pour les

3. Molière, *G. Dandin ou le mari confondu*, 1668.
4. Exploitation secondaire de l'enquête « Budgets familiaux » de l'INSEE, 1979, ensemble des ménages dont la personne de référence est salariée. Cf. M. Glaude, F. de Singly, 1986.

femmes dominées et d'intérieur, leurs territoires se limitent aux domaines du ménager et de l'approvisionnement (achats du mois, courses courantes), les domaines des grandes décisions et de l'équipement relèvent d'une négociation conjugale. Un des facteurs les plus puissants pour expliquer cette dualité est le niveau des ressources relatives de l'épouse. Lorsqu'une femme a une dot culturelle supérieure à celle de son mari, elle prend davantage de décisions que lorsqu'elle a un diplôme inférieur à celui de son conjoint.

Le beau mariage engendre un sentiment d'exclusion du pouvoir chez la femme, quelle que soit sa dot. Pour les femmes bachelières, par exemple, le poids des femmes dominées ou d'intérieur passe du simple pour celles qui sont mariées à un homme non bachelier au double pour celles qui ont épousé un homme ayant fait des études supérieures. La forme des relations conjugales résulte d'un rapport de force symbolique entre les conjoints, lui-même fonction du type de mariage réalisé. Les ressources culturelles dont bénéficie la femme si elle est mieux dotée lui servent à prendre le pouvoir, ou plus précisément à étendre sa zone d'influence au-delà des secteurs traditionnellement considérés comme féminins. Par contre, une balance culturelle défavorable la cantonne dans ces secteurs sans lui donner prédominance dans les autres domaines de la vie familiale. Réussir son mariage suivant les critères sociaux de l'élection matrimoniale condamne la femme à s'aligner par la suite sur son partenaire. Cet insuccès — en termes d'appropriation du pouvoir — est ambigu, car il peut très bien signifier un succès — en termes d'ascension sociale. En laissant à son partenaire le soin de décider, la femme bien mariée se soumet à des normes « supérieures » (provenant d'une personne culturellement supérieure). Son univers familial s'enrichit donc par rapport à son univers de référence — sa famille d'origine. Dans une logique de la défense de ses intérêts sociaux, il n'est pas évident qu'une telle dépossession de la femme moins bien dotée soit pour elle une défaite : vaut-il mieux prendre le pouvoir ou se plier à la volonté du partenaire fortuné ? Le profit que rapporte le capital d'autorité équivaut-il au profit qui dérive d'une excellente valorisation médiate ? Les travaux sur le pouvoir domestique (G. W. McDonald, 1980) oublient souvent de s'interroger sur le sens des rivalités conjugales pour chaque partenaire. Or il est vain d'indiquer les vainqueurs et les perdants lorsque n'est pas précisé l'enjeu social de la lutte. Les femmes bien mariées, en déclarant ne pas avoir la prépondérance dans les grandes décisions du couple, ne sont pas uniquement victimes d'un rapport de force défavorable. Elles sont « dominées » aussi parce qu'elles ont intérêt à ce que le programme d'action conjugale ne soit pas fixé par elles seules. Une excellente valorisation médiate par le mari — dans le cas d'un beau mariage — exige un renoncement. Inversement, les femmes « mal mariées » peuvent, grâce à leur dot supérieure, modeler leur famille selon leur vision du monde, et ainsi ne pas déchoir. La manière dont les capitaux sont échangés sur le marché matrimonial importe, car elle fixe en partie les objectifs du couple et les armes de chacun.

DES INTÉRÊTS PLUS ÉLEVÉS

Les femmes bien mariées empruntent plus souvent que les autres les traits des femmes au foyer, des femmes d'intérieur, des femmes dominées. Toutes ne ressemblent pas à ce portrait-robot. Certaines femmes qui ont réalisé un excellent échange matrimonial poursuivent néanmoins une activité salariée. Elles se distinguent alors par un rendement supérieur de leur dot scolaire sur le marché du travail. Leur union avec un homme mieux doté semble créer les conditions d'une émulation et d'une socialisation telles que leurs chances d'accès à une position supérieure augmentent. Parmi les femmes mariées et salariées qui ont poursuivi des études jusqu'à l'âge de 24 ans, celles qui ont fait un beau mariage sont cadres supérieurs dans deux tiers des cas, celles qui ont fait un mariage ordinaire, dans un sixième des cas[5] :

Rendement de la dot féminine sur le marché du mariage	*Chances d'être cadre supérieur pour une femme ayant poursuivi des études jusqu'à 24 ans*
Imparfait	4 %
Equilibré	16 –
Excellent	66 –

Pour les hommes, la relation entre type d'union et rendement professionnel est identique. Parmi les hommes mariés et salariés qui ont poursuivi des études jusqu'à 24 ans, ceux qui ont fait un beau mariage devien-

5. Exploitation secondaire de l'enquête FQP de l'INSEE, 1970, ensemble des hommes et femmes mariés et actifs de 35-52 ans.

nent cadres supérieurs quatre fois plus souvent que ceux qui ont fait un mauvais mariage :

Rendement de la dot masculine sur le marché du mariage	*Chances d'être cadre supérieur pour un homme ayant poursuivi des études jusqu'à 24 ans*
Imparfait	20 %
Equilibré	51 –
Excellent	85 –

Excellence de la valorisation médiate par le conjoint et excellence de la valorisation directe par le travail salarié sont largement compatibles, pour ceux et celles qui ont une activité professionnelle. Les fonctionnaires, filles de cadres moyens qui ont épousé un cadre supérieur occupent un emploi de catégorie A (cadre supérieur) dans plus d'un tiers des cas, celles qui ont élu un cadre moyen n'appartiennent à cette catégorie que dans moins d'un dixième des cas[6]. Pour les femmes qui (comme les hommes) ont conservé leur livret personnel, avoir réussi une bonne affaire au moment du mariage ne leur interdit pas de renouveler une telle opération sur le marché du travail. Le cumul est possible. L'enregistrement de la forte relation entre forme de l'union et rendement professionnel ne doit pas être entièrement mis au crédit des suites du beau mariage. Une femme qui a élu (et été élue par) un homme mieux doté scolairement qu'elle possède sans doute d'autres richesses, moins aisément perceptibles par l'enquête (capital esthétique, capital relationnel), bien que les effets positifs apparaissent après quelques années de vie conjugale. Quoi qu'il en soit, il est certain qu'une femme, salariée, n'est pas spoliée par la nature de son choix matrimonial. Un beau mariage ne lui fait pas perdre pour autant tout espoir de réussite professionnelle.

Le prix du beau mariage

Précédemment un des coûts du mariage pour la femme a été défini par la différence entre le rendement professionnel de sa dot scolaire et celui de la dot d'un homme marié. Ce coût varie en fonction du type de

6. *Recensement des agents de l'Etat et des collectivités locales*, coll. « D. 46-46 », INSEE, Paris, 1976.

mariage. Mesuré par le rapport entre les probabilités de devenir cadre pour une femme et un homme, ce coût diminue en cas de beau mariage. Les femmes qui convertissent mieux leur dot scolaire en valeur matrimoniale ressemblent davantage que les autres femmes aux hommes, du point de vue de la carrière professionnelle[7].

Quand le mariage a été une bonne opération de change pour la femme, il est associé ensuite à une moindre dévaluation professionnelle, si le placement de sa dot scolaire sur le marché du travail est maintenu. Le beau mariage diminue les dommages engendrés par la vie conjugale. L'écart entre les femmes et les hommes qui ont fait un beau mariage est plus faible que l'écart entre les femmes et les hommes qui ont fait un mariage ordinaire. L'excellence du choix matrimonial profite-t-elle davantage aux femmes qu'aux hommes? Il est difficile de l'affirmer dans la mesure où la sélection, l'autosélection des femmes « mieux » mariées est plus forte que celle des autres femmes, les premières étant moins souvent salariées. Pour les femmes bien mariées, le travail professionnel est retenu surtout lorsqu'il est suivi d'un excellent rendement du patrimoine scolaire. En cas d'incohérence entre leur bon résultat matrimonial et leur placement professionnel, elles préfèrent abandonner leur activité. Leur exigence plus élevée, visible par le choix matrimonial, s'étend jusqu'au territoire professionnel. Les femmes moins bien mariées poursuivent au contraire leur activité, même si celle-ci n'est pas aussi rentable.

DES FEMMES ASSURÉES

Les femmes bien mariées et les autres diffèrent dans la gestion de leur fortune bien au-delà du moment où elles ont choisi un partenaire. Comment expliquer une telle partition dans l'ensemble des femmes? Les premières se spécialisent-elles davantage dans la valorisation indirecte de leur capital, ce qui demande le meilleur rendement matrimonial possible? Pourtant les femmes bien mariées et salariées obtiennent aussi sur le marché du travail des dividendes supérieurs. Ne faut-il pas voir les effets d'une compétence spécifique, inégalement répartie, la maîtrise de la négociation sociale? Toutes choses étant égales par ailleurs, des

7. Pour les individus qui ont poursuivi leurs études jusqu'à 19 ans, cet indice est de 0,37 pour ceux et celles qui ont fait un mariage désavantageux, de 0,63 en cas de mariage ordinaire et de 0,97 en cas de beau mariage.

femmes contrôleraient mieux leurs stratégies de promotion personnelle et sociale, de reconnaissance de leur valeur sur les deux marchés du mariage et du travail. Les femmes bien mariées appartiendraient à ce groupe plus souvent que les autres femmes. Le fait que les premières n'imposent pas leur vision du monde dans leur ménage ne dément pas cette interprétation. Elles sont dominées par leur mari, car ce dernier est le support de leur ambition. Elles s'inclinent dans un mouvement paradoxal afin de protéger leur ascension! Par contre, une telle modestie féminine dans le monde du travail contrecarrerait leur projet. Si cette hypothèse est fondée, les femmes bien mariées devraient plus que les autres sur le marché du travail se servir de cette aptitude à négocier au mieux en fonction de leurs intérêts personnels. Cette expression de soi, cette compétence spécifique, peut être approchée par un indicateur, l'assurance revendicatrice. Mueller, Parcel et Pampel (1979) mesurent cette assurance par le « rapport à l'égalité des droits » *(support for equal rights)*, à partir des réponses féminines à quatre questions :

— Une femme doit-elle avoir exactement les mêmes possibilités professionnelles qu'un homme?
— Au travail, un homme doit-il refuser de travailler sous les ordres d'une femme?
— Les hommes et les femmes doivent-ils recevoir la même rémunération s'ils font le même travail?
— Les femmes doivent-elles être considérées aussi sérieusement que les hommes pour occuper des postes importants et « masculins »?

Cette affirmation de soi, associée au refus de la domination masculine dans le domaine professionnel, varie en fonction du type de mariage réalisé. Les scores les plus élevés d'assurance revendicatrice sont obtenus par les femmes qui ont défendu au mieux leur valeur matrimoniale[8]. Les femmes qui, sur le marché du mariage, font évaluer leur capital au meilleur prix d'échange sont également celles qui, sur le marché du travail, demandent à être traitées aussi bien que les hommes. Elles affirment plus fortement leurs droits que les autres femmes mariées. Pour elles, le beau mariage ne constitue pas une fin en soi; il n'est qu'une étape dans un processus d'amélioration de leur statut social. Une excellente valorisation par le choix du mari ne les satisfait pas, elle forme les prémices d'une autre conquête — celle du monde du travail. Ces femmes

8. Exploitation secondaire des données de Mueller, Parcel, Pampel, 1979.

adoptent au cours de leur vie, pour défendre leurs intérêts, des attitudes contradictoires en apparence : dominées à la maison, assurées au bureau. Pour elles, le bilan du beau mariage est positif, grâce au cumul des intérêts élevés d'un livret professionnel et des intérêts élevés d'un livret ouvert au nom de leur mari. Le bilan, par contre, est plus équivoque pour les femmes sans activité salariée, sous-ensemble important du groupe des femmes bien mariées. Leur succès matrimonial les conduit à abandonner leur travail professionnel, ce dernier apparaissant à leurs yeux et à ceux de leur mari comme trop inférieur et dévalorisant. Repliées sur l'univers domestique, elles ne prétendent pas, pour autant, être de véritables « maîtresses de maison », à moins de mettre en péril leur valorisation médiate.

2 / Beau mariage, bon mariage ?

Contracter un beau mariage forme une assurance contre les risques du désenchantement conjugal. Ce type d'union produit en effet une satisfaction supérieure à celle des autres associations. Calculé en demandant aux individus interrogés d'exprimer leurs sensations ressenties devant leur vie conjugale (L. I. Pearlin, 1975), le stress conjugal varie selon le type de mariage. Il est moins fort pour le partenaire qui a fait un beau mariage. Les femmes en ascension par le mariage sont plus satisfaites de leur vie conjugale que les femmes en descente sociale. D'autre part les premières sont plus heureuses en ménage que les hommes qui les ont épousées, tout comme les hommes qui ont fait un beau mariage ont un stress plus faible que leurs épouses. Le conjoint qui épouse un partenaire mieux doté socialement perçoit le fonctionnement conjugal de manière positive, et au contraire celui qui s'est marié avec un conjoint moins bien doté déclare être davantage déçu.

Le cumul du beau mariage et du bon mariage ne semble pas exclu. Les époux dont l'union a marqué un mouvement ascendant sont les plus heureux dans le domaine familial. Quand le mariage répond aux intérêts de l'un des conjoints en lui permettant d'améliorer la position de sa famille d'origine, il produit chez ce bénéficiaire un attachement à l'autre partenaire qui lui a procuré cette reconnaissance sociale. A l'inverse, le partenaire qui n'a pas su au moment de l'élection matrimoniale protéger suffisamment sa valeur retraduit cet échec relatif en dessinant sous des traits négatifs son conjoint et la vie avec celui-ci.

L'ALCHIMIE AMOUREUSE

Le beau mariage ne provoque pas systématiquement une vision enchantée de la vie conjugale et du partenaire. Seules les personnes les plus sensibles à la réussite sociale ont ce regard ravi. La relation entre type de mariage et satisfaction conjugale ne prend sens qu'en référence à l'attention que l'acteur social accorde à sa trajectoire ascendante (le *status striving* selon Pearlin). Le beau mariage n'augmente la satisfaction que dans les cas où les personnes ressentent positivement la mobilité sociale ascendante. Le portrait du conjoint est flatteur lorsqu'il est dessiné par ceux et celles qui ont fait un beau mariage et qui sont sensibles à la réussite sociale. Par exemple, ce partenaire a beaucoup plus de chances d'être jugé comme un « conjoint équitable » :

	Conjoint jugé « équitable » par les individus	
En cas de	*sensibles à l'ascension sociale*	*insensibles à l'ascension sociale*
Beau mariage	54 %	39 %
Mariage ordinaire	23 -	46 -

Ceux qui déclarent tenir à leur statut social et qui l'ont manifesté par leur choix du conjoint voient leur partenaire comme un interlocuteur attentif, un confident, une personne jouant le rôle de « thérapeute » et de soutien. Un domaine échappe toutefois à l'embellissement, celui des relations sexuelles. Les individus ayant une forte aspiration sociale et ayant contracté un beau mariage ne sont pas plus satisfaits sexuellement de leurs partenaires que les autres individus. Cela signifie-t-il une plus forte indépendance de la dimension sexuelle dans le système des échanges conjugaux ou une plus forte indifférence de la part des conjoints en ascension ?

A l'exception de la vie sexuelle, le conjoint grâce auquel la personne a pu améliorer sa position sociale est paré de qualités qui le font devenir « bon époux » ou « bonne épouse ». Inversement, les individus peu sensibles à l'ascension sociale perçoivent un conjoint plus fortuné moins bien qu'un autre, ils préfèrent un être qui leur ressemble du point de vue de la valeur sociale. L'indulgence conjugale dépend donc de deux facteurs : la position relative au sein du couple, l'intérêt accordé à la réussite sociale. L'acteur qui, désireux d'améliorer son statut, y est parvenu grâce à son mariage créditera son conjoint d'un ensemble de qualités : ce dernier apparaîtra attentif, juste, proche. La valeur sociale supérieure de ce conjoint, dans ce cas, se modifiera magiquement en valeurs psychologiques. La personne « mal mariée » fait une mauvaise affaire sociale ou culturelle et une excellente opération relationnelle. Son échange matrimonial défavorable devient, sous un autre angle, favorable. Pour la personne bien mariée, c'est l'inverse : elle vit avec quelqu'un qui l'enchante mais qui porte en retour sur elle un regard critique.

FEMMES SENSIBLES

Une alchimie sociale garantit de merveilleuses propriétés au conjoint qui fournit à son partenaire l'occasion de réaliser son rêve d'ascension. Cette perception euphorisante se manifeste-t-elle plus chez les épouses comblées que chez les époux ? Prendre en considération le sexe des conjoints est nécessaire car le mariage revêt des significations différentes pour les femmes et pour les hommes. Il n'a pas le même poids dans le processus d'acquisition du statut des uns et des autres. Alors que pour les femmes, même actives, l'alliance constitue un des supports majeurs de l'identité sociale, le mariage joue un rôle plus modeste dans la détermination du statut masculin. Un homme qui accorde de l'importance à son statut peut ne pas investir affectivement autant dans les relations avec sa partenaire supérieure dans la mesure où il ne perçoit pas ces relations comme le moyen privilégié de sa mobilité. Une femme, au contraire, s'estime davantage redevable vis-à-vis de son partenaire et éprouve en contrepartie plus d'affection.

S'il est vrai que les désaccords transformant la relation conjugale en rapport hostile et antagonique apparaissent moins nombreux aux conjoints qui ont fait un beau mariage, cela est plus sensible chez les femmes. Par rapport à la fréquence des conflits entre conjoints, l'écart entre femmes bien mariées et femmes moins bien mariées est plus important que l'écart entre hommes bien mariés et hommes moins bien mariés (dans le sous-ensemble des personnes sensibles à la mobilité sociale ascendante)[9].

9. Exploitation secondaire des données de S. R. Jorgensen, 1977.

En cas de	*Score élevé de conflit pour les*	
	femmes	*hommes*
Beau mariage	27 %	35 %
Mariage ordinaire	75 –	46 –

Les femmes procèdent plus que les hommes à une retraduction de leurs bénéfices sociaux en biens affectifs. Avoir fait une bonne affaire matrimoniale et discerner ensuite sa vie conjugale comme très conflictuelle sont incompatibles principalement pour les femmes.

Le recrutement des femmes mécontentes de leur vie conjugale, pleine de tiraillements, s'opère surtout auprès de :

— celles qui bien qu'ayant un haut niveau d'aspiration ont fait un mariage ordinaire (trois quarts déclarent des discordes fréquentes);
— celles qui bien qu'ayant un faible niveau d'aspiration ont fait un beau mariage (deux tiers);

et par contre beaucoup moins auprès de :

— celles qui ayant un haut niveau d'aspiration ont fait un beau mariage (un quart);
— celles qui ayant un faible niveau d'aspiration ont fait un mariage ordinaire (un tiers).

Les contradictions entre le projet social et sa réalisation dans le mariage provoquent une profonde insatisfaction et un dysfonctionnement.

Une femme assez indifférente à l'amélioration de son statut qui a néanmoins épousé un homme situé plus haut que son père déclare avoir beaucoup de conflits dans son couple. Peu sensible à la logique de la distinction sociale et sans doute centrée sur la vie familiale, elle est, peut-être, déçue par les attitudes de son mari trop centré sur la vie de travail. Elle n'a pas la même définition que son partenaire du « bon mari », celui-ci accordant une place trop importante à son rôle de pourvoyeur de revenus monétaires et symboliques.

Un beau mariage devient plus aisément un bon mariage lorsque le choix du conjoint a un poids prépondérant dans la mise en valeur du patrimoine personnel. La valorisation médiate par le mari étant supérieure à la valorisation médiate par l'épouse, les femmes éprouvent plus que les hommes un sentiment de reconnaissance, le transformant en indulgence vis-à-vis du fournisseur de telles ressources sociales. Epouser un beau parti déclenche chez les femmes ambitieuses une attitude dénuée d'agressivité. Leur bienveillance naît de leur gratitude. Le récit de Nadine de Rothschild (très inférieure socialement à son mari, Edmond) illustre ce processus : « Voilà vingt-quatre années que je partage la vie d'Edmond... Je profite pleinement des chances inouïes que m'a données la vie. Mais il y a une chose que je n'ai jamais perdue de vue : je ne me considère pas comme une femme riche, je suis la femme d'un homme riche. Rien ne me semble acquis. Il faut envelopper de soie ce à quoi l'on tient, si l'on ne veut risquer de retrouver un jour ses beaux trésors cassés. » Aussi essaie-t-elle de se conformer entièrement aux désirs de son mari : « L'équation est simple : il aime, donc vous aimez. Dormir la fenêtre grande ouverte quand la neige entre par gros flocons... Je me plie à ses exigences et je ne peste pas... Je marche droit, bon petit soldat. » Quelquefois ses amies, d'origine plus haute, s'étonnent : « Comment supportes-tu cela ? », elle ne se plaint pas : « Je suis logée, blanchie, nourrie, et je lui en sais gré. » Elle a remis son sort entre les mains de son mari ; sans lui, elle retombe, dit-elle, « à zéro ». Elle supporte le besoin que son époux a « de piquer les attentions et la tendresse dont il ne cesse de l'entourer de multiples épines, inévitables comme celles des roses »[10].

Pour les hommes, même si la différence est moins sensible, le beau mariage déclenche également un certain enchantement. La dénivellation sociale en leur défaveur qui pourrait atteindre leur identité de « chef de famille » ne leur rend pas insupportable la vie conjugale : l'insatisfaction conjugale du mari n'augmente pas quand sa femme est supérieure (J. G. Richardson, 1979). Le regard tolérant caractérise les hommes et les femmes dont le mariage est en accord avec leur niveau d'aspiration. Cette indulgence dont font preuve les conjoints bien mariés prend sens en référence à l'impossibilité plus grande qu'ils ont de faire défection. Le succès social que fut leur alliance les rend plus pacifiques. Ils ne veulent pas prendre le risque de la séparation, ni la concevoir, rien ne leur garantissant qu'une telle affaire matrimoniale puisse se reproduire.

10. N. de Rothschild, *La baronne rentre à cinq heures*, Paris, J.-C. Lattès, 1984.

Le bilan du beau mariage est ambivalent, comme celui du mariage. Une femme qui a élu un homme de valeur supérieure à la fois protège mieux et moins bien ses intérêts qu'une femme qui a choisi un homme de valeur égale ou inférieure à elle :

— s'il est vrai que la réussite sur le marché du mariage n'interdit pas un excellent rendement des richesses féminines sur le marché du travail, elle en limite la possibilité. Le taux d'activité des femmes bien mariées est plus faible, la dépendance objective vis-à-vis du mari augmente;
— s'il est vrai que la réussite sur le marché du mariage se prolonge par un excellent rendement médiat par le conjoint, ce mouvement ascensionnel exige la sujétion. Les femmes bien mariées pensent avoir moins de pouvoir au sein de leur ménage, la dépendance subjective vis-à-vis du mari augmente.

Le prix d'un beau mariage n'est pas systématiquement plus élevé pour une femme que le prix du mariage. Tout dépend, encore une fois, du poids donné à la colonne « revenus directs » dans la comptabilité, et à sa retraduction symbolique dans les relations conjugales, avec les deux pôles de l'autonomie personnelle et de la dépendance.

troisième partie

l'amour et le capital

Pour des raisons méthodologiques on a été conduit, comme dans le conte allemand *Le cœur froid*, à opérer les acteurs sociaux pour mettre à la place de leur cœur une pierre. Ce parti pris a été choisi, on s'en souvient, pour ne pas fausser les comptes. Prendre l'amour (ou la haine) comme un capital c'était s'interdire de comprendre comment la valeur sociale de la femme était ou non préservée par la vie conjugale. On ne voulait ni définir un plaisir, une joie, un regard affectueux entre époux comme des illusions servant à masquer le prix du mariage pour les femmes, ni poser *a priori* l'équivalence entre un bénéfice culturel et un moment de bonheur, entre un investissement social et un investissement amoureux. Cette mise entre parenthèses de l'amour conjugal ne signifie pas que la dimension affective n'interfère pas avec la gestion des ressources sociales des deux partenaires. Dans la réalité, les deux niveaux sont connectés. M. Le Trouhadec, héros de Jules Romains[1],

1. J. Romains, *M. Le Trouhadec saisi par la débauche*, Paris, Gallimard, 1924.

l'a appris à ses dépens. Ce professeur de géographie au Collège de France, après une longue vie de célibataire, tombe amoureux d'une jeune comédienne, Rolande. Celle-ci le dédaigne jusqu'au moment où elle apprend qu'il a gagné au jeu et qu'il est devenu riche :

> — « Je vous aime bien aussi... C'est plus que de l'affection; je me connais. Vous me croyez au moins ? D'ailleurs une femme peut donner des preuves de ses sentiments. Dieu merci ! des preuves qui ne laissent pas un homme incrédule. »

Le Trouhadec comprend que Rolande règle son amour sur l'état de son porte-monnaie, aussi résiste-t-il à ses « avances » tardives. Rolande s'inquiète, elle craint des rivales :

> — « Il faut vous méfier. Il y a ici une nuée de femmes très dangereuses qui vont maintenant se jeter sur vous. Elles vous déclareront tout ce que vous voudrez. Si vous croyez que c'est le sentiment qui les pousse ! C'est à vos cent mille francs qu'elles en veulent. Ah ! vous seriez bien aveugle, vous seriez stupide si vous ne voyiez pas clair dans leur jeu et si (elle sanglote tout à fait) vous alliez sacrifier une affection déjà ancienne. »

Rolande n'est pas la seule personne séduite par le capital. L'analyse du beau mariage ne nous a-t-elle pas révélé d'autres cas d'alchimie amoureuse ? Si les relations entre valeur et amour prenaient toujours cette forme simple, les personnes exclues du marché matrimonial devraient être les plus pauvres, or les femmes célibataires sont au contraire celles qui possèdent la plus forte dot scolaire ou sociale. Comment rendre compte de ce célibat féminin spécifique ? Par un refus des femmes riches de payer le prix du mariage auquel sont soumises les autres femmes ? Ou par des effets pervers de l'accumulation des ressources scolaires (chap. 8) ?

La constitution d'une fortune sociale et ensuite sa gestion ne font pas toujours, pour leur propriétaire, bon ménage avec les sentiments. Dans *L'amour et M. Lewisham*[2], H. G. Wells envisage une telle éventualité. Le héros de ce roman, d'origine modeste, veut réussir dans la vie grâce à l'obtention d'un diplôme de bachelier ès lettres. Aussi programme-t-il un schéma d'avenir et un emploi du temps. Il se lève tous les jours à 5 heures pour travailler et se réjouit car il gagne trois heures de savoir sur autrui. Un jour, il rencontre Ethel et l'aime. Il est

2. H. G. Wells, *L'amour et M. Lewisham*, Paris, Mercure de France, 1911.

persuadé qu' « Elle était son Inspiration et qu'il travaillerait mille fois mieux qu'il n'était capable de travailler pour lui-même ». L'amour le distrait en fait, et M. Lewisham doit réviser en baisse les objectifs du plan qu'il s'était fixé. L'entrée à l'université — « entrée si longtemps désirée, cette porte menant à toutes les grandes choses » — est ajournée. Amour, mariage, carrière ne sont pas automatiquement en harmonie : la défense de la valeur sociale a des exigences, la sauvegarde de l'amour aussi. La cohabitation, vie commune sans mariage, peut être appréhendée comme un moyen de concilier pour certains acteurs sociaux ces deux contraintes (chap. 9).

8

les effets pervers de la dot scolaire

> Pourquoi suis-je une fille?... Moi qui suis assez intelligente pour faire n'importe quoi, je suis condamnée fatalement à l'impasse du mariage. Si j'étais née cent ans plus tard, tout aurait bien été, mais maintenant qu'est-ce qui m'attend? Je dois me marier, cela va de soi.
>
> F. Scott Fitzgerald,
> *L'envers du paradis*, 1920.

L'EXEMPTION DES CHARGES CONJUGALES?

Des femmes sont célibataires. Avant la croissance de la cohabitation des années 70[1], elles sont environ 10 % à ne pas avoir contracté mariage à l'âge de 35 ans. La production de ce célibat, sous le régime du mariage amoureux, ne doit pas *a priori* différer de celle du célibat sous le régime du mariage d'intérêt. En effet, l'amour n'a pas supprimé les inégalités sociales devant le beau mariage. Le produit « mari cadre supérieur » n'est pas à la portée de toutes les bourses de jeunes filles. Le produit « mariage » doit être, lui aussi, davantage accessible aux femmes munies d'un capital minimum. C'est ce que prévoit la théorie de la *feasability* (A. Dixon, 1971) : le célibat résulte d'une exclusion du marché du mariage pour des raisons d'infortune sociale. Seules les personnes ayant un niveau suffisant de ressources peuvent se marier.

1. Analysée au chap. 9.

N'est-ce pas ce qui s'observait lorsque les mariages étaient conclus explicitement en fonction des intérêts des lignées familiales ? Ainsi par exemple, sur une petite île grecque à la fin du XIXᵉ siècle, les filles de Canacares (qui possédaient les grands champs de la vallée) étaient moins souvent célibataires que les filles de paysans pauvres ou les filles de bergers (B. Vernier, 1977).

A l'époque contemporaine, la relation entre valeur féminine et mariage s'inverse : les femmes les plus riches en capital social ou culturel sont plus souvent célibataires que les autres femmes. Tout se passe comme si elles pouvaient échapper au mariage, à la manière des hommes riches qui pour éviter la conscription pouvaient avoir recours au remplacement. Le mariage aurait-il perdu tout attrait pour les femmes malgré les jeux de l'amour ? La fortune féminine servirait à échapper aux pièges de la dépendance maritale. Cette hypothèse ne rend cependant pas compte des tentatives que ces femmes célibataires font pour se marier, en ayant recours aux petites annonces, aux agences matrimoniales, à des espaces comme les voyages organisés ou les clubs de vacances. Les femmes célibataires n'éprouvent pas toutes de la répulsion face au mariage amoureux et à la vie conjugale. Alors, pourquoi ce célibat des femmes riches ? Pourquoi ce paradoxe de la dot scolaire qui conduit les femmes qui en possèdent le plus à ne pas pouvoir, à ne pas vouloir la placer sur le marché du mariage ?

1 / Femmes diplômées, femmes dangereuses

LE CÉLIBAT MASCULIN ET LA PAUVRETÉ SOCIALE

Les études sur le célibat portent souvent sur les hommes. Le fait d'être marié est pris comme indicateur de la valeur sociale d'un homme, puisque celle-ci autorise l'accès au mariage. « Les difficultés à se marier constituent l'un des indices les plus révélateurs de la multiplicité des infériorités qui frappent » certaines fractions sociales (J.-L. Brangeon, G. Jegouzo, 1974, 1978). La pauvreté enferme les siens dans un cercle vicieux qui les prive de ce capital spécifique, le capital matrimonial. Ce dernier peut être approché par l'identité positive que les personnes mariées ou vivant en couple reçoivent, comparativement aux personnes célibataires. Ainsi, pour des étudiants en psychologie les qualités de la sociabilité, de la séduction par exemple sont plus souvent attribuées à ceux qui sont entrés en mariage (C. Etaugh, J. Malstrom, 1981).

Les hommes les plus fortunés ont choisi le mariage. Dans la classe d'âge des 40-49 ans (classe d'âge considérée comme celle du célibat définitif), le poids des hommes cadres moyens et supérieurs est deux fois plus lourd dans le groupe des mariés que dans le groupe des célibataires[2] : respectivement 34 % et 17 %.

Deux facteurs favorisent le célibat masculin, l'exercice d'un métier agricole et une position basse dans la hiérarchie des salariés. Le mariage semble plutôt incompatible avec le métier d'agriculteur. Cette exclusion des agriculteurs du mariage résulte d'un évitement féminin vis-à-vis d'une telle alliance, trop associée à des contraintes de travail. Cependant c'est la catégorie statistique « agriculteurs exploitants » qui construit cette relation, car le taux de célibat « définitif » chez les chefs d'exploitation varie avec la surface de leur exploitation. Un tiers des chefs d'exploitation de moins de 5 ha sont célibataires contre 5 % de ceux qui ont plus de 50 ha. L'écart entre les probabilités de se marier pour un paysan riche et un paysan pauvre est plus grand que l'écart entre les chances de mariage pour un cadre supérieur et celles d'un ouvrier spécialisé (à 40-49 ans)[3].

Dans l'univers du salariat les hommes situés les plus hauts, et dans le monde agricole les agriculteurs les mieux pourvus en terres restent moins célibataires. Le statut social d'un homme s'entrelace avec son destin matrimonial : l'appartenance masculine aux fractions supérieures de la hiérarchie salariale ou agricole conduit plus souvent au mariage que l'appartenance aux fractions inférieures des classes populaires, urbaines ou rurales. La logique de l'exclusion matrimoniale constatée dans d'autres cultures et à d'autres périodes se maintient inchangée sous le régime de l'amour obligatoire dans le mariage. La sélection matrimoniale des maris apparaît nettement établie selon le volume de leurs richesses. La reconnaissance de sa valeur par le mariage, pour un homme, dépend du niveau de cette valeur : moins celle-ci est élevée et plus il risque de ne pas se placer sur le marché matrimonial. Le mariage contemporain demeure un privilège pour

2. Recensement de la population, INSEE, 1982.

3. D'après D. Courgeau, E. Lelièvre, 1986, il y a bien, cependant, un effet propre des « contraintes de l'agriculture » sur la nuptialité masculine.

les hommes. Comparé au taux de célibat moyen de célibat masculin (base 100), l'indice pour les cadres supérieurs est de 32, pour les ouvriers qualifiés de 79, pour les ouvriers spécialisés de 99 et pour les manœuvres de 200[4]. Le célibat masculin est en quelque sorte un chômage matrimonial. Sur le marché du mariage comme sur le marché du travail, les chances de se placer sont fonction de la dot scolaire ou sociale. Les femmes, comme les employeurs, semblent peu apprécier le charme des hommes pauvres, ces derniers ne peuvent pas faire contre mauvaise fortune bon cœur.

LE CÉLIBAT FÉMININ ET LA RICHESSE SOCIALE

Le recrutement des femmes célibataires diffère de celui des hommes célibataires. Comparativement aux femmes mariées, les femmes célibataires occupent plus des postes de cadres[5] : respectivement 39 % et 22 %.

Les professions indépendantes semblent inaccessibles aux femmes qui n'ont pas contracté mariage. Pour les femmes salariées, le célibat est plus fréquent en haut de la hiérarchie. Comparé au taux moyen de célibat féminin (base 100), l'indice de célibat progresse des femmes ouvrières (92) aux femmes cadres moyens (173) et aux femmes cadres supérieurs (231)[6]. Alors que, sur le marché du travail, une dot scolaire favorise le placement, sur le marché du mariage, c'est le contraire. A 35 ans, une femme dotée du certificat de fin d'études a 5 chances sur 100 d'être célibataire, une femme ayant au moins une licence, elle, en a 18[7].

L'inégalité sociale des femmes devant le mariage ne reflète pas leur inégalité devant le travail. Contrairement aux hommes, les femmes fortunées sont moins souvent élues comme conjoints. Destin conjugal et destin professionnel s'unissent de manière opposée selon les sexes. Le fait qu'au sein de la catégorie « cadres et professions intellectuelles supérieures » il y ait plus d'hommes mariés et de femmes célibataires que d'hommes célibataires et de femmes mariées ne résulte pas uniquement des effets de la vie conjugale. Les principes de sélection

4. Exploitation secondaire de l'enquête FQP, 1970, INSEE, ensemble des actifs de 35-52 ans.

5. Recensement de la population, INSEE, Paris, 1982.

6. Enquête FQP, 1970, INSEE, ensemble des actives de 35-52 ans.

7. Pour les femmes nées entre 1940 et 1944, enquête « Famille », 1982, INSEE. Cf. G. Desplanques (1985).

matrimoniale ne sont pas les mêmes pour les hommes et pour les femmes. Les « stocks » du marché du mariage le révèlent : les hommes et les femmes disponibles ne se correspondent pas du point de vue de leurs capitaux. Les agences matrimoniales cachent ce déséquilibre pour attirer la clientèle des femmes diplômées. Elles proposent en devanture — c'est-à-dire dans les annonces qu'elles publient — des hommes, eux aussi, cadres ou diplômés. Mais la vitrine est trompeuse : « tout ce qui est dans le magasin » (le fichier) n'est pas montré, cela découragerait les éventuelles clientes. Ainsi une femme inscrite de niveau universitaire n'a reçu de son agence en quatre mois que 5 fiches masculines, alors qu'un homme de niveau comparable en a reçu 150 pendant la même période[8].

Le mariage apparaît comme un bien ambigu, destiné aux hommes les plus fortunés et aux femmes les moins dotées[9].

Valeur professionnelle	*Taux d'entrée dans le mariage pour les* hommes	*Taux d'entrée dans le mariage pour les* femmes
Ouvrier	↓ 88 %	↑ 92 %
Profession intermédiaire	95 –	85 –
Cadre	96 –	82 –

Les hommes cadres accèdent plus à la vie conjugale que les hommes ouvriers; les femmes cadres, au contraire, vivent plus souvent seules que les femmes ouvrières. Le principe du « minimum matrimonial » ne s'applique pas pour les femmes, il s'agirait plutôt du principe du « maximum matrimonial » au-delà duquel le mariage devient plus rare. Ainsi à la différence des titres scolaires les plus cotés qui sont recherchés par ceux et celles qui possèdent le plus de richesses sociales, le mariage est convoité par les femmes les plus démunies socialement ou culturellement. L'analogie du mariage avec un placement financier fonctionne moins bien pour les femmes que pour les hommes. Pourquoi la relation entre patrimoine possédé et investissement conjugal s'inverse-t-elle selon les sexes? Pourquoi les porteuses de grand capital

8. M. Duteil, *Le marché de la solitude*, Paris, Denoël, 1979.
9. Recensement de la population, INSEE, 1982, classe d'âge des 40-49 ans.

font-elles moins cette opération matrimoniale ? Trois interprétations, contradictoires, peuvent être avancées. Les femmes les plus fortunées seraient davantage célibataires :

— soit parce qu'elles parviendraient moins souvent que les autres femmes à faire un bon placement matrimonial;
— soit parce qu'elles refuseraient de faire un placement jugé trop risqué;
— soit parce que leurs propositions matrimoniales seraient repoussées, les hommes les estimant trop dangereuses.

L'IMPOSSIBLE MOBILITÉ ASCENDANTE PAR LE MARIAGE

Des sociologues (Z. Rubin, 1968 ; N. D. Glenn, A. Ross, J. Tuly, 1974) estiment que le mariage des femmes s'opère « de bas en haut », c'est-à-dire se solde par une mobilité ascendante. Les femmes essaient de choisir un mari qui leur assure une ascension sociale parce qu'elles ont moins de chances de la réaliser par leur activité salariée, étant donné la division sexuelle du travail. A cette spécialisation correspondent deux formes de mobilité sociale, les femmes l'effectuant plutôt sur le marché du mariage, les hommes plutôt sur le marché du travail.

L'extrapolation d'une telle hypothèse permet de comprendre pourquoi les hommes de faible valeur sociale restent célibataires. Choisir un mari au sein de ce groupe interdit pour une femme toute promotion réelle ou imaginaire. G. Orwell note qu'un trimardeur « se trouve condamné à un perpétuel célibat. Car cela va sans dire, s'il ne trouve pas de femme à son niveau social, celles qui se trouvent si peu que ce soit au-dessus de lui sont aussi inaccessibles que la lune. Ce n'est pas le lieu, ici, d'approfondir la question, mais il s'est avéré que jamais, ou presque jamais, une femme ne jette les yeux sur un homme beaucoup plus pauvre qu'elle »[10]. La perspective des mouvements sociaux associés au mariage éclaire bien le handicap des hommes peu dotés mais n'explique pas celui des femmes très dotées. Pourquoi ces femmes qui peuvent réussir par leur travail accorderaient-elles autant d'importance que les autres femmes à la mobilité matrimoniale ? Sur le marché du

10. G. Orwell, *Dans la dèche à Paris et à Londres*, Paris, Champ libre, 1982.

mariage, étant en concurrence avec des femmes moins dotées elles devraient parvenir à se faire élire (et à élire) des hommes les plus riches. Le mystère du célibat féminin reste entier.

L'ININTÉRÊT DE LA FEMME AU MARIAGE

La théorie de l'appropriation maritale de l'épouse en tant que productrice de biens et de services (C. Delphy, 1974) est plus adéquate pour donner sens au célibat des femmes supérieures. Les bénéfices du mariage sont détournés par les hommes, et le coût entièrement pris en charge par les femmes. Aussi ces dernières essaient-elles d'échapper au mariage lorsqu'elles en ont les moyens. L'anticipation des effets négatifs de l'association conjugale provoque un rejet de l'institution matrimoniale, surtout sensible chez les femmes les plus fortunées. Celles qui par leur existence professionnelle disposent de ressources importantes peuvent s'exclure de la compétition matrimoniale. Et, inversement, les hommes peu fortunés se marient difficilement, car ils n'offrent qu'une petite contrepartie aux services que l'épouse devra rendre.

Le célibat des femmes n'est pas identique au célibat des hommes. Pour une femme, ne pas se marier la libère de la prise en charge des besoins domestiques d'un mari; pour un homme, c'est au contraire le mariage qui le délivre de ces contraintes. La sélection sur le marché matrimonial (C. W. Mueller, B. G. Campbell, 1977) reflète ces intérêts divergents. Les femmes les plus riches peuvent ne pas avoir à payer le prix de la vie conjugale, les hommes les plus pauvres ne pas pouvoir en recevoir les bénéfices. Si cette théorie du mariage-exploitation permet d'expliquer les chances inégales d'accès au mariage, celle de la domination maritale conduit à des prévisions comparables.

L'ININTÉRÊT DE L'HOMME A SE MARIER AVEC UNE FEMME FORTEMENT DIPLÔMÉE

Avec le point de vue féministe, le célibat féminin se transforme en auto-exclusion, il exprime un refus. Mais, dans la perspective fonctionnaliste selon laquelle l'autorité dans le couple doit revenir à l'homme (T. Parsons, R. Bales, 1955), le célibat des femmes les plus diplômées se transforme en exclusion. Sur le marché du mariage, elles sont moins souvent élues par les hommes, car elles menacent la paix intérieure des ménages. Plus souvent salariées, elles contrarient la nécessaire division du travail entre les conjoints, et leurs ressources leur donnent des armes pour « tenir tête » au chef.

Les hommes apprécient peu une forte dot scolaire chez une femme, ils la perçoivent comme un danger pour le bon fonctionnement du couple, pour leur autorité personnelle. Certaines données sur le choix du conjoint démontrent l'existence d'une telle crainte masculine. Des étudiants n'espèrent-ils pas que leur épouse aura un capital scolaire inférieur au leur (A. Flamenco, 1967)? La dénivellation réelle des capitaux scolaires au sein des couples indique une nette préférence des hommes pour des partenaires culturellement inférieures. Les unions où l'homme est mieux doté que son épouse sont plus fréquentes que les unions inverses. Une femme très diplômée fait craindre à l'homme « la perte de sa culotte », symbole de l'autorité dans le ménage (M. Segalen, 1980), elle l'intimide et atteint son identité sexuelle. M. Duteil, femme célibataire et diplômée de l'enseignement supérieur, en cherchant un mari, a observé une telle répulsion masculine. Elle fait peur en tant qu' « intellectuelle ». Elle comprend que dans la bouche des hommes ce mot est « l'équivalent de femme redoutable parce que difficile à subjuguer »[11]. Un homme exerçant une profession libérale, reçu chez elle, lui demande si elle est une femme : « Je vous vois entourée de tant de livres que je me demande si vous êtes féminine, si vous vous intéressez à d'autres choses. » Un autre jour, cette femme reçoit un cadre supérieur, divorcé, chez elle. Il s'inquiète également :

« — J'ai peur de n'être pas à votre niveau sur le plan littéraire, je n'ai jamais lu, par exemple, *Les Pensées* de Pascal, que je vois sur cette étagère, ni la plupart des livres à côté, et je n'ai guère envie de m'y mettre maintenant. Pourriez-vous vivre avec un homme qui n'aurait pas lu les mêmes livres que vous? Je n'ai, quant à moi, jamais pardonné à mon épouse de ne pas partager mon goût pour la peinture. Mais je ne supporterais pas mieux d'en avoir une qui en sache plus que moi dans certains domaines. Je considère en effet que, dans un couple, l'homme doit dominer. Qu'en pensez-vous?

« — Je n'attends pas d'un homme qu'il soit une encyclopédie vivante. D'autre part, j'estime qu'un couple est réussi quand il arrive à substituer

11. M. Duteil, *Le marché de la solitude*, *op. cit.* L'agence à laquelle elle s'est adressée lui a conseillé de supprimer de sa fiche la mention de son doctorat de philosophie (3e cycle) « parce qu'elle suffisait à éloigner la plupart des hommes ».

aux rapports de domination le dialogue et l'échange; son but doit être l'épanouissement mutuel de deux êtres et non l'écrasement de l'un par l'autre.
« — Vous caricaturez ma pensée : dominer ne veut pas dire écraser, mais s'imposer naturellement par son autorité et son ascendant; l'homme qui y parvient conquiert le respect et l'admiration de son épouse qui est heureuse de trouver en lui un guide et un modèle.
« — Mais il me semble que votre femme n'a pas tellement apprécié d'être dominée par vous ?
« — C'est bien parce que je n'ai pas réussi à le faire, que notre couple a échoué. Mais votre manière de discuter et de vouloir avoir raison contre moi me prouve bien que nous ne sommes pas faits pour nous entendre. »

Un capital scolaire possédé par une femme peut la desservir dans ses projets matrimoniaux dans la mesure où il est estimé par certains hommes « contre-nature ». Une femme très bien dotée donne, qu'elle le veuille ou non, une image d'elle-même qui la fera moins souvent classée dans la catégorie des « jupes ». Celle-ci comprend, selon F. Dorin[12], « les femmes-femmes qui se subdivisent elles-mêmes en femmes-putes, femmes-épouses, femmes-mères. Elles se veulent dépendantes de l'homme, elles ignorent l'évolution des mœurs et profitent des avantages de cette domination et en acceptent les inconvénients ». Etre perçue plutôt comme « culotte » ou « jupe-culotte » augmente les risques pour une femme de ne pas attirer l'attention et l'affection masculines. Selon ces représentations, la classe des femmes diplômées est une classe dangereuse que les hommes, même diplômés, cherchent à éviter.

Auto-exclusion ou exclusion des femmes les plus dotées du marché du mariage ? Que l'originalité du célibat féminin soit prédite à partir de l'appropriation maritale ou à partir de la domination masculine, le non-mariage des femmes « supérieures » est expliqué par la différenciation sexuelle des intérêts au mariage. Le célibat, selon la première orientation théorique, protège les femmes des risques de toute vie conjugale et, selon la seconde orientation, protège les hommes des risques d'une telle alliance. Ces deux interprétations ont un second trait commun; elles expliquent l'inégalité devant le célibat et le mariage exclusivement par des enjeux stratégiques. Des hommes refusent l'alliance amoureuse avec une femme très diplômée afin de préserver leur identité sexuelle; des femmes déclinent les offres de mariage afin de défendre leur indépendance quand elles en ont les ressources. Ces

12. F. Dorin, *Les jupes-culottes*, Paris, Flammarion, 1984.

analyses stratégiques oublient les contraintes spécifiques du marché du mariage. Si des personnes ne se marient pas, cela ne traduit pas obligatoirement des refus de vente (version de l'appropriation) ou un insuccès de certains produits (version de la domination), cela peut refléter un dysfonctionnement des circuits de distribution matrimoniale. Le célibat des femmes diplômées résulte aussi d'un décalage entre les délais de fabrication (l'obtention de la dot scolaire) et la période propice à l'échange. Toutes les saisons ne sont pas aussi favorables à l'amour conjugal. Le temps intervient dans les affaires matrimoniales.

2 / Le désert matrimonial

Le célibat des femmes très diplômées ne date pas de la démocratisation de l'enseignement. Plus d'un quart des femmes au moins licenciées, nées entre 1920 et 1924, étaient célibataires à 35 ans — trois fois plus que les femmes ayant leur certificat de fin d'études primaires. Dans le récit de ces femmes célibataires, souvent professeurs de lycée, apparaissent des indications sur les mécanismes conduisant progressivement à l'exclusion matrimoniale. Souvent ces femmes estiment non pas avoir choisi leur état matrimonial — « le célibat n'est jamais une vocation » affirme une enseignante — mais avoir été conduites insensiblement à ne plus pouvoir se marier (M. Cacouault, 1984). Après leurs études et leur premier travail, elles découvrent que le mariage est devenu un objectif difficile, les hommes avec lesquels elles auraient pu se marier le sont déjà. Elles se retrouvent dans un désert matrimonial, ayant dépassé l'âge normal (socialement dévolu) au mariage. Le célibat des femmes diplômées provient — c'est notre hypothèse — d'un défaut d'articulation entre le calendrier de la formation de la dot scolaire et le calendrier de présentation sur le marché du mariage. Les contraintes associées à l'acquisition d'un haut diplôme et les normes de fonctionnement du marché matrimonial sont inconciliables : les premières exigent de retarder le mariage, les secondes de ne pas trop ajourner le choix du mari. Les femmes avec une forte dot restent célibataires, car elles essaient de se placer sur le marché trop tard, eu égard aux normes implicites de celui-ci. Trois éléments étayent cette nouvelle interprétation du célibat féminin :

— la norme de l'âge au mariage, et les effets du non-respect de cette norme;
— le décalage des calendriers matrimoniaux des femmes et des hommes;
— le décalage des calendriers matrimoniaux des femmes peu dotées et des femmes très dotées.

« L'AGE ANTI-MATRIMONIAL »

N'importe quelle période du cycle de la vie n'est pas propice au choix du conjoint. Le moment du mariage est circonscrit dans des limites précises. Le dépassement de cet âge « normal » au mariage pour les jeunes femmes était autrefois publiquement signalé par la fête de la Sainte-Catherine. Les jeunes femmes vivaient ce retard sous le mode de l'exclusion et de l'impuissance matrimoniales, aussi priaient-elles cette sainte (M. Segalen, 1981) :

Nous n'avons plus d'espoir qu'en vous
Vous êtes notre patronne
Nous vous implorons à genoux
Aidez-nous à nous marier
Pitié, donnez-nous un époux
Car nous brûlons d'aimer

L'affaiblissement contemporain de ce rite ne reflète pas une indifférence vis-à-vis de l'âge au mariage de la femme. Si l'entrée dans le mariage est autorisée officiellement à n'importe quel âge, en réalité, elle continue à être située sur une période assez courte. Une publicité pour un produit de beauté montre que lorsque les individus rencontrent une femme, ils lui imputent un certain âge, et associé à celui-ci, un certain état matrimonial :

— « Vous appelle-t-on encore mademoiselle? »
— « Vraiment ça fait plaisir de s'entendre appeler "mademoiselle" quand on a deux enfants. »
— « Avouez que ça ne vous surprend pas trop. En effet, vous avez votre secret pour rester fraîche, conserver l'éclat de la jeunesse, c'est... O... of... O... Si vous voulez qu'on vous appelle encore longtemps "mademoiselle", utilisez chaque jour O... of... O...! »

Le plaisir retiré de cette interpellation provient du fait d'avoir échappé non à l'institution du mariage, mais à l'action négative du temps. C'est la femme mariée qui est satisfaite lorsqu'elle s'entend appeler « mademoiselle » — « encore jeune malgré son âge » — alors qu'un tel rappel pour la femme célibataire signifie socialement « encore célibataire malgré son âge ». Ce que la publicité exprime, c'est simultanément la valeur accordée à la jeunesse de la femme et l'existence d'un âge « normal » d'entrée dans le mariage[13].

La séquence de temps dévolue à la recherche d'un mari est restreinte, comme en témoigne la structure des âges au mariage établie à partir de l'ensemble des mariages conclus une année. Le tiers des femmes mariées une année[14] a moins de 21 ans, la moitié moins de 23 ans et les trois quarts moins de 26 ans. Les âges au mariage des hommes sont aussi concentrés. Ils sont seulement décalés de deux ans : un tiers des hommes mariés a moins de 23 ans, la moitié moins de 25 ans et les trois quarts moins de 28 ans. Le « bon moment » pour se marier en bref. Cette concentration conduit à une forte décroissance des chances de se marier, une fois franchies les limites supérieures de la séquence temporelle normalement consacrée à la découverte du conjoint. Un tiers seulement des femmes célibataires de 28 ou de 29 ans se marieront avant l'âge considéré par les démographes comme celui du « célibat définitif ». Les chances de se marier sont fonction du moment où la femme est présente encore sur le marché matrimonial : d'où le risque, encouru par celles qui investissent fortement dans l'institution scolaire et dans la profession, de rater le moment favorable de contracter mariage (si celui-ci est une opportunité).

Le non-respect de la norme de l'âge au mariage entraîne chez les déviants une sanction qui peut être mesurée par le calcul — approximatif — de la diminution des chances de se marier quand « l'âge maximum » au mariage est dépassé. Ces personnes vont, par leur âge trop élevé, se placer difficilement. La probabilité de se marier pour une femme célibataire décroît très rapidement avec l'âge. Pour les célibataires, le vieillissement constitue un stigmate. Le mariage apparaît d'autant plus inaccessible que la durée du célibat a été longue. Passé « l'âge anti-matrimonial »[15], le célibat risque de ne plus être un état transitoire.

13. C'est aussi un hommage publicitaire au mariage. De toute évidence une femme d'un certain âge ne peut pas ne pas être mariée.
14. Etat civil, 1976.
15. « Le petit Latournelle eut la hardiesse d'épouser cette fille arrivée à l'âge anti-matrimonial de 33 ans », H. de Balzac, *Modeste Mignon*, 1844.

Les célibataires sont davantage atteints par cet effet négatif de l'âge. Quel que soit l'âge, les personnes divorcées ont une probabilité de se remarier plus élevée que celle des personnes célibataires de se marier (P. C. Glick, A. J. Norton, 1971). Mieux vaut, à un âge donné, avoir déjà été marié pour se marier : le célibat forme un handicap qui combine ses effets avec ceux de l'âge.

Le retard — défini par le dépassement de l'âge « normal » au mariage — se transforme progressivement en impossibilité matrimoniale, quelles que soient les raisons qui ont provoqué cet ajournement. Restent alors pour ces individus la possibilité de transfigurer cette exclusion sous la forme de la vocation religieuse, ou les tentatives ultimes de se marier « à tout prix ». Avant la crise des vocations, les ordres religieux féminins en Vendée ont recruté en particulier auprès des femmes qui exerçaient une profession sociale et qui avaient dépassé l'âge normal au mariage (C. Suaud, 1978; Y. Knibiehler, 1984). La population des religieuses comprenait des femmes qui voulaient échapper au destin scolaire et matrimonial de leur milieu d'origine — devenir épouse de petit paysan — et des femmes qui appréciaient peu le célibat « obligatoire » de leur profession. Aujourd'hui, les femmes célibataires recourent plutôt aux agences matrimoniales ou publient une petite annonce. Une directrice d'agence raconte : « Après 30 ans, beaucoup de femmes se décident à venir me voir pour mettre fin à leur célibat : 90 % d'entre elles travaillent. Voyant leur jeunesse s'enfuir, elles craignent de ne plus plaire autant quelques années plus tard. A cet âge se produit une crise de conscience aiguë chez les femmes seules qui se traduit par une phrase : "Plus une minute à perdre" »[16].

Malgré la très mauvaise image sociale de ces procédés intermédiaires — qui semblent incompatibles avec un « vrai » mariage d'amour — des femmes et des hommes se présentent sur ce marché matrimonial parallèle, sachant que leur célibat provisoire est en train de devenir « définitif ». Cette intériorisation des normes de fonctionnement du marché du mariage est visible dans la distribution des âges des annonceurs du *Chasseur Français*[17] : dans la population française des femmes

16. S. Leroy, directrice d'agence matrimoniale, *C'est dur la solitude*, Paris, R. Laffont, 1977.

17. Comparaison de la structure des âges des célibataires (entre 19 et 80 ans) dans la population française (Recensement de la population, 1975, INSEE) et dans la population du *Chasseur Français* (approchée par le relevé des 860 annonces du numéro d'octobre 1979).

âgées d'au moins 20 ans, 19 % ont entre 30 et 49 ans; dans *Le Chasseur Français*, cette classe d'âge présente 65 % des annonces.

A partir de 30 ans, ces femmes et ces hommes ressentent l'impossibilité de rencontrer leurs partenaires par les circuits classiques de la sociabilité amoureuse (M. Bozon, F. Heran, 1987, 1988). Ils n'ont pas renoncé pour autant à l'espoir de se marier. Ensuite, après 50 ans, ils acceptent, semble-t-il, leur exclusion matrimoniale puisqu'ils publient moins ces appels au conjoint. Croire et ressentir le mariage comme possible, ensuite croire le mariage possible et le ressentir quasi impossible, et enfin croire et ressentir le mariage comme impossible, forment les trois étapes du rapport au marché matrimonial pour les femmes et les hommes célibataires. A la première correspond une stratégie de placement « au hasard » et de laisser-faire, à la seconde une stratégie explicite de recours à des intermédiaires, à la troisième un abandon.

LE RETARD MATRIMONIAL ASSOCIÉ A L'ENRICHISSEMENT FÉMININ

Les rappels au mariage sont plus explicites dans les cultures et aux époques où l'âge au mariage est révélateur de la valeur sociale des femmes. La précocité matrimoniale a changé de sens avec la croissance du capital culturel. L'âge moyen au premier mariage est plus élevé pour les femmes bien dotées scolairement[18] :

Certificat de fin d'études	22,3 ans
Baccalauréat	23,6 —
Quatre ans d'études supérieures	25,2 —

L'augmentation de la dot scolaire retarde le placement matrimonial aussi bien pour les femmes que pour les hommes. Les femmes diplômées de l'enseignement supérieur se marient deux ou trois ans plus tard, en moyenne, que les femmes avec le certificat d'études primaires. Les femmes ou les hommes cadres élisent un conjoint après les femmes ou les hommes ouvriers. Si, contrairement à d'autres marchés où les femmes les plus riches économiquement se marient plus jeunes, les femmes les mieux dotées scolairement se marient plus tard, c'est parce que le capital culturel contraint son propriétaire à une certaine durée d'accumulation. L'héritage culturel — dans le meilleur des cas — demande au moins d'être reconnu par l'institution scolaire pour qu'il

18. Enquête « Famille », 1982, INSEE.

devienne capital culturel officiel. Impossible de posséder cette dot scolaire sans respecter le rythme des études : la propriété d'un bon diplôme exige du temps, contrairement à l'héritage d'une terre.

La formation de cette dot scolaire n'est associée à un retard matrimonial que parce que subsiste la norme, implicite, selon laquelle l'entrée dans le mariage doit suivre l'installation professionnelle. Pour les hommes, cette exigence est ancienne, elle pouvait les contraindre à un mariage tardif lorsque pour s'établir l'homme devait recevoir une succession (A. Burgière, 1972). Quelquefois, comme dans le projet de Foucroy sur le corps enseignant (1806), le principe d'ordre était explicitement noté : « Il faudrait qu'un homme consacré à l'enseignement ne pût se marier qu'après avoir franchi plusieurs degrés de sa carrière; que le mariage fût pour lui, comme tous les hommes, un terme placé en perspective où il ne pût atteindre qu'après avoir assuré sa considération et sa fortune par une place dont la rétribution suffirait pour le faire vivre comme chef de famille » (D. Julia, 1981).

Avec l'accès aux études et au travail salarié, les femmes sont, elles aussi, soumises à cette norme. Leur mariage ne devient possible qu'une fois achevée l'acquisition de leur dot scolaire. La consécration matrimoniale doit suivre la reconnaissance de la valeur par l'école et la mise au travail. La sortie du système scolaire et le placement sur le marché du mariage sont étroitement liés. Parmi les femmes qui se sont mariées en 1970-1974 (pour la première fois et avant 35 ans), un sixième de celles qui ont le certificat de fin d'études et la moitié de celles qui ont une licence ont choisi leur mari après 23 ans[19].

Ce retard matrimonial des femmes les plus diplômées traduit non seulement le respect de l'ordre normal des événements mais aussi un plus fort investissement professionnel. Inversement les femmes qui veulent rester au foyer se marient plus jeunes, le rendement de leur capital étant principalement focalisé sur le choix d'un mari. Une enquête longitudinale auprès de femmes célibataires le révèle (A. Cherlin, 1980). Parmi leurs réponses, celles qui permettent de mieux rendre compte de la séparation du groupe, deux ans plus tard, entre femmes mariées et femmes encore célibataires sont les réactions à cette question : « Quels sont vos projets professionnels pour l'avenir? Quel travail vous voyez-vous faire quand vous aurez 35 ans? » Les femmes

19. Enquête « Famille », 1982, INSEE.

célibataires de 22 ans qui envisagent d'être plus tard au foyer se sont mariées ensuite bien davantage que leurs collègues qui indiquent une activité professionnelle. Toutes choses étant égales par ailleurs, les jeunes femmes qui planifient leur avenir en le prévoyant exclusivement familial réalisent le choix de leur conjoint plus précocement que les autres femmes. Les femmes ayant des perspectives professionnelles repoussent leur mariage, le temps des études et d'un premier emploi (S. M. Allen, R. A. Kalish, 1984).

LA PRÉCOCITÉ MATRIMONIALE DES FEMMES

Le retard du mariage provoqué par la formation de la dot scolaire est commun aux deux sexes, mais il n'implique pas que ces hommes et ces femmes diplômés se marient au même âge. Parmi les personnes mariées, six femmes cadres sur dix et seulement quatre hommes cadres l'ont fait avant 25 ans. Trois ans, trois ans et demi en moyenne séparent le calendrier féminin du calendrier masculin pour le mariage. Ce décalage conduit à une fréquente inégalité des âges au sein des couples. Sept équipes sur dix se caractérisent par une supériorité de l'âge du mari, une par une supériorité féminine et deux seulement par une égalité d'âge[20]. A l'évidence, dans les comportements et les représentations, la norme de la précocité matrimoniale de la femme par rapport à son partenaire persiste. Un ouvrier se marie à 25,5 ans, son épouse à 22,5 ans. Le mariage est situé plus en amont dans le cours de la vie féminine, plus en aval dans le cours masculin.

A CONTRETEMPS

La production du célibat des femmes les plus dotées devient compréhensible dès lors que les trois éléments précédents sont considérés ensemble. L'exclusion du marché du mariage résulte d'une mauvaise synchronisation entre calendrier scolaire et calendrier matrimonial pour le sexe féminin. L'univers scolaire et professionnel est caractérisé, à l'époque contemporaine, par une indifférenciation des calendriers masculins et féminins alors que dans l'univers matrimonial les différences

20. Un écart supérieur au moins à une année est pris comme critère de l'inégalité d'âge. Cf. J.-C. Deville, 1972.

sexuelles demeurent fortes. Les femmes qui ont leur premier emploi à un âge inférieur à l'âge normal au mariage sont peu gênées. Par contre, pour les femmes qui sont engagées dans de longues études supérieures et qui attachent une grande importance à leur profession, ce double investissement diminue leurs chances de se marier : au moment où elles quittent le système scolaire, s'achève la phase propice aux rencontres matrimoniales. La règle maintenue de la précocité relative du mariage pour les femmes associée au prolongement des études favorise leur maintien en l'état de célibat. Les hommes qui ont accompli des études identiques ne subissent pas ces risques; avec leur sortie du système scolaire s'ouvre une période faste sur le marché matrimonial.

La dot scolaire peut s'avérer onéreuse pour une femme, en lui interdisant de fait l'entrée dans le mariage (pour le cas où elle le souhaite). Le rythme d'acquisition de ses richesses culturelles est peu conciliable avec le moment normal dévolu au mariage pour une femme. A cause des calendriers qui se chevauchent, à la différence des calendriers masculins, les femmes qui investissent le plus dans le capital scolaire auront le plus de mal ensuite à le réaliser sur le marché du mariage. La similitude des calendriers scolaires de la femme et de l'homme, dans un régime matrimonial lui encore différencié selon le sexe, contribue à créer le célibat spécifique des femmes cadres, diplômées de l'enseignement supérieur. Les femmes à la fin de leurs études ne sont pas dans les meilleures conditions possible pour se marier. Une fois au travail, leur réseau de relations ne comprend pas beaucoup d'hommes disponibles. Elles ne sont pas obligatoirement isolées, contrairement au discours d'accompagnement des intermédiaires qui porte sur « la solitude dans le monde moderne », mais elles rencontrent surtout des couples ou des femmes.

Contrairement à l'homme, la femme peut devenir propriétaire d'un capital culturel important sans pouvoir le placer sur le marché du mariage. Une bonne dot scolaire forme une valeur ajoutée et augmente les chances d'obtenir en échange un mari ayant une forte valeur, mais dans une conjoncture matrimoniale difficile pour la femme. Le moment opportun pour se marier correspond à la zone circonscrite par le temps où l'alliance ne nuit pas à l'accumulation des richesses scolaires (risque associé à la précocité) et par le temps où cette accumulation ne rend pas impossible le mariage (risque associé au retard). Cette exclusion matrimoniale des femmes diplômées par le jeu des calendriers est en outre renforcée par la méfiance que ces femmes ont vis-à-vis d'une institution qui fonctionne sur une telle division du travail entre les sexes, et par la prévention que les hommes ont contre ce qu'ils nomment « des intellectuelles ». Tout contribue donc à créer un cens paradoxal pour l'élection des femmes : c'est au-dessus d'un certain capital scolaire possédé qu'elles risquent de ne plus être ni électrices ni éligibles.

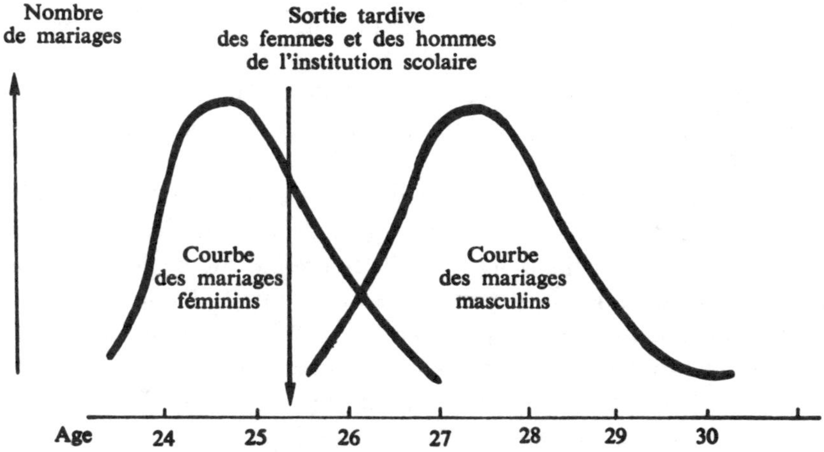

Schéma théorique de la production du célibat
chez les femmes très diplômées

AMOUR POSSIBLE, AMOUR IMPOSSIBLE

Au XIIᵉ siècle, le « véritable amour » ne pouvait pas naître entre époux, ceux-ci étant unis selon un autre principe, l'intérêt. Le jugement de la comtesse de Champagne en 1174 justifiait ainsi cette impossibilité :

« Nous disons et affirmons de ferme façon que l'amour ne peut pas manifester son pouvoir entre deux époux, car ceux qui aiment sont tenus l'un envers l'autre de façon gratuite et sans aucune raison de nécessité; les époux sont tenus d'obéir dûment à leurs volontés mutuelles... en quoi croîtra leur honneur s'ils ne jouissent de leur enlacement à la manière des amants, si en rien la probité de l'un et de l'autre n'en peut être améliorée, puisque rien d'autre ne se passe dans la conduite qu'ils observent que ce qu'ils se sont promis en droit. C'est pourquoi, selon ce raisonnement, nous assurons ce que nous enseigne le précepte d'amour, à savoir que :

aucune situation conjugale ne permet de recevoir la couronne d'amour, si ce n'est que des liens ont été ajoutés hors du mariage au sein de la milice d'amour. »

Très progressivement en Occident, depuis la moitié du XVIIIe siècle (J.-L. Flandrin, 1975 ; R. Pillorget, 1979; J. Solé, 1984), l'amour et le mariage sont devenus conciliables. Trop souvent, cette coïncidence est présentée comme le signe de la transformation des fonctions du mariage. Les mariages ne sont plus arrangés, car l'enjeu, assure-t-on, n'est plus d'assurer la continuité sociale entre les générations mais de permettre l'épanouissement affectif des conjoints (E. Shorter, 1977). L'histoire du mariage serait celle d'un soulèvement contre le joug des intérêts et des patrimoines familiaux et donc celle d'une longue marche vers le bonheur.

Cette vision est erronée, car elle oublie de considérer le changement qui a affecté parallèlement le mode de reproduction sociale, avec le poids croissant du capital scolaire (P. Bourdieu, M. de Saint-Martin, 1978). Or c'est ce passage d'un mode à dominante économique à un mode à dominante scolaire qui a rendu possible le mariage amoureux. En effet, à la différence du capital économique, le capital culturel est incorporé. Il fait partie intégrante de la personne, il devient invisible. Les conditions d'un amour fou et raisonnable sont réunies. Une femme et un homme peuvent « tomber amoureux » et se marier sans risque social. Leur estime réciproque est fondée, sans le savoir, sur des valeurs culturelles proches. Nul besoin d'arrangement extérieur, les sentiments suffisent le plus souvent pour garantir un équilibre entre capital féminin et capital masculin. La logique amoureuse ne contredit pas la logique sociale, la première redouble la seconde dans une société où le capital culturel domine.

La dot scolaire, plus que la dot économique, soutient la naissance de ce mouvement collectif qu'est l'amour conjugal. Cependant, cette harmonie entre amour et capital n'est pas parfaite. Le capital culturel requiert une longue accumulation et une reconnaissance par l'institution scolaire. Ce rythme s'accorde mal avec le temps socialisé de l'amour. Le calendrier du mariage pour la femme ne s'étant pas aligné sur le calendrier masculin, les femmes désireuses de posséder un bon capital scolaire risquent l'exclusion matrimoniale. La dot devient un handicap pour la découverte de l'amour conjugal. Une partie des femmes paient cher leur acquisition de titres scolaires et leur placement professionnel. Témoin, cette femme qui écrit à un magazine féminin :

> « J'ai 28 ans et un métier — secrétariat de direction — qui me satisfait. Pendant toute la durée de mes études, je ne songeais qu'à une chose : finir au plus vite pour être libre ensuite. Ce moment arrivé j'ai pensé très vite au mariage... Or, voici mon problème : j'ai l'impression que je ne trouverai jamais l'homme souhaité et susceptible de me convenir sur le plan intellectuel et moral... Je suis parfaitement « normale », équilibrée, sociable... Mais il n'y a pas de célibataires masculins dans mon milieu de travail... Je ne peux me résigner au célibat. »

La femme, chargée de la rubrique « Cœur et psychologie » lui répond que seules les femmes malades rendent l'amour impossible :

> « Les femmes jolies et intelligentes de 30 ans ne trouvent pas à se marier parce qu'elles ont une "difficulté de relation". Qu'y a-t-il donc qui rende si difficile à certains la rencontre d'un être à aimer ? Quelque chose qui, malheureusement, n'est pas sous le contrôle de la conscience claire... L'amour est une relation de personne à personne, et il existe des incapacités ou des difficultés qui bloquent certains dans les relations interpersonnelles, principalement quand il s'agit de relations sexuées... C'est ainsi que s'explique, chez beaucoup de filles désireuses de se marier, l'incapacité d'établir une relation qui pourrait les amener au mariage »[21].

La tête bien pleine des femmes diplômées ne bloque pas leur cœur, contrairement à cette version psychologique. Ce célibat provient avant tout des conditions dans lesquelles ces femmes ont tenté l'aventure scolaire. La progressive diminution de l'inégalité des sexes devant l'école a eu des effets pervers (R. Boudon, 1977) puisqu'elle a renforcé l'inégalité des sexes pour l'accès à la vie conjugale.

21. C. Ullin, Qu'est-ce qui empêche les filles de se marier ?, *Femmes d'Aujourd'hui*, n° 1362.

9

l'invention d'un mariage « sans douleur »

Le président, ravi, remercie Blouson-Bleu :

— Je te donne la main de ma fille.

— Sa main? crie Blouson-Bleu. Quelle horreur! Attendez, ne la coupez pas.

— Mais non! Je veux dire que je te donne Eglantine en mariage.

— En mariage?... J'ai lu trop d'histoires dans mon pays qui finissaient comme cela : ils se marièrent, et furent très malheureux, et ils n'eurent aucun enfant.

— Il a raison, dit Eglantine. Ce n'est plus de notre temps.

— Bon, n'en parlons plus, dit le président. Mais je t'ai fait une promesse Blouson-Bleu. Que veux-tu?

— Ce que je veux? Je veux que votre fille soit heureuse!

J. Joubert, *Blouson-Bleu*, 1980.

LA FEMME INVISIBLE

Le mariage introduit dans la gestion du patrimoine personnel des modifications importantes, en particulier en autorisant et même en recommandant des transferts de capitaux et des investissements sur le compte du partenaire et sur celui de l'enfant. Pour l'épouse, suivre le modèle de la femme au foyer se traduit par une nette hiérarchie entre les modes de gestion de sa fortune sociale et culturelle. La valorisation médiate prime la valorisation directe. Dans les représentations justificatrices, l'abandon de poste professionnel pour une femme prend sens non en fonction d'un esprit de calcul mais en référence aux exigences de l'amour. La morale de l'abnégation et de l'oubli de soi soutient un tel projet. Une femme au foyer, mariée à un ingénieur, à qui on demandait si elle concevait la vie sans enfant ne répondait-elle pas : « Sans enfant? Pourquoi vivez-vous alors? Pour rien, pour vous-même. » Seule une femme égoïste refuse de se dévouer, Delly[1] veut nous en convaincre en dessinant le portrait d'une femme intelligente et supérieure. Celle-ci en préservant « son entière liberté d'action » manifeste une inaptitude à devenir épouse et mère. Par son ignorance des « dévouements que comportent ces deux titres », elle « veut demeurer elle et elle seule ». Le jour où son fils est très malade, elle ne se rend pas à son chevet pour ne pas interrompre son travail intellectuel. En contrepoint, Delly donne l'exemple d'une autre femme discrète, « une âme d'élite que ses vertus et sa noblesse de cœur rendaient véritablement supérieure ». Tout se passe comme si à la cessation d'activité professionnelle de la femme devait correspondre idéalement la fermeture de son carnet de bonheur personnel. Pour « donner les saintes joies du foyer », une femme doit savoir « se dévouer et s'oublier », ne pas être « toujours une savante et passer souvent inaperçue »[2].

Cette vie exemplaire a des effets paradoxaux selon d'autres romancières. Les personnes pour qui une femme se consacre peuvent progressivement ne plus la voir. La femme au foyer par son abnégation devient invisible. Dorris Lessing dans son œuvre, et plus particulièrement dans sa nouvelle La « Chambre 19 »[3] décrit cet effacement féminin et les tentatives désespérées de reconquête de soi. Susan, dessinatrice dans une maison de publicité, se marie avec Matthew, secrétaire de rédaction d'un journal. Enceinte, elle abandonne son travail... La vie familiale s'organise : « Matthew travaillait pour Susan, pour les enfants, la maison, le jardin; il fallait gagner beaucoup d'argent pour entretenir cette smala. Susan consacrait son intelligence et son sens pratique à Matthew, aux enfants, à la maison, au jardin : le tout sinon se serait effondré au bout d'une semaine. » Tout va bien, jusqu'au jour où les enfants entrent à l'école. Susan, alors, ne se sent pas très bien et veut réapprendre à être elle-même. Après de multiples essais, elle choisit de louer

1. Delly, *Une femme supérieure*, Paris, Gautier-Languereau, 1982.
2. *Ibid.*
3. D. Lessing, Chambre 19, in *Un homme et deux femmes*, Paris, UGE, 1983.

plusieurs fois par semaine une chambre d'hôtel. « Que faisait-elle dans la chambre? Rien du tout... Elle n'était plus Susan Rawlings, mère de quatre enfants, femme de Matthew, patronne de Mrs Parkes et de Sophie Traub (ses aides ménagères), ayant des relations diverses avec des amis, des éducateurs, des fournisseurs. Elle n'était plus la maîtresse de la grande maison blanche et du jardin. Elle était Mrs Jones, elle était seule et elle n'avait ni passé ni avenir. » Assise dans le fauteuil, ou appuyée au rebord de la fenêtre, elle s'interroge : « C'est moi qui suis ici. Après toutes ces années de mariage et de maternité, après avoir tenu ces rôles chargés de responsabilité, je suis toujours la même. Pourtant il y a eu des moments où j'ai cru que rien de moi n'existait en dehors de ces rôles que Mrs Matthew Rawlings se devait de tenir. » En réalité, Susan a été par sa vie familiale tellement atteinte que sa reconquête d'elle-même tourne à vide et se termine par le suicide. Allongée sur le lit de la chambre 19, après avoir ouvert le gaz, elle est enfin bien. Elle n'est pas parvenue à se retrouver, un trop long dévouement l'ayant habituée à sortir d'elle-même.

Une gestion « à dominante indirecte » de la fortune féminine n'a pas pour unique effet la dévaluation du capital professionnel, elle peut provoquer l'enchantement ou le désenchantement; ces romans présentent les deux versions, et démontrent la fragilité des frontières qui séparent le monde des affaires et le monde des sentiments. Les investissements en capital culturel ou social et les investissements en affection ne figurent pas sur les mêmes livrets, et pourtant ne peuvent pas être administrés de manière indépendante.

1 / La perte d'amour

L'INFIDÉLITÉ DE L'HOMME

Si beaucoup de femmes « gagnent leur vie par le mariage », selon l'expression d'Harriet Taylor[4], elles ont besoin que ces flux monétaires soient doublés d'un courant amoureux. L'absence de perspectives professionnelles pour la femme mariée et la prise en charge du fonction-

4. H. Taylor, *The Enfranchisement of Women*, cité *in* M.-F. Cachin, Préface à J. S. Mill, 1975.

nement de la maison demandent en retour amour et fidélité de son mari. Le bonheur gomme alors toutes les ombres. C'est la morale de l'histoire d'Arthur Laurents dans *Le tournant de la vie*[5]. Vingt ans après son mariage, Deede « qui a sacrifié sa carrière et ses rêves à l'amour de son mari et de ses enfants » rencontre une ancienne amie, Emma « danseuse étoile qui a choisi de gravir le chemin abrupt qui mène à la gloire ». Deede commence par regretter le succès professionnel qu'elle n'a pas eu; ensuite elle change d'avis : « On a ce que l'on désire. Elle avait certainement voulu d'autres choses, mais leur avait préféré son mari, sa vie avec lui, ses enfants. En le regardant, en voyant comme il l'aimait, comme elle pouvait le rendre heureux, elle se réjouit de son choix. Ce qu'elle avait maintenant, elle l'avait voulu et obtenu. »

L'instabilité amoureuse, en revanche, perturbe le contrat tacite dans lequel est inscrite la supériorité de la valorisation professionnelle du mari. C'est ce que narre C. Crozet dans *Marianne ou les autres*[6]. Marianne, diplômée de l'enseignement supérieur, se marie avec Charles et s'identifie totalement à lui, « épousant ses aspirations à lui, sacrifiant avec une dangereuse bonne volonté les siennes ». Charles désire devenir un grand virtuose et il est « prêt à tout sacrifier pour sa carrière », phrase que Marianne répète « avec une fierté candide, avec extase ». Pendant qu'elle gagne l'argent du ménage en tant que secrétaire, lui joue de la musique et tente de réaliser son ambition professionnelle... Quelques années après, la situation ayant peu changé, Marianne découvre que Charles a une liaison. Sommé de s'expliquer, il lui répond « qu'il avait bien tout de même parfois le droit de se distraire, qu'après tout il n'y avait pas que la musique dans la vie ». Ces mots blessent Marianne qui divorce; elle ne lui pardonne pas « d'avoir exigé d'elle et des enfants tant de sacrifices au nom d'un idéal artistique qu'elle avait embrassé ». Elle refuse de payer seule les sacrifices imposés au nom d'une éventuelle réussite de son mari, sa participation personnelle n'a plus de sens. L'infidélité de son mari est, pour elle, incompatible avec sa propre abnégation. Marianne découvre que l'espérance du succès marital lui a fait négliger sa propre carrière : comment « avoir fait preuve de tant de passivité, de s'être contentée, des années durant, d'un emploi à ce point subalterne qui ne lui

5. A. Laurents, *Le tournant de la vie*, Paris, Ed. Menges, 1978.
6. C. Crozet, *Marianne ou les autres*, Paris, Gallimard, 1972.

apportait ni un gros salaire ni satisfaction »? La forme qu'avait prise la coopération conjugale suppose la permanence et l'exclusivité du lien amoureux. Le régime de faveur dont le mari bénéficie du point de vue de ses investissements professionnels ne signifie pas que ce dernier soit maître de ses investissements sexuels et affectifs. Par ses « liaisons » l'homme, aux yeux de son épouse, non seulement sape le fondement de la mobilisation conjugale en rompant le charme de l'identification, mais aussi montre qu'il se laisse distraire au lieu de se concentrer sur son travail.

La perte d'amour ruine les projets d'avenir et invalide le passé. A la séparation, moment où le couple explicitement solde ses comptes, la femme ne récupère pas sa mise, même si elle a eu accès durant la vie conjugale aux bénéfices monétaires et symboliques de son mari. Les augmentations de capital masculin, consécutives à l'entrée dans le mariage, restent la propriété exclusive de l'homme. La valorisation médiate de la fortune féminine par le mari repose sur le pari de la stabilité conjugale. Les femmes au foyer croient davantage que les autres à la pérennité de l'amour et demandent moins le divorce. Malheureusement, aucune assurance contre les risques amoureux n'est entièrement fiable, même celle prise auprès des conseillers conjugaux. A défaut de pouvoir contracter une telle assurance, de plus en plus de femmes se protègent indirectement par le maintien d'une activité salariée. Le poids plus fort accordé à l'amour et aux relations dans le mariage provoque des infractions fréquentes au modèle de la femme au foyer.

L'INFIDÉLITÉ DE L'ENFANT

Les placements sur le mari et sur l'enfant sont des capitaux à double risque :

— la femme n'est pas certaine de leur rendement, tous les enfants et tous les maris ne se comportent pas conformément aux espérances féminines;

— et lorsque ces investissements s'avèrent rentables, un autre danger apparaît, avec la distance affective. Un homme qui, par une intense mobilisation personnelle et conjugale comme celle de la préparation d'un concours en formation du soir, parvient à réaliser une ascension sociale peut estimer ensuite insuffisant le niveau de son épouse et rechercher la compagnie d'une femme supérieure.

Les parents, surtout dans les milieux populaires et moyens, sont confrontés à l'un ou l'autre risque. La sociologie de l'éducation et de la mobilité sociale souligne plus volontiers les premiers que les seconds. Observant des familles où des enfants occupent une position supérieure à celle de leurs parents, elle en déduit souvent que ces lignées familiales ont maîtrisé leurs stratégies de reproduction et qu'elles sont donc satisfaites de cette résultante. Or la réussite objective se traduit par une dissemblance entre les parents et l'enfant, qui peut elle-même entraîner une dégradation des rapports affectifs et diminuer le contre-don relationnel de la part de l'enfant. La mère peut être fière de la reconnaissance scolaire et sociale de son fils ou de sa fille et en même temps ne plus le reconnaître tout à fait. De l'autre côté, pour mieux réaliser la stratégie de promotion, cet enfant peut être amené à trahir en quelque sorte sa culture familiale et devenir étranger parmi les siens.

L'œuvre d'Annie Ernaux relate l'ambiguïté du succès des investissements parentaux. Un homme et une femme qui tiennent un café-épicerie souhaitent que leur fille, unique, soit diplômée, aussi l'inscrivent-ils dans une école privée. Brillante élève, Denise leur donne satisfaction. Cependant, peu à peu, elle adopte les critères de jugement de ses professeurs et de ses compagnes. Quand on lui demande de raconter ses vacances à l'école, elle rejette son enfance « déjà sale, et tarte par-dessus le marché » et s'en invente une « jolie, propre, comme il faut ». Elle fait des « comparaisons entre les gens biens et les autres, les siens », elle intériorise les normes de cet autre univers à tel point qu'elle « rêve parfois d'être orpheline ». Etudiante, elle a « horreur d'aller voir ses parents ». Des mots lui viennent pour juger, pour comparer : « sale, crado, moche ». Elle se rend compte de cette transformation : « J'étais un petit monstre, une sale gamine, je les haissais tous les deux. J'aurais voulu qu'ils soient autrement, convenables, sortables dans le véritable monde. » Quand elle les voit, elle a honte d'eux et d'elle-même : « Un monstre, si encore ils ne m'aimaient pas... Ils n'ont pas grand-chose à me dire, mais ils m'achètent tout ce qui me fait envie, des livres, un bureau, des étagères pour les livres. » Elle rêve de les changer : « Mes parents, la même figure, la même chair, mais transformés... Pouvoir les aimer complètement, ne pas haïr leur vie, leurs manières, leurs goûts... Ne pas pouvoir aimer ses parents, c'est intenable... Ce sont mes parents qui n'ont pas eu de chance de m'avoir.

C'est fini, ils ne peuvent plus me troquer contre une autre... Etrangère à mes parents, à mon milieu, je ne voulais plus les regarder »[7].

La réussite de la fille — avec ses études, son métier de professeur, son beau mariage — se transpose en échec relationnel. Les parents paient après coup la dot, ils reçoivent moins de marques d'affection. Sur un étrange marché, la fierté de la victoire scolaire et sociale de leur fille s'échange contre de l'indifférence teintée de mépris. Les parents qui ne peuvent pas faire hériter directement leur enfant d'un bon patrimoine culturel doivent l'acheter à tempérament, en le remboursant en partie par des biens affectifs. Pour la mère, étant donné son engagement plus grand, ces retenues sont encore plus douloureuses. Les gains sociaux et culturels tirés de la valorisation médiate — perspective ouverte par le mariage et la maternité — ne doivent pas masquer l'envers, les risques d'un préjudice affectif[8].

2 / Le miracle de la cohabitation

Le rendement des placements sur la tête du mari ou de l'enfant est plus aléatoire, car il dépend du maintien des rapports affectifs entre les membres de la famille. Le triomphe de l'amour conjugal accroît l'instabilité des couples, et par-là les inconvénients de la valorisation indirecte. Cette double croissance est visible aussi bien dans l'augmentation du travail salarié de la femme, du divorce, de l'union libre que dans la diminution des mariages et des naissances. C'est le succès de la nouvelle doctrine matrimoniale : elle résout (ou tente de résoudre) les contradictions historiques de la famille conjugale en privilégiant l'amour, fût-il instable, et en rejetant la spécialisation du travail entre les sexes. Les clientes de la banque matrimoniale changent leurs habitudes, elles veulent moins ouvrir de comptes au nom de leur partenaire ou de leur progéniture et moins fermer leurs comptes professionnels.

L'union libre est le meilleur exemple pour comprendre les changements en cours, car elle touche principalement les plus jeunes, or ce sont les jeunes générations qui sont les adeptes les plus fervents de la nouvelle doctrine matrimoniale. Les différences entre classes d'âge ont une plus

7. A. Ernaux, *Les armoires vides*, Paris, Gallimard, 1974; *La place*, Paris, Gallimard, 1984.
8. Aucune enquête sur l'ampleur de ces risques n'a été cependant menée.

grande amplitude que les différences entre milieux sociaux ou entre groupes sexuels. La cohabitation est perçue par ses pratiquants comme une forme de vie moins rigide que le mariage, c'est-à-dire autorisant une plus grande mobilité des sentiments et des rôles sexuels (A. Béjin, 1982). Elle organise une gestion du patrimoine en particulier pour la femme qui est réglée sur l'avenir incertain de l'amour à deux.

UN COMPROMIS ENTRE LES SEXES

La cohabitation n'est pas un mariage à l'essai. Une analyse longitudinale d'une cohorte de mariages révèle qu'une des variables discriminantes pour distinguer les couples qui ont divorcé des couples encore unis après dix ans de mariage est l'existence d'une cohabitation prémaritale (J. Kellerhals *et al.*, 1985). Le fait d'avoir vécu ensemble avant le mariage ne constitue pas une garantie de longue durée, au contraire, ce facteur favorise apparemment la dissolution du couple. En réalité, dès le départ les cohabitants n'ont pas la même vision du monde conjugal que les autres. Au moment du mariage, les premiers ne rejettent *a priori* ni l'idée du divorce, ni l'idée d'une autre union. Plusieurs amours successifs leur apparaissent possibles (L. Roussel, O. Bourguignon, 1979). La pérennité est plutôt le signe de la routine et de l'habitude. Le passage à la mairie ou à l'église n'a pas pour fonction de rendre plus durable un engagement par l'officialisation du lien, il résulte de la pression des familles ou de la commodité sociale. Qu'ils se marient ou non, les cohabitants envisagent leur avenir conjugal à plus court terme. Ils ne fixent pas à l'avance la durée du bail pour autant, mais ils s'interrogent sur les chances de survie d'un amour authentique. Ils ne sont pas moins attachés à la relation affective, c'est l'attention qu'ils portent à leur moi et à autrui qui change (F. de Singly, 1981).

Leur culture appartient à celle du narcissisme contemporain où toute forme est vécue comme un piège étouffant l'authenticité des sentiments (R. Sennett, 1979). L'institution matrimoniale a perdu son pouvoir attractif car elle contraint les individus à jouer, à devenir « acteurs », à se présenter avant tout comme « mari » et comme « épouse » (du moins le ressentent-ils ainsi). Les cohabitants rêvent d'un monde social où le théâtre serait banni et les rôles interdits, les personnes devant être « vraies » en toutes circonstances. Comment alors approuver la fusion conjugale : faire la même chose que son partenaire sous le prétexte de l'union contrarie cette recherche permanente de l'authenticité. L'autonomie comportementale ou l'autonomie spirituelle est plus conforme à cette quête. Les cohabitants sont plus hostiles que les mariés — de même âge — à toute mesure leur apparaissant comme un étouffoir de leur personnalité[9].

La critique de la fusion épargne un domaine, celui de la division du travail entre les partenaires. Là au contraire, les cohabitants déclarent leur intérêt pour la communauté des charges de travail. Le ménage, la cuisine, la vaisselle sont effectués plus souvent à deux dans les couples cohabitants que dans les couples mariés (R. Stafford, E. Backman, P. Dibona, 1977). L'identité sexuelle ne doit pas servir de support à l'assignation des tâches et des responsabilités. La personne ne se définit pas par cette dimension, il n'y a donc aucune raison que le travail domestique ne soit pas partagé. Pour le travail salarié, la logique est identique. La priorité masculine est condamnée et le droit à l'emploi salarié pour chacun est demandé. Parmi les 35-39 ans, trois cinquièmes des femmes mariées et trois quarts des femmes cohabitantes ont une activité salariée. Double travail et cohabitation sont associés[10].

Le livret professionnel de la femme concubine reste ouvert, car sa propriétaire ne lui donne pas la même signification qu'en donne une femme mariée. Pour la première, le travail salarié renvoie moins à des stratégies de promotion ou de rattrapage de la valeur sociale du couple, et correspond davantage à une affirmation de soi et à une volonté affichée d'indépendance. Une femme mariée qui a fait un bon placement matrimonial en élisant un homme de valeur supérieure à la sienne arrête plus souvent ensuite son activité salariée qu'une femme de même valeur qui a fait un mariage ordinaire. Celle-ci compense sa dévaluation relative et augmente le niveau de vie de son équipe par la permanence de son travail salarié. C'est ainsi que les femmes cadres moyens mariées à des hommes ouvriers ou employés ont un taux d'activité supérieur à celui des femmes cadres moyens, elles aussi, mais mariées à des hommes cadres supérieurs. Cette différence disparaît dans les couples concubins[11].

9. Exploitation de l'enquête sur les représentations de l'échange conjugal présentée au chap. 6, sur le sous-ensemble des personnes de moins de 25 ans.
10. Enquête « Famille », INSEE, 1982.
11. Exploitation secondaire de l'enquête « Famille », INSEE, 1982.

Type d'union	*Taux d'activité salariée des femmes de 30-34 ans*	
	Mariées	*Cohabitantes*
Valeur masculine supérieure à valeur féminine	68 %	95 %
Valeur masculine inférieure à valeur féminine	84 –	95 –

Le travail salarié pour une femme vivant en union libre prend un caractère plus évident, plus indiscutable. Ne concevant pas l'amour comme éternel, et donc prévoyant une durée plus courte à son couple, elle se protège, consciemment ou non, en ne se plaçant pas dans un rapport objectif de dépendance vis-à-vis de son partenaire. Son entrée dans l'union libre ne lui fait pas abandonner le rendement direct de ses richesses scolaires.

L'union libre est une forme de vie commune qui est défendue au cours de la négociation entre les partenaires sur l'organisation de leur existence davantage par les femmes que par les hommes. Au sein des milieux moyens ou supérieurs, les premières redoutent plus que les seconds les effets du respect des traditions régissant les relations conjugales. Cette croyance plus forte des femmes en la nouvelle doctrine matrimoniale les conduit à préférer et à faire préférer à leurs compagnons l'union libre. Pour elles c'est un moyen d'éviter ce qui leur apparaît comme un enfermement dans les rôles officiels attribués *a priori* à chaque sexe. La cohabitation, dans cette optique, résulte avant tout des stratégies féminines visant « à différer, déplacer, voire ajourner définitivement, la position dans la sphère familiale que fixent aux femmes mariage et maternité » (F. Battagliola, 1988). L'enfant n'est pas envisagé tout de suite, le travail salarié fournissant aussi les bases du statut social. En outre, l'enfant menace les acquis de la lente conquête de l'égalité entre les sexes, il est perçu en effet comme un alibi commode pour prôner le retour aux places traditionnelles. Il est vrai que l'enfant et surtout les enfants sont associés à une organisation conjugale fondée davantage sur des rôles sexuels différenciés. Les couples caractérisés par un partage du travail et du pouvoir se rencontrent plus dans les familles sans enfant. Lorsque l'homme âgé de moins de 35 ans est cadre, la règle de l'égalité est appliquée deux fois plus fréquemment dans son couple s'il n'y a pas d'enfant que si deux enfants sont présents (M. Glaude, F. de Singly, 1986). Inversement, le travail salarié de la femme l'autorise à se désengager de l'univers domestique. Sa prépondérance dans l'exécution des tâches et dans la prise de décision décline, la participation de son compagnon augmente. Les ressources dont la femme dispose grâce à son travail salarié ne lui servent pas à prendre plus de pouvoir dans son ménage, mais au contraire à se retirer le plus possible des affaires domestiques. La conquête de ce pouvoir ne l'attire pas, l'autogestion personnelle passe par la cogestion conjugale de la maison.

Les jeunes femmes défendent plus un tel programme alliant autonomie et communauté de travail, aussi sont-elles moins formalistes que les jeunes hommes concernant la famille. Que leur futur couple soit marié ou non leur importe peu, alors que les garçons souhaitent vivre dans un couple reconnu officiellement. Lorsqu'on leur présente trois scénarios mettant en scène des styles de vie conjugale opposés, les lycéens marquent leur attachement à l'institution du mariage et à la division stricte du travail entre les partenaires. Cette histoire — « Isabelle et Frédéric sont mariés depuis huit ans et ont trois enfants. Frédéric travaille beaucoup et a un bon salaire; Isabelle, elle, qui a dû arrêter de travailler à la naissance de son premier enfant, a préféré ne pas reprendre le travail et se consacrer à ses enfants, son mari et sa maison » — recueille deux cinquièmes des suffrages masculins et un quart des suffrages féminins[12].

Devenir la « moitié » de son mari, selon l'expression, ne correspond plus à la comptabilité des jeunes femmes, surtout diplômées. Elles essaient d'obtenir une augmentation en sélectionnant un homme qui accepte cette tractation. Ainsi cette femme de 26 ans, institutrice qui vit avec un homme de 20 ans, artisan menuisier, justifie le choix de son compagnon : « Dominique est quelqu'un de très bien. C'est quelqu'un qui respecte la femme. C'est justement peut-être la différence avec les autres personnes avec qui j'étais allée. C'est le seul garçon avec qui j'ai l'impression d'avoir ma part entière »[13]. L'union libre apparaît à ces femmes comme un cadre plus favorable pour obtenir cette « part entière ». Le jeu ouvert leur offre les moyens d'imposer une redéfinition des rapports entre les sexes, et par là d'accroître leur sécurité : non pas au sens du confort de l'engagement institutionnel, mais au sens de la défense de leurs intérêts. Leur autodéfense au sein de la famille exige

12. Enquête « Phosphore » auprès de 4 000 lycéens en 1985, effectuée par M. Bozon, O. Galland, F. de Singly. Selon le sondage SOFRES-*Madame Figaro* (janvier 1990), 58 % des garçons et 44 % des filles de 13 à 17 ans souhaitent se marier.

13. Extrait d'un corpus d'entretiens auprès de cohabitants, Nantes, 1984.

une protection active assurée par une présence plus continue de leur partenaire dans l'espace familial et précisément dans la cuisine!

La prédilection des femmes pour l'union libre ne dérive pas principalement de leur désir d'échapper à la fiscalité de l'Etat, elle provient du refus de vivre sous la dépendance d'un mari-providence et de payer à cet homme un tribut trop lourd avec le travail ménager. Ces échanges doivent diminuer, la circulation se limitant au maximum aux flux sexuels et affectifs. Chacun gérant son livret, le couple devient, selon l'expression de R. Sennett, « un marché d'échange des relations intimistes » (1979).

UN COMPROMIS ENTRE LES GÉNÉRATIONS

Sous le régime de la cohabitation, la femme confie moins sa fortune à son compagnon et investit moins dans la production enfantine. Cette mise en pratique de la nouvelle doctrine matrimoniale ne déclenche pas des hostilités ouvertes de la part des parents de concubins. La désapprobation est discrète. Cette tolérance parentale s'explique par le fait que la cohabitation est également un compromis entre les exigences des deux générations. Les plus jeunes veulent vivre en couple sans trop attendre et les plus âgés ne souhaitent pas un mariage trop tôt. De nouveau les problèmes de calendriers interviennent dans les affaires familiales : le mariage devrait être tardif, étant donné l'allongement des études et de la période de première installation professionnelle, et le mariage devrait être précoce, étant donné la diminution de la période de latence sexuelle et l'impossible répression. L'union libre permet dans cette optique d'articuler au mieux précocité sexuelle, retard professionnel et retard matrimonial, elle meuble le temps de la postadolescence (F. de Singly, 1982).

Dans les sociétés occidentales, si le mariage a pour fonction de réguler les relations sexuelles, il n'est pas pour autant conclu au moment de l'entrée des jeunes dans la vie hétérosexuelle, car cette institution remplit d'autres fonctions, en particulier celle d'assurer au mieux la continuité sociale entre les générations. La défense des intérêts familiaux passe par un mariage relativement tardif afin que les enfants puissent garantir à leur nouveau foyer, par leurs revenus et leur position, un statut social au moins égal à celui des parents. Une bonne succession entre les générations, approchée par les places respectives des unes et des autres dans l'espace social, requiert une chronologie des événements telle que le mariage soit situé après la fin des études et l'entrée sur le marché du travail. Ce respect de l'ordre est rentable, comme le prouve une comparaison des salaires des personnes qui se sont mariées avant et des personnes mariées après la sortie de l'institution scolaire (D. P. Hogan, 1980). Les « déviants » — c'est-à-dire ceux qui ont inversé l'ordre — ont de moins bons salaires que les « conformistes », pour un niveau scolaire donné. Une forte dot scolaire placée sur le marché du mariage en premier obtient un plus faible rendement monétaire sur le marché du travail qu'une dot équivalente placée dans l'ordre inverse.

Le mariage étant réservé, consciemment ou non, aux personnes qui ont achevé l'accumulation de leurs richesses et qui ont entamé leur carrière professionnelle, l'union libre est choisie par les autres qui, en quelque sorte, n'ont pas le droit d'entrée dans la vie conjugale officielle. Les étudiants et les chômeurs adoptent plutôt le concubinage que le mariage, lorsqu'ils ont une vie commune entre 20 et 24 ans[14]. L'union libre obtient également un meilleur score que le mariage parmi les salariés à durée déterminée et parmi les intérimaires (de la même classe d'âge)[15]. La cohabitation séduit en priorité deux publics : les salariés dont le placement professionnel instable les décourage de fonder famille, les étudiants (qui connaîtront moins ensuite ces incertitudes) dont l'accumulation du capital scolaire est inachevée. Lorsque les uns et les autres forment couple, ce dernier n'est pas « officiel ». Malgré leur hétérogénéité sociale, ces deux groupes ont un point commun, celui de ne pas avoir réalisé leur véritable installation professionnelle. L'allongement des études et la crise de l'emploi contribuent chacune à augmenter la dépendance vis-à-vis des parents, à repousser le mariage et à favoriser le passage par l'union libre. Le retard professionnel crée les conditions d'un retard matrimonial, bien que la socialisation conjugale soit achevée. Aussi les jeunes générations ont-elles le choix entre :

— avancer l'entrée dans le mariage, au risque de ne plus respecter l'ordre des événements;
— maintenir l'entrée tardive dans le mariage, en vivant en cohabitation.

Après une première période, entre 1955 et 1970 approximativement, où l'âge au mariage a diminué, une seconde s'est ouverte caractérisée par un accès différent à la vie commune grâce au concubinage. C'est

14. Enquête « Emploi », INSEE, 1985. Cf. P. Audirac, 1986.
15. Enquête « Emploi », INSEE, 1984. Cf. O. Galland, 1985.

ainsi qu'en référence à la norme toujours prégnante du bon ordre des événements, les investissements scolaires et le placement professionnel sont protégés sans que le désir du couple soit réprimé. Le conformisme scolaire et professionnel est sauvé par la déviance matrimoniale. Aussi les relations entre les cohabitants et leurs parents ne sont-elles pas compromises, puisque l'union libre est un moindre mal. Les trois quarts des parents des concubins les reçoivent régulièrement ensemble, près de la moitié les aident matériellement. Les parents tolèrent cet état de fait, car ils estiment, sans toujours le dire, que l'union libre — moindre engagement à leurs yeux que le mariage — est préférable tant que l'installation professionnelle n'est pas en vue. Par contre, ces parents sont plus critiques quand la cohabitation se prolonge et remplace le mariage. L'union libre est « bien acceptée » dans huit cas sur dix lorsqu'il s'agit d'un couple jeune et sans enfant, et seulement dans trois cas sur dix lorsqu'il s'agit d'un couple plus âgé avec des enfants et sans projet de mariage (L. Roussel, O. Bourguignon, 1979; S. Chalvon-Demersay, 1983).

Cette indulgence des parents vis-à-vis des jeunes cohabitants trahit la hiérarchie implicite de leurs valeurs : l'accumulation du capital scolaire occupe la première place. Le sérieux professionnel prime le « sérieux » matrimonial. Les parents ferment les yeux sur le style de vie privée des postadolescents, si ces derniers ne mettent pas en péril les investissements culturels antérieurs, et respectent le principe de l'hétérosexualité. Cette attitude compréhensive est facilitée par le fait que les parents des concubins appartiennent souvent aux milieux moyen et supérieur où la nouvelle doctrine matrimoniale est mieux diffusée. Ces enfants ne sont-ils pas deux fois plus souvent concubins lorsque leurs parents sont séparés ou divorcés[16] ? Dans les deux générations, l'amour conjugal ne respecte pas les frontières de l'institution du mariage.

Si le choix de la cohabitation était déterminé uniquement par les commodités qu'elle offre pour combler le vide de la postadolescence, elle serait exclusivement « prénuptiale » et s'achèverait dans le mariage. L'union libre serait un aménagement transitoire de l'existence affective et sexuelle. Mais d'autres facteurs interviennent pour stabiliser en partie le concubinage, en particulier le primat de l'amour et la

16. Exploitation secondaire de l'enquête INED sur « Les jeunes ». Cf. C. Gokalp, 1981.

revendication de l'autonomie. L'union a d'autant plus de chances de rester « libre » que ses pratiquants sont aussi des croyants en la nouvelle doctrine matrimoniale. C'est pourquoi l'union libre est plus fréquente parmi les personnes bien dotées scolairement, même après 30 ans — âge de fin d'études pour tous[17]. Deux à trois fois plus de femmes très diplômées que de femmes peu diplômées aménagent leur vie de couple selon la cohabitation. Les premières ont toutes les raisons pour adopter ce mode de vie : raisons pratiques avec la formation d'une forte dot scolaire, raisons idéologiques avec la crainte d'avoir à endosser les habits officiels de l'épouse et de la mère. « Je n'ai pas envie de n'être que ça, mère de famille, femme, ça, c'est quelque chose que tu peux faire très tôt, mais toi, ta vie à toi, c'est pas si facile à élaborer... je n'ai pas envie de passer une journée à faire la popote, à torcher les mômes, à attendre monsieur et lui mettre ses pantoufles au pied du fauteuil », estime une étudiante (F. Battagliola, 1988). Ces femmes cherchent à conserver leur nom (M. F. Valetas, 1982) et le livret professionnel ouvert à leur nom. Mais le développement de ces « nouveaux couples » est tel que chacun se sert de l'union libre comme il l'entend (H. Léridon, C. Villeneuve-Gokalp, 1988). Concubinage et mariage ont des frontières ouvertes, leurs publics se différencient moins que dans les années 1970[18].

3 / *L'amour gratuit, une illusion*

LA DEMANDE D'UN MARIAGE INVISIBLE

La vie commune doit être légère à supporter, agréable à vivre. Le programme est ambitieux : le mariage doit devenir invisible! Les partisans de la nouvelle doctrine matrimoniale souhaitent que les portraits des conjoints apparaissent le moins retouché possible par l'action de la vie conjugale. Ils insistent sur l'autonomie personnelle, le respect des territoires et des propriétés de chaque partenaire. L'affiliation à un groupe conjugal doit avoir le coût le plus réduit possible.

17. Enquête « Famille », INSEE, 1982.

18. Le mariage ayant perdu de plus en plus le sens qu'il avait dans les décennies précédentes, il peut de nouveau, à la fin des années 80, être ré-investi par les jeunes générations qui sous la même étiquette « mariage » inventent un style plus proche de la cohabitation que du mariage « traditionnel ».

Cet objectif, John Stuart Mill voulait déjà l'atteindre au milieu du XIXe siècle. Il désirait épouser Harriet Taylor sans que celle-ci eût à souffrir de cette institution pour que leurs relations conjugales ne soient pas réglées par la coutume, c'est-à-dire par la force des rôles sexuels traditionnels, il s'est engagé par contrat[19] :

« Etant sur le point, si j'ai le bonheur d'obtenir son consentement, de m'unir par le mariage à la seule femme de ma connaissance avec qui j'aie jamais voulu me marier et désapprouvant, elle et moi, entièrement et profondément tout le caractère des relations conjugales telles qu'elles sont établies par la loi pour cette raison, entre autres, qu'elle confère par contrat à l'une des parties le pouvoir et le contrôle légal sur la personne, les biens et la liberté d'action de l'autre partie, indépendamment de ses désirs et de sa volonté, et étant donné que je n'ai aucun moyen légal de me dégager de ces odieux pouvoirs (comme je le ferais très certainement si je pouvais prendre un engagement dans ce sens qui me lie aux yeux de la loi), je considère de mon devoir de rédiger ici une protestation formelle contre l'actuelle loi du mariage dans la mesure où elle confère de tels pouvoirs. Je promets solennellement de ne m'en servir en aucun cas ni en aucune circonstance et, dans l'éventualité d'un mariage entre Mrs Taylor et moi-même, je déclare que c'est ma volonté, mon intention et la condition de notre engagement qu'elle garde à tous égards la même liberté absolue d'agir et de disposer d'elle-même et de tout ce qui lui appartient ou peut lui appartenir un jour, comme s'il n'y avait pas eu de mariage. De plus, je désavoue et je rejette toute prétention à quelques droits que ce soient que j'aurais acquis en vertu d'un tel mariage. »

Par cette promesse, John Stuart Mill propose de « *faire comme s'il n'y avait pas eu de mariage* ». Il voudrait qu'aucun des partenaires n'ait à subir une perte d'autonomie et que la vie commune ne laisse d'autres traces que dans la mémoire. Bien que cette espérance de 1851 soit mieux écoutée aujourd'hui — la demande d'une vie commune indolore s'étant intensifiée —, elle ne perd pas pour autant son caractère utopique. Premièrement, on ne change la société domestique ni par décret, ni par attrait. La division du travail entre les sexes à l'extérieur de la famille se maintient, même si elle évolue, et continue à affecter les relations conjugales (Collectif, 1984). Les conjoints ne sont pas entièrement maîtres de leur jeu domestique. Deuxièmement, toute politique d'autonomie a des limites dans son application. La zone commune ne peut pas être vide, sinon la maison devient un hôtel (tenu par qui ?). Cette exigence

19. J. S. Mill, cité *in* M.-F. Cachin. Cf. n. 4.

est perceptible dans le test publié par *Cosmopolitan* — pourtant situé plutôt du côté de la nouvelle doctrine matrimoniale — sous le titre « Check-uper avant d'épouser ». Grâce à onze questions, une femme peut savoir si l'homme « exquis qui est déjà dans sa vie et dans son lit lui fera de l'usage une fois marié »[20]. La manière dont cette liste est construite révèle une double demande. Tout d'abord les tyrannies conjugales sont repoussées (la femme refuse l'étouffement, le despotisme masculin). Mais l'intimité doit être en même temps préservée (la relation amoureuse ne doit pas être soumise à une concurrence trop forte des autres relations parentales et amicales ou du retrait personnel). La tension entre l'autonomie et la fusion, entre l'individuel et le collectif conjugal, entre le « moi » et le « nous » n'épargne aucun couple, quelle que soit sa ligne officielle. C'est souvent à propos de la fidélité que les contradictions apparaissent le plus. Même dans les communautés créées après 1968, l'adultère a posé problème (G. Mauger, C. Fossé, 1977). Théoriquement la jalousie n'existe plus puisque les rapports de « possession » ont été abolis. L'adultère devient un signe positif : c'est un pas vers la transformation du « couple étriqué » traditionnel en un « couple libéré » qui devrait permettre de vivre de « nouveaux rapports libérés ». Pourtant « le scénario traditionnel et sa cohorte de personnages de vaudeville, un temps remisé dans les coulisses, finissent par triompher ». Si ce « couple ouvert où les partenaires se donnent la liberté réciproque de vivre d'autres rapports, également sexuels, bien que le rapport privilégié et principal reste dominant »[21] a une faible chance de survie, n'est-ce pas parce que la définition de ce « rapport privilégié » est floue ? Pour reprendre les termes de Goffman (1973), quelle est la renonciation qui est « le symbole et la substance même de la relation » conjugale ?

L'amour se montre, se démontre. Un minimum d'investissements affectifs et sexuels est requis de la part des deux conjoints pour la formation et le fonctionnement de leur équipe. Le régime amoureux sous lequel s'établissent les couples contemporains interdit aux relations conjugales d'être réduites à des rapports de force ou à des relations strictement utilitaires. Flo espère toujours recevoir les marques d'affection d'Andy Capp, même si elle en connaît le prix, elle souhaite qu'il demeure auprès d'elle.

20. *Cosmopolitan*, avril 1982.
21. E. G. Belotti, *Courrier du cœur*, Paris, Ed. des Femmes, 1981.

Graph-lit

Le manque de communication et de compréhension ne figure-t-il pas en première position de la hiérarchie des griefs adressés au partenaire (G. K. Kitson, M. B. Sussman, 1982) ? Le relevé des thèmes de la rubrique « Courrier du cœur » montre aussi que la question la plus fréquente est celle des mots d'amour : « Il ne me parle plus d'amour... Dans nos bons moments, il m'arrive de lui demander — Tu m'aimes ? Il répond n'importe quoi... Dérobade. Le charme est rompu. Lui est agacé et moi déçue »[22].

INVESTISSEMENTS AMOUREUX, INVESTISSEMENTS PROFESSIONNELS

La construction et l'entretien du lien amoureux réclament des frais relationnels — un temps d'interaction et d'expression du sentiment —

22. *Femmes d'aujourd'hui*, 1977.

qui peuvent entraver la valorisation maximale des richesses de l'un ou l'autre des partenaires. L'amour a un prix, comme le souligne R. Sheckley dans *Le robot qui me ressemblait*[23], avec l'histoire d'un homme qui, bien qu'astreint à un emploi du temps très strict, désire se marier. Charles engage un « intermédiaire réputé pour la demande en mariage ». Celui-ci apprend que la jeune femme, Elaine, s'attend à une cour en règle, c'est-à-dire au moins trois soirées par semaine pendant deux mois. Charles refuse de se conformer à de tels désirs, il perdrait « 17 % de ses revenus » en se livrant à des activités qu'il considère comme « ridicules, ennuyeuses et improductives ». Ne renonçant pas à son projet de mariage, il commande un robot individualisé à un exemplaire unique qui lui ressemble parfaitement. Il le programme pour que celui-ci fasse la cour à Elaine, et contrôle ce travail de séduction en visonnant les films qui enregistrent ces fréquentations. Deux mois après, Charles demande à son robot de proposer une date de mariage à Elaine et de mettre fin à sa cour. Le robot ne revient pas, Charles inquiet rencontre Elaine et découvre que celle-ci n'ayant pas réussi à intégrer les vraies fiançailles dans son emploi du temps avait commandé, elle aussi, un robot individualisé. Les robots à qui Charles et Elaine avaient délégué la mission de la cour étaient devenus amoureux et s'étaient enfuis dans un autre monde. Charles et Elaine, bouleversés, décident de s'octroyer « chaque jour une heure supplémentaire — sept par semaine — pour simplement profiter l'un de l'autre ».

Ceux et celles qui sont portés à entreprendre une relation amoureuse doivent faire des heures supplémentaires auprès de leur partenaire! Les hommes ont, semble-t-il, plus de mal à se plier à ces contraintes affectives. Ils sont gênés lorsqu'il leur faut extérioriser leurs sentiments, contrairement aux femmes qui sont élevées dans le « romanesque » (T. Raffin, 1982). La socialisation de l'identité sexuelle handicape les femmes dans les affaires professionnelles et les hommes dans le commerce amoureux. Pourtant ce dernier réclame des frais relationnels. Tout se passe comme si dans la famille conjugale, chaque membre devait réserver une certaine quantité de son énergie disponible à investir dans le domaine affectif. Cette dérivation amoureuse peut diminuer la circulation de l'énergie vers d'autres objectifs, professionnels notamment. Inversement, certains investissements dans le travail (ou certains engagements dans le sport

23. R. Sheckley, *Le robot qui me ressemblait*, Paris, R. Laffont, 1980.

ou dans une association) sont susceptibles de restreindre les flux affectifs et la disponibilité amoureuse. Tout le jeu des acteurs sociaux ne peut pas être expliqué par la seule problématique de la valeur sociale. C'est une fiction théorique, rappelons-le. On le perçoit bien dans la recherche de cet équilibre entre les obligations de service affectif et les impératifs de la réussite. Ainsi pour une femme avoir le meilleur rendement de son capital par l'intermédiaire de son mari et être, selon l'expression, « heureuse en ménage » ne se concilient pas obligatoirement. Le surinvestissement professionnel de son partenaire peut créer un malaise affectif, et être vécu comme une infidélité. Témoin cette femme qui se plaint de son mari « dont le but est de réussir » : « Que peut offrir à son foyer un homme qui travaille au minimum onze heures par jour, qui revient fourbu et l'esprit encombré de problèmes ? Notre foyer est complètement bloqué. L'unique conversation possible tourne autour de ses problèmes professionnels. La maison est un hôtel... J'ai abandonné ma profession de sténodactylo pour m'occuper de mes enfants et de la maison. Il trouve que c'est très bien comme cela. Il est capable, dit-il, de nourrir sa famille. Donc, je reste chez moi, j'ai à faire et ne m'ennuie pas. Pourtant je me sens incapable de continuer une vie aussi triste et contraire à mes désirs »[24]. Les personnes « très heureuses de leur mariage » ne sont-elles pas plus nombreuses dans les couples où l'homme déclare accorder plus d'importance à sa famille qu'à son travail (L. Bailyn, 1970) ? La satisfaction conjugale ne dérive pas uniquement de la manière dont les capitaux culturels sont protégés, elle dépend du montant des investissements familiaux des deux partenaires.

Les vœux de John Stuart Mill peuvent être exaucés dans la mesure où le coût de la vie conjugale peut être partagé en deux parts identiques. Ils sont irréalistes cependant, par l'oubli des implications de toute vie commune. Vraiment appliqué le « faire comme si de rien n'était » n'affecterait pas le capital social de chaque conjoint mais en rendant l'autre invisible, transparent, il l'offenserait. Les effets ressembleraient étrangement à ceux, dénoncés, où la femme par son dévouement et son abnégation devient invisible au regard de son mari !

24. *Femmes d'aujourd'hui*, 1977.

Postface

de la nouvelle édition

1 / Refaire les comptes : 1970-1990

L'un et l'autre conjoints se ressemblent-ils désormais tant qu'ils peuvent être confondus au regard d'autrui (E. Badinter, 1986) ? Si les différences sexuelles se sont ainsi évanouies pendant les vingt dernières années, le schème d'interprétation proposé dans le présent ouvrage pour rendre compte de la vie conjugale en France pendant les années 1970 peut être classé au rayon des accessoires historiques. Encore faut-il, avant de le ranger, vérifier l'exactitude de telles assertions affirmant la fin des sexes (et de leurs rivalités d'intérêts), peut-être avons-nous été victimes d'une illusion, persuadés par l'abondance des discours sur le changement des identités sexuelles, sur le « malaise » des hommes ou sur la montée des « nouveaux pères » par exemple, que les problèmes de la vie conjugale ne relèvent plus que de la mobilité affective. Et si, sur deux décennies, peu de choses avaient changé malgré les (ou grâce aux) apparences ? Il suffit de refaire les comptes pour savoir si aujourd'hui la fortune scolaire de la femme mariée, ou concubine, est gérée comme celle d'un homme marié, ou concubin. L'entrée dans la vie conjugale ne provoque-t-elle plus d'autres effets que la création d'une relation de dépendance affective ?

La continuité dans le changement

Les statistiques ont la réputation de ne confirmer que les idées préconçues. Pourtant, les données sur le rendement du diplôme et sur les usages du temps quotidien font apparaître que le mariage n'est pas devenu « invisible ». Pendant la période où le modèle « traditionnel » aurait reçu un coup mortel, les femmes ont continué à assurer la plus grande part du travail domestique et à payer leur vie familiale d'un prix professionnel plus élevé que celui des hommes :

1. Les variations de rendement du diplôme selon le sexe et la situation domestique à partir de l'enquête Formation Qualification Professionnelle de 1985 (INSEE) confirment entièrement les résultats de l'enquête précédente de 1970[1]. Sur les douze tests comparant les femmes mariées soit aux femmes célibataires, soit aux hommes mariés, la totalité révèle une dévalorisation de la dot des femmes mariées. Une femme avec le baccalauréat a moins d'une chance sur dix de devenir cadre supérieur si elle est mariée alors qu'un homme marié, avec le même capital, a plus d'une chance sur trois d'occuper une telle position. Les six tests comparant les hommes mariés aux hommes célibataires donnent toujours l'avantage aux premiers. La comparaison des hommes célibataires et des femmes célibataires tourne à l'avantage des hommes dans quatre cas et à celui des femmes dans les deux autres (Annexe).

2. Le maintien de ces inégalités dérive de la mise en œuvre d'une conception du partage du travail entre les deux conjoints. En effet, d'après l'enquête Emplois du Temps de 1985-1986 (INSEE), les mères de deux enfants qui exercent une activité salariée prennent en charge les deux tiers de la totalité des tâches ménagères et éducatives et moins de la moitié du travail professionnel, assurés par les deux partenaires[2]. Alors que les pères de deux enfants (vivant avec une femme salariée) consacrent deux fois et demie plus de temps à leur activité professionnelle qu'à leur travail domestique, les mères partagent en deux parts égales leur temps de travail total. Dans les familles à double activité salariée, les femmes surinvestissent davantage que les hommes dans le ménager et l'éducatif — dans ce domaine, le rapport entre le temps féminin et le temps masculin est de 1,9 — et les hommes surinvestissent davantage dans la sphère professionnelle — le rapport entre le temps masculin et le temps féminin est de 1,2 pour le travail salarié.

1. Les calculs pour 1985 ont été effectués par Alain Chenu à propos de son travail sur les employés (A. Chenu, 1990). Qu'il soit remercié pour cette reprise.
2. Exploitation secondaire des données INSEE (Source : C. Roy, 1990).

Pas de baisse du coût de la vie conjugale

La vie conjugale engendre des effets différents pour les hommes et pour les femmes. Il est même possible d'observer que le coût de la vie conjugale n'a pas, globalement, baissé durant les deux dernières décennies :

— La comparaison des inégalités femmes mariées / hommes mariés du point de vue du rendement professionnel de leur dot scolaire entre 1970 et 1985[3] fait apparaître pour les six niveaux de diplôme considérés une diminution des inégalités, trois cas de maintien et deux hausses. La tendance n'est pas au rapprochement des femmes et des hommes. Plus précisément, l'évolution n'a pas été homogène. Pour les femmes au moins bachelières, il n'y a pas eu d'accroissement du coût du mariage (deux cas de coût constant, et une baisse) alors que pour les femmes peu diplômées, le mariage s'est traduit par une montée des prix (deux augmentations, un cas de maintien). Durant les vingt dernières années, les femmes les plus diplômées ont eu ainsi accès à un mariage dont le prix à payer après coup a plutôt diminué : c'est dire que la question des rapports entre les hommes et les femmes, des droits des femmes doit être resituée dans la perspective plus générale des rapports sociaux. L'inégalité des chances entre les sexes et l'inégalité des chances entre les milieux sociaux doivent être pensées ensemble.

— La vie conjugale est payée pour les femmes surtout après la dissolution du couple. La femme enregistre alors une chute de son niveau de vie et observe que, contrairement à son partenaire, elle s'en « sort » moins bien (L. Cardia-Vonèche, B. Bastard, 1988; CERC, 1987). Or, l'instabilité matrimoniale ayant augmenté de 1970 à 1990 — avec la baisse des mariages, la croissance des divorces, des concubinages, des familles monoparentales (L. Roussel, 1989) — une femme a plus de chances de connaître vraiment le coût de la vie conjugale. La régulation par les sentiments et les satisfactions psychologiques domine de plus en plus la vie conjugale sans que la division sexuelle du travail entre les partenaires ait autant diminué en sens contraire. Les femmes subissent donc plus fréquemment les effets négatifs de l'entrée dans

3. Pour 1970 et pour 1985, on construit un rapport entre les chances d'accès à la catégorie « cadres » (moyens et supérieurs pour les petits diplômes, et supérieurs pour les grands diplômes) pour les femmes mariées et les hommes mariés. C'est un indicateur de l'inégalité des chances associée à la vie conjugale.

la vie familiale, malgré leur plus grande insertion professionnelle qui reste secondaire. Là encore, le décalage entre deux évolutions historiques — celle de la psychologisation affective des relations conjugales et celle du partage des tâches — affecte les femmes plus que les hommes. Ces derniers sont moins touchés par les prolongements sociaux de la mobilité sentimentale, les contraintes du fonctionnement domestique les rendant plus indépendants (au moins objectivement[4]).

Exclusion douce

Cette permanence de la division sexuelle et de ses effets dommageables pour les femmes a été peu perçue du fait de l'abondance des discours sur les changements dont la fonction est, paradoxalement, de contribuer à fixer les choses au point où elles sont. A quoi bon continuer de prêter attention aux inégalités entre les femmes et les hommes, et aux causes domestiques qui les engendrent puisque désormais « toutes les femmes travaillent »[5] ? Un tel énoncé, fréquent, est doublement erroné : d'une part le taux d'activité salariée des femmes dépend fortement du nombre et de l'âge de leurs enfants; d'autre part, il ne distingue pas de degrés dans l'engagement professionnel. Pour les familles ayant au moins un enfant de moins de 3 ans, le poids des mères « actives » passe de 74 % avec un enfant à 27 % avec trois enfants. Deux tiers des mères d'un enfant, deux cinquièmes des mères de deux enfants et un dixième des mères de trois enfants ont une activité professionnelle à temps complet. Dès le deuxième enfant, le fort engagement professionnel des femmes n'est plus majoritaire.

Tout se passe comme si les différences entre les sexes dans la famille avaient connu un sort comparable aux différences entre les classes dans l'école : la sélection précise à un moment donné — l'entrée en sixième pour les classes populaires, l'entrée dans la maternité pour les femmes — a laissé place à un processus d'exclusion moins visible parce que plus lent : pour l'univers scolaire, avec la différenciation entre les seconds

4. Après la retraite, la dépendance subjective des hommes vis-à-vis de leur conjointe semble plus sensible : les hommes supportent alors moins bien que les femmes le veuvage.

5. Le constat selon lequel dans la moitié des couples, les deux conjoints ont depuis le milieu des années 80 une activité professionnelle (G. Desplanques, M. de Saboulin, 1990) a été retraduit en cette proposition par la magie de ce que l'on peut nommer un effet de seuil idéologique.

cycles courts et longs, et entre les sections; pour l'univers domestique, avec la distinction entre le travail continu et discontinu, entre l'activité à temps plein ou non. Le temps partiel, en croissance pendant la décennie 80, proposé en priorité aux femmes (M. Maruani, C. Nicole, 1989; collectif, 1986), peut être appréhendé comme un compromis, semblant donner raison aux femmes désireuses d'avoir une activité salariée sans remettre trop en question la division du travail entre les sexes et le primat de l'engagement masculin. Les jeunes générations approuvent également cette situation, ayant intériorisé l'évidence des différences entre le père et la mère. Les collégiens de 12 ans estiment que le temps plein convient au père dans huit cas sur dix et à la mère dans un cas sur dix. A cette dernière, ils accordent le mi-temps[6].

Ce déplacement dans les formes de l'opposition entre les hommes et les femmes ne s'est pas opéré sans quelques modifications. Ainsi les mères de deux enfants et « actives » passent plus de temps au travail professionnel en 1985 qu'en 1975 et moins de temps au travail domestique. Pour les pères, le mouvement s'inverse. Une légère redistribution des investissements en temps de travail s'est donc effectuée grâce à une baisse du surinvestissement professionnel des hommes et du surinvestissement domestique des femmes, mais elle reste limitée aussi bien dans les pratiques que dans les représentations. Que l'on songe aux résultats d'un sondage proposant aux hommes le choix entre une « femme au foyer » et une « superwoman » : 72 % préfèrent une femme au foyer (Sondage IFOP, Elle-Antenne 2, 1989)! Entre deux maux, choisissons le moindre, semblent décider les hommes; le pire serait donc des femmes qui s'engagent professionnellement et qui réussissent.

L'intérêt présumé de l'enfant

De telles résistances ne sont dicibles le plus souvent qu'au nom de l'intérêt général, en l'occurrence aujourd'hui l'intérêt de l'enfant. C'est pour le bien de l'enfant que la mère doit pouvoir équilibrer sa vie de

6. Résultats tirés de l'enquête sur la lecture des jeunes (F. de Singly, 1989). Par exemple dans les classes moyennes, souvent les plus « modernistes », 50 % des jeunes sont pour le travail à mi-temps pour une mère, 37 % pour la mère au foyer et 13 % partisans du travail à temps plein.

famille et sa vie de travail. Pendant la période considérée, la mauvaise conscience des mères salariées s'est renforcée avec l'attention portée simultanément à l'épanouissement de l'enfant (encouragé par la psychologisation croissante de l'existence), et à la réussite scolaire (rendue plus difficile avec l'expansion scolaire et la concurrence entre les élèves). Réussir un enfant est devenu une affaire encore plus complexe qui exige toujours, dit-on[7], les soins attentifs et prolongés de la personne estimée la plus compétente, sa mère. L'absence de la redéfinition du temps de travail pour tous conduit « naturellement » les mères ayant plus intériorisé que les pères le fait qu'elles sont responsables de leur enfant à moduler le degré de leur engagement professionnel en fonction de leur engagement parental.

Formalisées, ces contraintes peuvent engendrer un modèle où les femmes pourraient choisir leur vitesse de carrière. Persuadées, comme les hommes, que lorsqu'une « femme travaille à temps complet, elle sacrifie quelque chose ou quelqu'un » (Sondage CSA-*La Vie*, septembre 1989), elles devraient prêter moins attention à leur travail professionnel ou à leurs enfants. Pour Felice Schwartz, les femmes devraient indiquer, par contrat, la catégorie dans laquelle elles souhaitent être gérées : les unes pourraient opter pour la carrière mais elles devraient se mettre entièrement au service de leur entreprise; les autres pourraient choisir le cumul du travail salarié et du travail parental, sans prétendre alors aux promotions (F. Schwartz, 1989). Les premières auraient accès à la TGC (Très Grande Carrière), comme les hommes, pères ou non, les secondes à un omnibus, tranquille[8]. Ce projet a pour mérite involontaire de mieux faire comprendre comment l'entrée et le maintien des femmes sur le marché du travail ne sont pas des équivalents de l'égalité des chances professionnelles entre les hommes et les femmes. Dans le traitement social et politique de l'intérêt de l'enfant, est peu intégré l'intérêt à long terme de sa mère. L'enfant

7. On rappellera qu'une idéologie n'a pas besoin d'être vraie pour être crue puisque les enquêtes ne prouvent pas que les enfants dont la mère a une activité salariée soient handicapés (G. Spitze, 1988; G. Menahem, 1988; L. A. Vallet, 1989).

8. Certains psychologues conseillent aux femmes de ne pas trop s'impliquer pendant leur temps de travail professionnel afin d'arriver reposées chez elles et de pouvoir écouter dans les meilleures conditions leurs enfants. Ironie involontaire qui transpose le faire-semblant d'activité aux femmes salariées alors que ce principe propre initialement au modèle de la femme au foyer est refusé par les femmes à la maison qui doivent et veulent démontrer en permanence qu'elles sont « actives » (F. de Singly, 1987).

est un bien qui mérite attention, c'est évident, mais exige-t-il une telle spécialisation sexuelle des sacrifices?

La question de l'intérêt social et culturel des femmes et des hommes à la vie conjugale est toujours d'actualité : au début des années 90, les mécanismes objectifs et subjectifs qui créent la dévalorisation professionnelle des femmes vivant en couple perdurent. La métaphore d'August Strinberg dans *Dissensions*[9] peut encore être utilisée, comme la problématique de l'intérêt : les conjoints « ressemblaient à deux chevaux de course. On les avait pesés avant le départ, et on avait constaté que leurs poids étaient identiques; ils avaient promis de courir à la même allure; tout était si bien calculé qu'ils auraient dû terminer la course en même temps et quitter la compétition ensemble. Mais à présent le mari avait déjà pris une longueur d'avance sur elle ».

2 / *L'impossible explicitation*

Malgré de tels éclairages, rien n'interdit, cependant, de s'interroger sur la problématique de l'intérêt. On pourrait partir de la réaction personnelle des lectrices et des lecteurs, non sociologues, à la première édition : les femmes qui ont eu dans leur propre histoire une séparation, un divorce ont eu moins de résistance à adopter une telle manière de voir les relations conjugales. Ces femmes, sans doute parce qu'elles avaient été amenées à établir pour elles-mêmes les comptes de leur vie en couple, acceptaient mieux ce qui apparaissait aux autres comme une opération de désenchantement, voire de dénigrement du mariage. Ces réactions indiquent que la nature des échanges entre les conjoints n'est pas explicitée ordinairement.

« *Jamais calculer, plus jamais!* »

« L'esprit calculateur » plane peu sur les couples heureux, comme le laisse supposer cette femme dans une lettre adressée à un magazine : « Il y a un point noir qui me tourmente, c'est l'esprit calculateur de

9. A. Stindberg, *Mariés!, 1884-1886*, Arles, Actes-Sud, 1986.

mon mari. C'est un homme plus qu'économe. Je ne peux rien acheter sans lui en parler. Je dois justifier tout projet d'achat. Pourtant je ne suis pas dépensière. Un autre point noir à signaler, mais il vient de moi : je suis très exclusive et me morfonds quand mon mari profite, sans moi, de certains agréments liés à son travail. Je lui reproche violemment et je comptabilise ses heures. » Impossible de savoir qui a commencé à compter, mais cela conduit l'autre à répondre, et à devenir, lui aussi, comptable. Occupés à tenir leur carnet, ces partenaires n'avaient plus le temps, le goût de s'aimer. Chacun soupçonne l'autre de prendre du plaisir sans lui. C'est l' « égoïsme » qui est ainsi dénoncé derrière la dilapidation de l'argent ou du temps.

Pour demeurer agréable, la vie conjugale exige-t-elle de la part des conjoints qu'ils explicitent peu leur système d'échanges et qu'ils revendiquent avec discrétion leur plaisir personnel? Que cela soit vrai ne signifie pas qu'en amour on ne compte pas, comme le voudrait le dicton, mais qu'on ne livre pas publiquement ses estimations, qu'on doit donner l'impression de ne pas compter. En cas de crise, on découvre que tout a été enregistré et revient à la mémoire. Implicite et aveuglement de l'amour sont fortement associés. Le jeu conjugal est joué, pour pouvoir l'être avec satisfaction, sans que les règles soient bien connues de chacun des partenaires, à l'exception de la règle du silence sur les règles. Malgré son parti pris — « Sa servante ou Débit ou crédit » d'August Strindberg illustre une telle proposition[10]. Dans un couple, la femme au foyer est malheureuse, elle a le sentiment d'être la servante de la maison. Aussi son mari veut bien devenir son pensionnaire : « Je paye pour vivre ici. Ce sera toi le maître de maison et je viendrai prendre mes repas ici en payant. Je veux payer évidemment ce qu'il faut pour que tu ne puisses pas penser que j'ai une dette envers toi. Ma situation sera aussi, grâce à cela, plus agréable, car alors je ne serais plus obligé de tout recevoir par charité. » Il fait les comptes et parvient à réclamer de l'argent à son épouse au nom d'un partage équitable. Sa femme refuse. Il remarque — « N'essayons plus d'analyser le débit et le crédit du ménage. Mais si tu veux savoir où en est ton compte, le voici » — et il lui donne une facture signée : « Payé, M. Blackwood, chef de chantier. » — « Oh c'est honteux

10. *Ibid.*

de présenter des factures à sa femme », réagit celle-ci. Le mari lui demande finalement : « Veux-tu encore calculer? L'épouse ne voulut jamais calculer, plus jamais! »

Vouloir faire des comptes, désirer que tout soit clair, c'est affirmer que l'on veut être certain de ne rien perdre, de ne rien donner sans le savoir. C'est révéler son caractère « intéressé » dans le cadre d'une relation affective qui, par définition sociale, doit être « désintéressée ». La personne qui formule une telle demande prend le risque d'être perçue comme régie par ses intérêts personnels et donc insensible aux intérêts de son partenaire et de son couple. Dans la continuité historique de l'amour courtois, l'amour conjugal réclame à ses adeptes la démonstration d'une compétence particulière, celle de savoir donner du temps, de l'argent, de l'attention pour que leur partenaire se sente reconnu comme une personne, et non seulement pour ses services, et que pour qu'eux-mêmes soient aussi crédités des mêmes qualités (F. de Singly, 1990).

L'amour n'est pas un contrat

L'implicite supporte le sentiment amoureux et son intérêt spécifique dans la société individualiste. C'est pourquoi les sociologues se sont trompés lorsqu'ils ont prédit dans les années 70 l'extension des contrats entre les partenaires. Il était alors évident que la revendication du partage égalitaire du travail, professionnel et domestique, conduirait les femmes et les hommes à définir précisément les services rendus et les services reçus. Les couples qui tentèrent une telle expérience furent présentés comme les figures de l'avant-garde : « Un nombre croissant de personnes de tous âges considèrent cette procédure comme une précondition pour la formulation ou la continuation d'une relation type dans le mariage » (M. Sussman, 1975). La « soif d'égalité » pousserait les couples à « écrire les termes de l'accord qui les lie ». Furent ainsi notés « non seulement la répartition des biens possédés avant ou au cours du mariage, la gestion de ceux-ci, les dispositions financières en cas de mort ou de divorce, aussi les arrangements en cas de mobilité, la répartition des tâches éducatives et domestiques entre conjoints » (L. J. Weitzman, 1974).

Or rien de tel ne s'est passé; ces amateurs de contrats où figurent nature et amplitude des travaux mutuels ont eu peu de disciples. Les partisans du modèle autogestionnaire n'ont pas traduit leur souci de l'égalité des échanges en une contractualisation de la relation, car ces personnes tiennent tout autant que les partisans du modèle communiste à la préservation de leur bonne image personnelle et à l'harmonie de la vie conjugale. Les erreurs de prévision proviennent d'une sous-estimation des vertus de l'implicite dans la vie conjugale. Tous les conjoints — mariés ou concubins — doivent pouvoir croire et faire croire qu'ils sont mus par d'autres motifs que l'intérêt. Ils doivent démontrer en permanence à leur partenaire et à leur entourage que leur devise n'est pas « pour le meilleur sans le pire »[11].

« *Il est si doux d'être aimé pour soi-même* »

Ce retour du refoulé de l'analyse sociologique a le mérite de marquer les limites d'une science-fiction construite pour mesurer les coûts et les bénéfices de la vie conjugale. Maintenir trop longtemps l'exclusion de l'amour provoque à son tour une nouvelle cécité : occulter la spécificité des relations amoureuses qui ne peuvent pas apparaître comme intéressées, et les effets de ce désintéressement obligatoire.

Le couple n'est pas une entreprise comme les autres, contrairement à ce qu'affirme Bertrand Lemennicier. Dans le présent ouvrage, on a fait seulement « comme si » et on découvre pourquoi l'analogie n'est pas réalité. L'absence d'explicitation nous conduit à cette limite. Il n'est pas vrai qu'un « individu agisse de la même manière "rationnelle", qu'il s'agisse de choisir entre deux marques de yaourt ou de voiture ou entre deux programmes politiques et ou entre deux femmes » (B. Lemennicier, 1988). Eventuellement, on peut être « aveugle » en ne recherchant pas le meilleur rapport qualité/prix lorsqu'on achète un yaourt ou une voiture, mais on ne peut pas ne pas être « aveugle » lorsqu'on tombe amoureux. Le conjoint est, en effet, un produit original qui a pour fonction — dans le meilleur des cas — de garantir à l'acheteur qu'il n'est pas, lui non plus, réductible à un portefeuille d'actions professionnelles, tout en préservant cependant si possible sa valeur sociale dans l'association.

11. La thèse d'Evelyne Sullerot (1984) est erronée : les concubins ne veulent pas apparaître plus que les personnes mariées comme gouvernés par un individualisme « égoïste ».

Dans la vie conjugale, l'individu n'est pas plus irrationnel[12] ou moins intéressé[13] qu'ailleurs, mais il doit défendre davantage ce qu'on peut nommer son « humanité ». Seul le flou des conditions dans lesquelles s'effectuent le choix du conjoint et le déroulement de la vie conjugale fonde l'autonomie relative dont a socialement besoin l'affection pour agir, c'est-à-dire pour donner à chacun des partenaires les bénéfices sociaux associés au sentiment d'être quelqu'un d'estimable. C'est ce que souligne, dans *Le barbier de Séville*, le comte qui est aimé par Rosine sans que celle-ci connaisse sa fortune : « Il est si doux d'être aimé pour soi-même. »[14] En réintroduisant ainsi les effets de la logique amoureuse, on comprend pourquoi dans les sociétés contemporaines où la distinction entre les deux dimensions de l'identité personnelle — capital et qualités humaines — s'est accentuée la dévaluation symbolique de l'institution matrimoniale n'a pas été suivie d'une dévaluation comparable de « la vie à deux ». Cette dernière, malgré son coût payé principalement par la femme en référence à sa fortune sociale et culturelle, assure mieux que d'autres formes de relations aux partenaires la défense de l'intérêt humanitaire.

12. Version de Bertrand Lemennicier : « On accordera qu'il est plus difficile pour l'individu de maîtriser son comportement "irrationnel" (c'est-à-dire ses passions et ses instincts) quand il s'agit de choisir une femme pour épouse que lorsqu'il s'agit du choix d'un emploi ou de vêtements. »

13. Version que l'on pourrait déduire de la critique anti-utilitariste. Cf. A. Caillé, 1988.

14. Beaumarchais, *Le barbier de Séville* (1775). Le théâtre notamment avec Marivaux et Beaumarchais, au XVIIIe siècle, et le roman au XIXe siècle ont été des supports importants de la diffusion de la croyance en l'amour. Ils ont représenté, par les techniques du bluff et du déguisement, la séparation des deux intérêts — raison utilitaire et raison humanitaire.

annexe 1
Le rendement professionnel de la dot scolaire selon le sexe et l'état matrimonial en 1970 et en 1985

TABLEAU 1.1
PROBABILITÉ DE DEVENIR CADRE
EN FONCTION DU DIPLÔME, DU SEXE
ET DE L'ÉTAT MATRIMONIAL EN 1970

	Probabilité de devenir cadre supérieur avec			*Probabilité de devenir cadre (moyen ou supérieur) avec*		
	Bac + 3	*Bac + 2*	*Bac*	*CAP*	*CEP*	*Sans diplôme*
Hypothèse A :						
H. mariés	90	43	32	31	14	4
H. célibataires	79	29	17	21	5	1
Hypothèse B :						
F. célibataires	83	21	8	42	13	5
F. mariées	79	6	9	25	5	2
Hypothèse C :						
H. mariés	90	43	32	31	14	4
F. mariées	79	6	9	25	5	2
Hypothèse D :						
H. célibataires	79	29	17	21	5	1
F. célibataires	83	21	8	42	13	5

Source : INSEE, FQP, 1970, Actifs, de 35-52 ans.

Note de lecture : Parmi les personnes ayant poursuivi des études au moins jusqu'à la licence, 90 % des hommes mariés et 79 % des femmes mariées parviennent au statut de cadre supérieur.

TABLEAU 1.2

PROBABILITÉ DE DEVENIR CADRE EN FONCTION DU DIPLÔME, DU SEXE ET DE L'ÉTAT MATRIMONIAL EN 1985

	Probabilité de devenir cadre supérieur avec			*Probabilité de devenir cadre (moyen ou supérieur) avec*		
	Bac + 3	*Bac + 2*	*Bac*	*CAP*	*CEP*	*Sans diplôme*
Hypothèse A :						
H. mariés	86	43	37	34	24	9
H. célibataires	67	33	21	20	8	4
Hypothèse B :						
F. célibataires	76	14	17	28	20	7
F. mariées	74	13	9	18	10	2
Hypothèse C :						
H. mariés	86	43	37	34	24	9
F. mariées	74	13	9	18	10	2
Hypothèse D :						
H. célibataires	67	33	21	20	8	4
F. célibataires	76	14	17	28	20	7

Source : INSEE, FQP, 1985, Actifs occupés de 35-52 ans.

annexe 2
Le rendement professionnel de la dot scolaire selon le sexe et la dot scolaire de son conjoint

TABLEAU 2.1
PROBABILITÉ DE DEVENIR CADRE POUR UN HOMME MARIÉ
EN FONCTION DE SON ÂGE DE FIN D'ÉTUDES
ET DE L'ÂGE DE FIN D'ÉTUDES DE SON ÉPOUSE

Age de fin d'études de l'épouse	*Pour le mari, accès à la position de cadre*	
9 à 14 ans	5 %	
15 à 19 –	15 –	
	(hommes dont l'âge de fin d'études est 14 ans ou moins)	
9 à 14 ans	6 %	
15 à 19 –	23 –	
	(hommes dont l'âge de fin d'études est 15 ans)	
9 à 14 ans	13 %	
15 à 19 –	33 –	
	(hommes dont l'âge de fin d'études est 16 ans)	
	Pour le mari, accès à la position de cadre	
	supérieur	*moyen*
15 à 19 ans	18 %	36 %
20 à 24 –	38 –	45 –
	(hommes dont l'âge de fin d'études est 19 ans)	
15 à 19 ans	22 %	38 %
20 à 24 –	51 –	32 –
	(hommes dont l'âge de fin d'études est entre 20 et 24 ans)	
20 à 24 ans	83 %	15 %
25 à 29 –	84 –	8 –
	(hommes dont l'âge de fin d'études est entre 25 et 29 ans)	

Source : INSEE, FQP, 1970, Hommes mariés, actifs, de 35-52 ans.

Note de lecture : Un homme ayant arrêté ses études à 16 ans devient cadre dans 13 % des cas si son épouse a achevé ses études à 14 ans et dans 33 % des cas si son épouse a achevé ses études entre 15 et 19 ans.

TABLEAU 2.2
PROBABILITÉ DE DEVENIR CADRE POUR UNE FEMME MARIÉE EN FONCTION DE SON ÂGE DE FIN D'ÉTUDES ET DE L'ÂGE DE FIN D'ÉTUDES DE SON MARI

Age de fin d'études du mari	*Pour l'épouse, accès à la position de cadre*	
9 à 14 ans	2 %	
15 à 19 –	8 –	
	(femmes dont l'âge de fin d'études est 14 ans ou moins)	
9 à 14 ans	3 %	
15 à 19 –	13 –	
	(femmes dont l'âge de fin d'études est 15 ans)	
9 à 14 ans	4 %	
15 à 19 –	17 –	
	(femmes dont l'âge de fin d'études est 16 ans)	
	Pour l'épouse, accès à la position de cadre	
	supérieur	*moyen*
15 à 19 ans	8 %	45 %
20 à 24 –	6 –	73 –
	(femmes dont l'âge de fin d'études est 19 ans)	
15 à 19 ans	4 %	63 %
20 à 24 –	16 –	69 –
	(femmes dont l'âge de fin d'études est entre 20 et 24 ans)	
20 à 24 ans	60 %	40 %
25 à 29 –	70 –	19 –
	(femmes dont l'âge de fin d'études est entre 25 et 29 ans)	

Source : INSEE, FQP, 1970, Femmes mariées, actives, de 35-52 ans.

bibliographie

Acker J., Women and social stratification : a case of sexual sexism, *American Journal of Sociology*, *78*, 4, 1973, p. 936-945.

Acock A. C., V. L. Bengtson, On the relative influence of mothers and fathers: a covariance analysis of political and religious socialization, *Journal of Marriage and the Family*, *40*, 3, 1978, p. 519-530.

Allen S. M., Kalish R. A., Professional women and marriage, *Journal of Marriage and the Family*, *46*, 2, 1984, p. 375-382.

Almquist E., Angrist S., Career salience and atypicality of occupational choice among college women, *Journal of Marriage and the Family*, *32*, 2, 1970, p. 242-249.

Aneshendel C. S., Rosen B. C., Domestic roles and sex differences in occupational expectations, *Journal of Marriage and the Family*, *42*, 1, 1980.

Ariès P., *L'enfant et la vie familiale sous l'Ancien Régime*, Paris, Plon, 1960.

Aubret-Beny F., Pratiques éducatives des parents et autres caractéristiques culturelles et démographiques du milieu familial, en relation avec le niveau intellectuel des élèves de cours préparatoire, *in* INED-INETOP, 1978, p. 257-290.

Audirac P. A., La cohabitation : un million de couples non mariés, *Economie et Statistique*, *185*, 1986, p. 13-33.

Baboulin J.-C., Gaudin J.-P., Mallein P., *Le magnétoscope au quotidien*, Paris, Aubier, 1983.

Badinter E., *L'un est l'autre*, Paris, Ed. O. Jacob, 1986.

Bahr S. H., The effect of welfare on marital stability and remarriage, *Journal of Marriage and the Family*, *41*, 3, 1979, p. 553-560.

Barrère-Maurisson M. A., Les incidences de la crise économique sur le couple et la famille, *Dialogue*, *77*, 1982, p. 71-81.

Barthes R., *L'empire des signes*, Genève, A. Skira, 1970.

Barugh G. K., Maternal influences upon college women's attitudes toward women and work, *Developmental Psychology*, 1972, 6, p. 32-37.

Battagliola F., Employées et employés. Trajectoires professionnelles et familiales, *in* Collectif, 1984, p. 57-70.

Battagliola F., *La fin du mariage?*, Paris, Syros/Alternatives, 1988.

Baudelot C., Choquet O., Du salaire au niveau de vie, *Economie et Statistique*, *39*, 1981, p. 17-28.

Baylin L., Career and family orientations of husbands and wives in relation to marital happiness, *Human Relations*, *23*, 2, 1970, p. 97-113.

Becker G. S., A theory of social interactions, *Journal of Political Economy*, *82*, 6, 1974, p. 1063-1093.

Becker G. S., *A treatise on the family*, Cambridge, Harvard University Press, 1981.

Beeghley L., Cochran J., Class identification and gender roles norms among employed married women, *Journal of Marriage and the Family*, *50*, 1988, p. 719-729.

Bejin, Le mariage extra-conjugal d'aujourd'hui, *Communications*, *35*, 1982, p. 138-146.

Benham L., Benefits of women's education within marriage, *Journal of Political Economy*, *82*, 2 (March-April), 1974, p. S57-S71.

Benham L., Non-Market returns to women's investment in education, *in* C. B. Lloyd, 1975, p. 293-309.

Bensaude-Vincent B., A l'ombre du génie : être femme de Pasteur, *Pénélope*, *4*, 1981, p. 9-12.

Bernard J., *The future of marriage*, New York, Mac-Milan, 1971.

Bloch L., Glaude M., Une approche du coût de l'enfant, *Economie et Statistique*, *155*, 1983.

Blood R. O., Wolfe D. M., *Husbands and wifes*, New York, Free Press, 1960.

Blunden K., *Le travail et la vertu*, Paris, Payot, 1969.

Boltanski L., *Prime éducation et morale de classe*, Paris-La Haye, Mouton, 1982.

Boudon R., *Effets pervers et ordre social*, Paris, PUF, 1977.

Bourdieu P., Passeron J.-C., *Les héritiers*, Paris, Ed. de Minuit, 1964.

Bourdieu P., Passeron J.-C., *La reproduction*, Paris, Ed. de Minuit, 1970.

Bourdieu P., Avenir de classe et causalité du probable, *Revue française de Sociologie*, *XV*, 1, 1974, p. 3-42.

Bourdieu P., Saint-Martin M. de, Le patronat, *Actes de la Recherche en Sciences sociales*, *20-21*, 1978, 3-82.

Bourdieu P., Les trois états du capital culturel, *Actes de la Recherche*, *30*, 1979, p. 3-6.

Bourgeois F., Brener J., Chabaud D., Cot A., Fougeyrollas D., Haicault M., Kartchevsky-Bulport A., Travail domestique et famille du capitalisme, *Critique de l'Economie politique*, *3*, 1978, p. 3-23.

Bozon M., Heran F., La découverte du conjoint, *Population*, *6*, 1987, p. 943-986, et *1*, 1987, p. 121-150.

Brangeon J.-L., Jegouzo G., Célibat paysan et pauvreté, *Economie et Statistique*, *58*, 1974, p. 3-18.

Brangeon J.-L., Jegouzo G., La condition sociale des petits paysans, *Données sociales*, 1978, p. 381-400.

Brochart K. R., Family status and professional achievement: a study of women doctorates, *Journal of Marriage and the Family*, *40*, *1*, 1978, p. 71-76.

Burguière A., De Malthus à Max Weber : le mariage tardif et l'esprit d'entreprise, *Annales ESC*, *27*, 4-5, p. 1128-1138.

Cacouault M., Diplôme et célibat. Les femmes professeurs de lycée entre les deux guerres, *in* A. Farge, C. Klapisch-Zuber (éd.), 1984, p. 177-203.

Caille A., *Critique de la raison utilitaire*, Paris, Ed. La Découverte, 1989.

Canceill G., Chastand A., Choquet O., *Données statistiques sur les familles*, Paris, INSEE, 1981.

Canceill G., Revenu professionnel, formation et situation familiale, in *Données sociales*, 1984, p. 496-501.

Cardia-Vonèche L., Bastard B., Des familles monoparentales face à leurs difficultés économiques : des stratégies diverses, *Dialogue*, *101*, 1988, p. 45-64.

Castel R., Passeron J.-C. (éd.), *Education, développement et démocratie*, Paris-La Haye, Mouton, 1967.

Castel R., *La gestion des risques*, Paris, Ed. de Minuit, 1981.

Cave F., *L'espoir et la consolation*, Paris, Payot, 1981.

CERC, *Familles nombreuses, mères isolées. Situation économique et vulnérabilité*, Document 85, Paris, 1987.

Certeau M. de, *L'écriture de l'histoire*, Paris, Gallimard, 1978.

Certeau M. de, L'histoire, science et fiction, *Le Genre humain*, *7-8*, 1983, p. 148-169.

Chabaud-Rychter D., Fougeyrollas-Schwebel D., Sonthonnax, F., *Espace et temps du travail domestique*, Paris, Lib. des Méridiens, 1985.

Chaudron M., Heur et malheur de la cuisinière, *Les Temps modernes*, *438*, 1983, p. 1349-1959.

Chenu A., *La nébuleuse des employés*, Paris, INSEE, 1990.

Cherlin A., Postponing marriage : the influence of young women's work expectations, *Journal of Marriage and the Family*, *42*, 2, 1980, p. 355-365.

Clerc P., La famille et l'orientation scolaire au niveau de la sixième, *Population*, *4*, 1964, p. 627-672.

Collectif italien, *Etre exploitées*, Paris, Ed. des Femmes, 1974.

Collectif, *Le sexe du travail*, Grenoble, PUG, 1984.

Collectif, *Les jeunes et les autres*, ministère de la Recherche et de la Technologie, Paris, 1985.

Collectif, Femmes modes d'emplois, *Nouvelles Questions féministes*, 1986, 14-15.

Commaille J., *Le divorce en France*, Paris, La Documentation française, 1978.

Commaille J., *Les stratégies de divorce*, communication à l'Association internationale de Sociologie, Louvain, 1981.
Courgeau D., Lelièvre E., Nuptialité et agriculture, *Population*, *41*, 2, 1986.

Davis N. J., Robinson R. V., Class identification of men and women in the 1970s and 1980s, *American Sociological Review*, *53*, 1988, p. 103-112.
Delphy C., Les femmes dans les études de stratification, *in* A. Michel (éd.), 1977, p. 25-38.
Delphy C., Mariage et divorce : l'impasse à double face, *Les Temps modernes*, *29*, 333-334, 1974, p. 1815-1829.
Desplanques G., *Cycle de vie et milieu social*, Collections de l'INSEE D117, Paris, 1987.
Desplanques G., La mortalité masculine selon le milieu social, *Données sociales*, 1984, p. 348-358.
Desplanques G., Saboulin de M., Les familles aujourd'hui, in *Données sociales*, 1990, p. 276-284.
Deville J.-C., *Structure des familles*, Paris, INSEE, 1972.
Dixon R., Explaining cross-cultural variations in age at marriage and proportions never marrying, *Population Studies*, juillet, 1971.
Données sociales, Paris, INSEE, 1978.
Données sociales, Paris, INSEE, 1981.
Données sociales, Paris, INSEE, 1984.
Données sociales, Paris, INSEE, 1990.
Dowling C., *Le complexe de Cendrillon*, Paris, Grasset, 1982.
Durkheim E., *Le suicide*, Paris, rééd. PUF, 1969.

Elder G. H., Appearance and education in marriage mobility, *American Sociological Review*, *34*, August, 1969, p. 519-533.
Engels F., *L'origine de la famille, de la propriété privée et de l'Etat*, Paris, Ed. Sociales, 1954.
Etaugh C., Malstrom J., The effect of marital status on person perception, *Journal of Marriage and the Family*, *43*, 4, 1981, p. 801-805.

Fagnani J., Women's commuting patterns and strategies to reconcilie an occupational activity with family life in the Paris Region, *Tidjdschrift voor economische en sociale geografie*, *74*, 1, 1983.
Farge A., Klapisch-Zuber C. (éd.), *Madame ou mademoiselle?*, Paris, Ed. Montalba, 1984.
Farris A., Commuting, *in* R. Rapoport, R. Rapoport (éd.), 1978, p. 100-107.
Ferber M., Huber H., Husbands, wives and careers, *Journal of Marriage and Family*, *41*, 2, 1979, p. 315-325.
Finch J., *Married to the job : wives' incorporation in women's work*, London, G. Allen & Unwin, 1983.
Flamenco A., L'instruction et le choix du conjoint, *in* R. Castel, J.-C. Passeron (éd.), 1967, p. 137-149.
Flandrin J.-L., *Amours paysannes*, Paris, Gallimard, 1975.

Fourastié J., Une enquête sur la scolarité d'enfants d'instituteurs et de normaliens, *in* INED, 1970, p. 532-538.

Galland O., *Jeunes : marché scolaire, marché du travail, marché matrimonial*, *in* Collectif, 1985.

Gertrude, Postface à quelques préfaces, *Questions féministes*, *6*, 1979, p. 23-33.

Girard A., *Le choix du conjoint*, Paris, PUF-INED, 1960.

Girard A., *La réussite sociale en France*, Paris, PUF-INED, 1962.

Girard A., Bastide H., La stratification sociale et la démocratisation de l'enseignement, *Population*, *3*, 1963, p. 435-472.

Glaude M., Singly F. de, L'organisation domestique : pouvoir et négociation, *Economie et Statistique*, *187*, 1986, p. 3-30.

Glenn N. D., Ross A., Tuly J., Patterns of intergenerational mobility of females through marriage, *American Sociological Review*, *39*, 1974, p. 683-699.

Glenn N. D., Hoppe S. K., Weiner D., Social class heterogamy and marital success : a study of the empirical adequacy of a texbook generalization, *Social Problems*, *21*, 4, 1974, p. 539-550.

Glenn N. D., The contribution of marriage to the psychological well-being of males and females, *Journal of Marriage and the Family*, *37*, 3, 1975, p. 594-600.

Glick P. C., Norton A. J., Frequency, duration and probability of marriage and divorce, *Journal of Marriage and the Family*, *33*, 1971, p. 307-317.

Glick P. C., Spanier G. B., Married and unmarried cohabitation in the United States, *Journal of Marriage and the Family*, *42*, 1, 1980, p. 19-30.

Goffman E., *La présentation de soi*, Paris, Ed. de Minuit, 1973.

Goffman E., *Les relations en public*, Paris, Ed. de Minuit, 1973.

Gokalp C., *Quand vient l'âge des choix*, Paris, PUF-INED, 1981.

Gotman A., *Hériter*, Paris, PUF, 1988.

Guillaumin C., Pratique du pouvoir et idée de nature, *Questions féministes*, *2*, 1978, p. 5-39.

Haicault M., La gestion ordinaire de la vie en deux, *Sociologie du Travail*, *3*, 1984, p. 268-277.

Hannan M. T., Tuma N. B., Groeneveld L. P., Income and independance effects on marital dissolution : results from the Seattle and Denver income maintenance experiments, *American Journal of Sociology*, *84*, 1978, p. 611-633.

Hoffman L. W., Effects of maternal employment on the child : a review of research, *Developmental Psychology*, *10*, 2, 1974, p. 204-228.

Houseknecht S. K., Vaughan S., Statham A., Singlehood and the careers of professional women, *Journal of Marriage and the Family*, *49*, 2, 1987, p. 353-366.

Huet M. T., Lemel Y., Roy C., Les emplois du temps des citadins, *Archives et Documents*, Paris, INSEE, 1982.
Huppert-Laufer J., *La féminité neutralisée*, Paris, Flammarion, 1982.

INED, Population et l'enseignement, Paris, INED, 1970.
INED-INETOP, *Enquête nationale sur le niveau intellectuel des enfants d'âge scolaire*, t. 2, Paris, PUF, 1973.
INED-INETOP, *Enquête nationale sur le niveau intellectuel des enfants d'âge scolaire*, t. 3, Paris, PUF, 1978.

Jorgensen S. R., Social class heterogamy, status striving and perceptions of marital conflict : a partial replication and revision of Pearlin's contingency hypothesis, *Journal of Marriage and the Family*, *39*, 4, 1977, p. 653-661.
Julia D., La naissance du corps professoral, *Actes de la Recherche en Sciences sociales*, *39*, 1981, p. 71-86.

Kellerhals J., Perrin J.-F., Steinauer-Cresson G., Voneche L., Wirth G., *Mariages au quotidien*, Lausanne, Ed. P.-M. Favre, 1982.
Kellerhals J., Languin N., Perrin J.-F., Wirth G., Statut social, projet familial et divorce, *Population*, *6*, 1985, p. 811-828.
Kitson G. K., Sussman M. B., Marital complaints, demographic characteristics and symptoms of mental distress in divorce, *Journal of Marriage and the Family*, *44*, 1, 1982, p. 87-101.
Knibiehler Y., Fouquet C., *Histoire des mères*, Paris, Ed. Montalba, 1977.
Knibiehler Y., Vocations sans voiles, les métiers sociaux, in A. Farge, C. Klapisch-Zuber, 1984, p. 163-176.

Lagarde F., *Liaison activité féminine - fécondité : un essai de chiffrement*, Direction de la Prévision, Paris, 1981.
Langevin A., Mutants, mutantes? Des raisins encore verts, *Autrement*, *24*, 1980, p. 51-59.
Lautrey J., *Classe sociale, milieu familial, intelligence*, Paris, PUF, 1980.
Lefaucheur N., *Enquête exploratoire sur les conséquences financières du décès du chef de famille*, rapport pour le CERC, 1982.
Lemennicier B., La spécialisation des rôles conjugaux, les gains au mariage et la perspective du divorce, *Consommation*, *1*, 1980, p. 27-71.
Lemennicier B., Les déterminants de la mobilité matrimoniale, *Consommation*, *2*, 1982, p. 25-58.
Lemennicier B., *Le marché du mariage et de la famille*, Paris, PUF, 1988.
Leridon H., Villeneuve-Gokalp C., Les nouveaux couples, *Population*, *2*, 1988, p. 331-374.
Lery A., Les actives de 1982 n'ont pas moins d'enfants que celles de 1968, *Economie et Statistique*, *171-172*, 1984, p. 25-34.

Lloyd C. B. (éd.), *Sex discrimination and the division of labor*, Columbia University Press, 1975.

Long L. H., Women's labor force participation and the residential mobility of families, *Social Forces*, *52* (March), 1974, p. 342-348.

Lopota H. Z., *Women as widows*, New York, Elsevier, 1979.

Luce D., Raiffa H., *Games and decision*, New York, Wiley, 1957.

Mahoney E. R., Richardson J. G., Perceived social status of husbands and wives; the effect of labor participation and occupational prestige, *Sociology and Social Research*, *63*, 2, 1979, p. 364-374.

Marceau J., Le rôle des femmes dans les familles du monde des affaires, *in* A. Michel, 1978, p. 113-124.

Martin T. W., Berry K. J., Jacobsen R. B., The impact of dual career marriages on female professional careers : an empirical test of a parsonian hypothesis, *Journal of Marriage and the Family*, *37*, 4, 1975, p. 734-742.

Maruani M., *Les syndicats à l'épreuve du féminisme*, Paris, Ed. Syros, 1979.

Maruani M., *Mais qui a peur du travail des femmes?*, Paris, Ed. Syros, 1985.

Maruani M., Nicole C., *Au labeur des dames*, Paris, Syros/Alternatives, 1989.

Marx J. H., Spray S. L., Marital status and occupational success among mental health professionals, *Journal of Marriage and the Family*, *31*, 1 (February), 1970, p. 110-118.

Mauger G., Fossé C., *La vie buissonnière*, Paris, Maspero, 1977.

Mauger G., Fossé-Poliak C., Les loubards, *Actes de la Recherche en Sciences sociales*, *50*, 1983, p. 49-67.

Mauger G., Fossé-Poliak C., De la cohabitation chez les jeunes de milieux populaires, 1975-1985, *Dialogue*, *92*, 1986.

McDonald, Family power : the assessment of a decade of theory and research, 1970-1979, *Journal of Marriage and the Family*, *42*, 4, 1980, p. 841-854.

Menahem G., L'activité professionnelle des mères a augmenté les chances de réussite de leurs enfants, *Economie et Statistique*, 1988, 211.

Michel A. (éd.), *Femmes, sexisme et société*, Paris, PUF, 1977.

Michel A. (éd.), *Les femmes dans la société marchande*, Paris, PUF, 1978.

Mill J. S., *L'asservissement des femmes*, Paris, Payot, 1975.

Mincer J., Family migration decision, *Journal of Political Economy*, *36*, 5, 1978, p. 749-773.

Monnier A., *La naissance d'un enfant*, Paris, PUF-INED, 1977.

Moscovici S. (éd.), *Introduction à la psychologie sociale*, t. 1, Paris, Larousse, 1972.

Mueller C. W., Campbell B. G., Female occupational achievement and marital status, *Journal of Marriage and the Family*, *39*, 3, 1977, p. 587-593.

Mueller C. W., Parcel T. L., Pampel F. C., The effect of marital dyad status inconsistency on women's support for equal rights, *Journal of Marriage and the Family*, *41*, 4, 1979, p. 779-791.

Niemi B., Geographic immobility and unemployment, *in* C. B. Lloyd, 1975, p. 61-89.

Paolucci B., Le développement des ressources humaines dans les familles américaines, *in* A. Michel (éd.), 1978, p. 97-111.

Parsons T., *Eléments pour une sociologie de l'action*, Paris, Plon, 1955.

Parsons T., Bales R., *Family, socialization and interaction*, Glencoe, Free Press, 1955.

Pearlin L. I., Status inequality and stress in marriage, *American Sociological Review*, *40*, 3, 1975, p. 344-357.

Perrot M., *Histoire de la vie privée. De la Révolution à la Grande Guerre*, Paris, Le Seuil, 1987.

Pillorget R., *La tige et le rameau*, Paris, Calmann-Lévy, 1979.

Pitrou A., Un processus de récupération du statut social : le cas des cadres non diplômés, *Sociologie du Travail*, *XIX*, 1, 1977, p. 1-22.

Pitrou A., Battagliola F., Buisson M., Rousier N., Ruffier J., Toussaint Y., *Trajectoires professionnelles et stratégies familiales*, Paris, CNRS, 1983.

Pohl R., Soleilhavoup J., Ben Rezigue J., *Formation, mobilité sociale, salaires*, Paris, INSEE, 1983.

Polachek S. W., Discontinuous labor force participation and its effect on women's market earnings, *in* C. B. Lloyd, 1975, p. 90-123.

Polachek S. W., Potential biases in measuring male-female discrimination, *Journal of Human Resources*, *X*, 2, 1975, p. 205-229.

Radloff L., Sex differences in depression : the effect of occupation and marital status, *Sex Roles*, *1*, 1975, p. 249-265.

Raffin T., *La naissance de l'amour conjugal. Etude du « Petit Echo de la Mode »*, maîtrise, Université de Nantes (dir. F. de Singly), 1982.

Rapoport R., Rapoport R. (éd.), *Working Couples*, London, Routledge & Kegan, 1978.

Richardson J. G., Wife occupational superiority and marital troubles : an examination of the hypothesis, *Journal of Marriage and the Family*, *41*, 1, 1979, p. 63-72.

Ritter K. V., Hargens L. H., Occupational positions and class identifications of married working women : a test of the asymmetry hypothesis, *American Journal of Sociology*, *80*, 5 (January), 1975, p. 934-948.

Ronsin F., *La grève des ventres*, Paris, Aubier, 1980.

Roos P., *Marital differences in occupational distribution and attainment : a twelve-nation study*, Annual meeting of the Population Association of America, Washington, 1981.

Roussel L., *Le mariage dans la société française*, Paris, PUF-INED, 1975.

Roussel L., Bourguignon O., *Générations nouvelles et mariage traditionnel*, Paris, PUF-INED, 1979.

Roussel L., *La famille incertaine*, Paris, Ed. O. Jacob, 1989.

Roy C., Dix ans après, les nouveaux pères existent-ils ?, *L'Ecole des Parents*, *2*, 1990, p. 37-42.

Roux C., Aspects professionnels de la reprise d'activité des femmes mariées, *Revue française des Affaires sociales*, *23*, 1, 1969, p. 33-74.

Roy C., Rousse H., Activités ménagères et cycle de vie, *Economie et statistique*, *131*, 1981, p. 59-67.
Rubin Z., Do american women marry up?, *American Sociological Review*, *33*, 1968, p. 750-760.
Salvon-Demersay S., *Concubin, concubine*, Paris, Le Seuil, 1983.
Sandis E. E., The transmission of mother's educational ambitions, as related to specific socialization technique, *Journal of Marriage and the Family*, *32*, 2, 1970, p. 204-211.
Sayad A., Les enfants illégitimes, *Actes de la Recherche en Sciences sociales*, *26-27*, 1979, p. 117-132.
Schnaberg A., Oldenberg S., Closing the circle : the impact of children on parental status, *Journal of Marriage and the Family*, *37*, 4, 1975, p. 937-953.
Schwartz F. N., Management women and the new facts of life, *Harvard Business Review*, 1989, 1.
Schwartz O., *Le monde privé des ouvriers*, Paris, PUF, 1990.
Segalen M., *Mari et femme dans la société paysanne*, Paris, Flammarion, 1980.
Segalen M., *Amours et mariage de l'ancienne France*, Paris, Berger-Levrault, 1981.
Sennett R., *Les tyrannies de l'intimité*, Paris, Le Seuil, 1979.
Sewell W. H., Shah V. P., Parents' education and children's educational aspirations and achievements, *American Sociological Review*, *33*, 2 (April), 1968, p. 191-209.
Sewell W. H., Shah V. P., Social class parental encouragement and educational aspirations, *American Journal of Sociology*, *73* (March), 1968, p. 59-72.
Sewell W. H., Hauser R. H., Wolf W. C., Sex schooling and occupational status, *American Journal of Sociology*, *86*, 3, 1980, p. 551-583.
Shorter E., *Naissance de la famille moderne*, Le Seuil, Paris, 1977.
Sigall H., Landy D., Radiating beauty: effects of having a physically attractive partner on person perception, *Journal of Personality and Social Psychology*, *28*, 1973, p. 218-224.
Simmel G., *Sociologie et épistémologie*, Paris, PUF, 1981.
Simpson I. H., Stark D., Jackson R. A., Class identification processes of married, working men and women, *American Sociological Review*, *53*, 1988, p. 284-293.
Singly F. de, L'influence du travail professionnel de la femme sur le nombre d'enfants, *Population*, *3*, 1975, p. 611-617.
Singly F. de, Un cas de dédoublement littéraire, *Actes de la Recherche en Sciences sociales*, *6*, 1976, p. 76-85.
Singly F. de, Mobilité féminine par le mariage et dot scolaire, *Economie et Statistique*, *91*, 1977, p. 33-44.
Singly F. de, *Richesses scolaires de la femme et appropriation maritale de sa force de travail*, communication aux journées d'étude de la Société française de Sociologie sur « Travail des femmes et Institutions familiales », Nantes, 1980.

Singly F. de, La ponctuation du temps domestique, *Dialogue*, *72*, 1981 *a*, p. 53-56.

Singly F. de, Le pouvoir de la communication conjugale, *Dialogue*, *74*, 1981 *b*, p. 91-105.

Singly F. de, Le mariage informel, *Recherches sociologiques*, *XII*, 1, 1981 *c*, p. 61-90.

Singly F. de, Un nouveau mariage de raison, *Dialogue*, *77*, 1982 *a*, p. 57-70.

Singly F. de, Attention travaux sur l'intelligence!, *Commentaire*, *19*, 1982 *b*, p. 495-499.

Singly F. de, Mariage, dot scolaire et position sociale, *Economie et statistique*, *142*, 1982 *c*, p. 7-20.

Singly F. de, Le second mari, *Population*, *38*, 1, 1983, p. 9-27.

Singly F. de, Les manœuvres de séduction : une analyse des annonces matrimoniales, *Revue française de Sociologie*, *XXV*, 1984, p. 523-559.

Singly F. de, Accumulation et partage des ressources conjugales, *Sociologie du Travail*, *26*, 3, 1984, p. 326-345.

Singly F. de, Thélot C., Racines et profils des ouvriers et des cadres supérieurs, *Revue française de Sociologie*, *XXVII*, 1, 1986, p. 47-86.

Singly F. de, Théorie critique de l'homogamie, *L'Année Sociologique*, *37*, 1987, p. 181-205.

Singly F. de, *Lire à 12 ans*, Paris, Nathan, 1989.

Singly F. de, L'homme dual, *Le Débat*, *61*, 1990.

Smith T. E., Adolescent agreement with perceived maternal and paternal educational goals, *Journal of Marriage and the Family*, *43*, 1, 1981, p. 85-93.

Sofer C., *Essai sur la théorie économique de la division du travail entre homme et femme*, thèse de sciences économiques, Université de Paris-Dauphine, 1982.

Solé J., *L'amour en Occident*, Bruxelles, Ed. Complexe, 1984.

Spitze G. D., Waite L. J., Wifes' employment : the role of husbands' perceived attitudes, *Journal of Marriage and the Family*, *43*, 1, 1981, p. 117-124.

Spitze G., Women's employment and family relations : a review, *Journal of Marriage and the Family*, *3*, 1988, p. 595-618.

Suaud C., Consécration religieuse et professionnalisation féminine en milieu rural, *Cahiers du Gespro*, Nantes, 1978.

Suaud C., *L'art de cultiver sa retraite*, Université de Nantes (ronéo), 1982.

Sullerot, *Pour le meilleur et sans le pire*, Paris, Fayard, 1984.

Sussman M., Marriages contracts: social and legal consequences, *Marriage, Divorce and the Family Newsletter*, *1*, 7, 1975.

Tabard N., Clapier P., *Influence du travail féminin sur les budgets familiaux*, Paris, CREDOC, 1979.

Tabard N., Valetas M. F., Clapier P., Kleinmann H., *Fécondité et conditions de vie*, Paris, CREDOC, 1982.

Taylor P. A., Glenn N. D., The utility of education and attractiveness for females status attainment through marriage, *American Sociological Review*, *41* (June), 1979, p. 484-498.

Thélot C., *Tel père, tel fils?*, Paris, Dunod, 1982.
Thomson E., The value of employment to mothers of young children, *Journal of Marriage and the Family*, *42*, 3, 1980, p. 551-566.
Tilly L., Scott J. W., *Les femmes, le travail et la famille*, Paris-Marseille, Rivages, 1987.
Treiman D., Terrell K., Sex and the process of status attainment: a comparison of working women and men, *American Sociological Review*, *40*, 1975, p. 174-200.

Udry J. R., The importance of being beautiful : a reexamination and racial comparison, *American Journal of Sociology*, *83*, 1 (July), 1977, p. 154-160.

Valetas M. F., *Le nom de la mère*, Paris, CREDOC, 1982.
Vallet L. A., Activité professionnelle de la femme mariée et détermination de la position sociale de la famille, *Revue française de Sociologie*, 1986, *XXVII*, p. 655-696.
Vallet L. A., *Activité professionnelle de la mère et ambition scolaire de l'enfant*, communication aux Premières Rencontres annuelles sur la Famille, GdR Sociologie de la Famille, Rennes, 1989.
Veron J., *Mariage, famille et réussite sociale des femmes en France*, communication au 2e colloque « Les familles d'aujourd'hui », Association internationale des Démographes de Langue française, Genève, 1984.

Weber M., *Economie et Société*, t. 1, Paris, Plon, 1971.
Weitzman L. J., Legal relation of marriage: tradition and change, *California Law Review*, *62*, 4, 1974.

Zick C. D., Smith K. R., Widowhood, remmarriage and changes in economic well-being, *Journal of Marriage and the Family*, *1*, 1988, p. 233-244.

Imprimé en France
Imprimerie des Presses Universitaires de France
73, avenue Ronsard, 41100 Vendôme
Octobre 1990 — N° 36 230